权威·前沿·原创

皮书系列为

“十二五”“十三五”国家重点图书出版规划项目

2018年 北京社会建设分析报告

ANNUAL REPORT ON ANALYSIS OF BEIJING SOCIETY-BUILDING (2018)

主　　编／宋贵伦　李四平
执行主编／唐　军　唐志华
副 主 编／胡建国　李君甫

社会科学文献出版社
SOCIAL SCIENCES ACADEMIC PRESS (CHINA)

图书在版编目（CIP）数据

2018年北京社会建设分析报告 / 宋贵伦，李四平主编. --北京：社会科学文献出版社，2018.11
（社会建设蓝皮书）
ISBN 978-7-5201-3476-7

Ⅰ.①2… Ⅱ.①宋… ②李… Ⅲ.①社会发展-研究报告-北京-2018 Ⅳ.①D671

中国版本图书馆CIP数据核字（2018）第215618号

社会建设蓝皮书
2018年北京社会建设分析报告

主　　编 / 宋贵伦　李四平
执行主编 / 唐　军　唐志华
副 主 编 / 胡建国　李君甫

出 版 人 / 谢寿光
项目统筹 / 邓泳红　郑庆寰
责任编辑 / 张　媛

出　　版 / 社会科学文献出版社·皮书出版分社（010）59367127
地址：北京市北三环中路甲29号院华龙大厦　邮编：100029
网址：www.ssap.com.cn
发　　行 / 市场营销中心（010）59367081　59367018
印　　装 / 三河市龙林印务有限公司

规　　格 / 开 本：787mm×1092mm　1/16
印 张：22.5　字 数：336千字
版　　次 / 2018年11月第1版　2018年11月第1次印刷
书　　号 / ISBN 978-7-5201-3476-7
定　　价 / 89.00元

皮书序列号 / PSN B-2010-173-1/1

《2018 年北京社会建设分析报告》
编撰人员名单

编委会主任	宋贵伦　李四平
编委会副主任	陈建领　唐　军　李　娟
编辑委员会成员	鲍叶静　陈建领　胡建国　鞠春彦　韩秀记 李君甫　李　升　李翕然　李晓婷　宋贵伦 唐　军　唐志华　王　敏　王燕霞　杨桂宏 杨　荣　岳金柱　赵丽琴　赵卫华
主　　编	宋贵伦　李四平
执行主编	唐　军　唐志华
副 主 编	胡建国　李君甫
撰 稿 人	鲍叶静　曹仕涛　陈建领　程婉豪　董景亮 杜　鹏　高铭铎　高　炜　韩杉杉　韩秀记 洪小良　胡建国　鞠春彦　李君甫　李　升 李翕然　李晓婷　李晓壮　宁书军　庞裕兮 裴　豫　饶曼莉　宋贵伦　苏润源　汤溥泓 王　敏　王雪梅　王　跃　魏　垚　伍发明 谢　彭　杨桂宏　岳淑媛　张琳娜　赵丽琴 赵秋婷　赵卫华

主要编撰者简介

宋贵伦 研究员，中共北京市委社会工作委员会书记、北京市社会建设工作办公室主任。北京师范大学本科毕业，北京市委党校在职研究生毕业。历任中央文献研究室秘书处秘书，理论研究组助理研究员，中央宣传部办公厅副处级秘书，北京市西城区委宣传部副部长（挂职）、常务副部长（正处级）、部长，北京市委宣传部副巡视员，北京市委宣传部副部长，北京市社会科学界联合会党组书记、常务副主席（2002年破格晋升为研究员）。第十一届全国人大代表，2012年7月3日当选中国共产党北京市第十一届委员会委员。

李四平 中共党员，研究员，北京工业大学党委副书记，兼任文法学部主任。北京大学教育经济与管理专业在职研究生毕业，管理学博士。历任北京工业大学社会科学部副主任，党委宣传部副部长、部长，校长助理、党委办公室主任、校长办公室主任兼保密委员会办公室主任、信息处处长（兼），校长助理、党委组织部部长兼党校常务副校长。曾被评为北京市优秀青年骨干教师，入选北京市优秀中青年人才培养支持项目，获得北京市人民政府优秀教学成果二等奖、北京高校党建和思想政治工作一等奖。

唐　军 博士、教授，博士研究生导师，北京工业大学文法学部常务副主任，社会学研究所所长。中国社会学会常务理事，社会建设研究专业委员会副理事长兼秘书长；曾获评北京市优秀教师，入选北京市高层次创新创业人才支持计划“哲学社会科学和文化艺术领军人才”。曾在法国国家科学研究中心、法国高等社会科学研究院、比利时布鲁塞尔自由大学等机构进行访问研究，任比利时布鲁塞尔自由大学讲座教授以及法国巴黎政治学院和巴黎第一大学博士研究生导师资格评审委员。主要研究领域为家族、劳工、社会建设与社会管理等，用中外文在《中国社会科学》《社会学研究》等中文学术期刊及法国国家科学研究中心期刊 *L'HOMME ET LA SOCIÉTÉ*、加拿大 *SANTÉ, SOCIÉTÉ ET SOLIDARITÉ* 等国际学术期刊发表学术论文多篇，著、编、译《蛰伏与绵延——当代华北村落家族的生长历程》《北京社会建设分析报告》《中国的乡村生活》等作品多部。

唐志华 高级政工师，中共北京市委社会工作委员会、北京市社会建设工作办公室政策法规处处长；中国人民大学国际关系专业毕业；2008 年进入北京市委社会工委、市社会办，从事社会建设、社会治理工作，主要研究涉及社会建设统筹协调机制、政府购买服务、基层社会治理、社会体制改革等；参与编写了《北京社会建设分析报告》《中国社会建设报告》等系列蓝皮书。

胡建国 博士，教授，硕士研究生导师；北京工业大学文法学部副主任，社会科学学院院长，社会学系主任，首都社会建设与社会管理协同创新中心秘书长；中国社会学会劳动社会学专业委员会副秘书长，中国社会学会理事；主要研究领域为社会分层与社会流动、劳动社会学；主持有国家社科基金、北京市自然科学基金、北京市社科基金、北京教育科学规划项目等国家级省部科研项目；入选北京市社科理论中青年优秀人才“百人工程”、北京市属高校人才强教“拔尖人才”、北京工业大学“京华人才”，北京市博士后“杰出英才”。

李君甫 博士，北京工业大学文法学部教授，诺丁汉大学中国研究中心客座研究员，硕士研究生导师，中国社会学会劳动社会学专业委员会常务理事，主要研究领域为住房问题与住房政策、城乡社会学、劳动社会学等；主要研究成果有《北京的住房变迁与住房政策》、《北京的人口、社会阶层与空间结构》、《农民的非农就业与职业教育》、《当代中国社会建设》（合著）、《北京社会建设60年》（合著）、《北京的社会空间分化与隔离——基于社会阶层分布的研究》、《农村人口过疏化对社会建设的挑战》、《走向终结的村落——山区人口流失、社会衰微与扶贫政策思考》等。

摘　要

本书是北京工业大学“北京社会建设分析报告”课题组 2017～2018 年度的研究成果，分为六部分，包括总报告、特稿、公共服务篇、社会治理篇、社会结构篇、地方社会建设篇。报告充分利用了北京市政府和相关部门发布的统计数据和资料以及课题组成员调研和观察，分析了 2017 年北京社会建设的主要成就和北京社会建设面临的挑战，并对北京社会建设提出了政策建议。

2017 年是北京进一步疏解非首都功能，加快北京副中心建设的重要一年，也是北京市委社会工委成立 10 年，北京社会建设的体制机制进一步完善，北京社会建设模式进一步成形。北京在公共服务、社会治理和社会结构优化等方面取得一定成就，人民生活水平进一步提高；人口增长的势头有所扭转；教育的普惠性、公平性进一步提升；医疗改革顺利推进，基层医疗服务快速发展；养老保障水平不断提升，服务体系进一步完善；改革和创新社会治理，完善城市精细化治理；推进社区共治，更好地服务基层居民；区域协同发展不断推进，共享发展不断利好。

北京社会建设还需要从以下方面推进，第一，进一步加大财政投入，提高公共服务水平；第二，完善社会治理体制，提高社会治理实效；第三，调整收入分配，优化社会结构。

关键词： 社会建设　社会治理　公共服务　社会结构

目 录

Ⅰ 总报告

Ⅱ 特稿

Ⅲ 公共服务篇

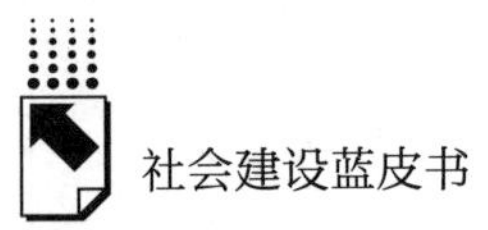

Ⅳ　社会治理篇

Ⅴ　社会结构篇

Ⅵ 地方社会建设篇

总 报 告

General Report

B.1 新时代的北京社会建设研究报告

北京社会建设分析报告课题组　李君甫　韩秀记 执笔*

摘　要： 2018年，北京市的社会建设工作已走过10年，北京的民生和公共服务稳步提升，社会治理改革深入推进，社会建设取得了新的成就。经济社会持续发展，人民生活不断改善；非首都功能疏解深入推进，人口增长势头有所扭转；教育的普惠性、公平性进一步提升；医疗改革顺利推进，基层医疗服务快速发展；养老保障水平不断提升，服务体系进一步完善；改革和创新社会治理，完善城市精细化治理；推进社区共治，更好地服务基层居民；区域协同发展不断推进，共享发展不断利好。未来北京还需要不断完善社会政策，改善社会治理，加强社会建设，为民生福祉和社会稳定继续努力，把北京社会建设推向新的高度。

* 执笔人：李君甫，北京工业大学文法学部教授，主要研究方向为住房政策、城乡社会学；韩秀记，北京工业大学文法学部副教授，主要研究方向为城市社区治理。

关键词： 社会建设 社会治理 公共服务

党的十九大提出，新时代社会的主要矛盾是人民日益增长的美好生活需要和发展的不平衡不充分的矛盾。围绕中央对于新时代社会主要矛盾的新论述，在党中央、国务院以及市委、市政府的领导下，北京市在社会建设领域，认真学习贯彻党的十九大精神，深入领会习近平新时代中国特色社会主义思想的精神实质和实践要求，全面落实市第十二次党代会部署，紧紧围绕“四个中心”城市战略定位，统筹推进疏功能、稳增长、促改革、调结构、惠民生、防风险等各项工作，经济建设领域的工作平稳推进，社会建设领域健康开展，取得了新成绩。

一 北京社会建设成就

（一）经济社会持续发展，人民生活水平不断提升

2017 年，北京市坚持“稳中求进”工作总基调，以深化供给侧结构性改革为主线，紧紧围绕首都城市战略定位，经济保持稳中向好的发展态势。全年实现地区生产总值 2.8 万亿元，按可比价格计算，同比增长 6.7%（见图 1）。按常住人口计算，全市人均地区生产总值由 2016 年的 11.8 万元提高到 12.9 万元[①]。人均地区生产总值接近 2 万美元。同期，地方财力进一步增强，全市一般公共预算收入累计完成 5430.8 亿元，增长 6.8%，相当于地区生产总值的19.4%[②]。足够的财政收入为政府提供公共服务、增加民生投入提供了坚实的经济基础。

---

① 《北京市 2017 年国民经济与社会发展统计公报》，北京市统计局网站，http://www.bjstats.gov.cn/tjsj/tjgb/ndgb/201803/P020180302397365111421.pdf。

② 《北京市 2017 年国民经济与社会发展统计公报》，北京市统计局网站，http://www.bjstats.gov.cn/tjsj/tjgb/ndgb/201803/P020180302397365111421.pdf。

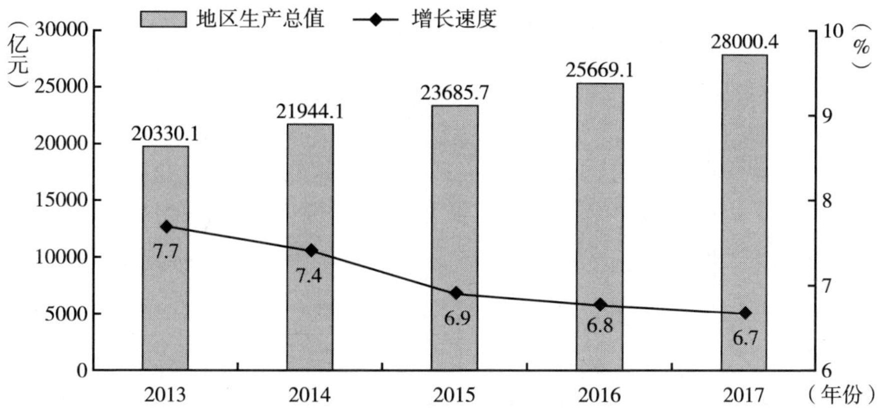

图1　2013～2017年北京市地区生产总值及增长速度

资料来源：根据历年《北京市国民经济与社会发展统计公报》整理获得。

从经济结构看，2017年，第一产业增加值120.5亿元，下降6.2%；第二产业增加值5310.6亿元，增长4.6%；第三产业增加值22569.3亿元，增长7.3%。三次产业构成由2008年的1.1∶25.7∶73.2调整为2017年的0.4∶19.0∶80.6①（见图2）。供给侧结构改革深入推进背景下，北京服务业成为国民经济和社会发展的第一大产业。近年来服务业比重的快速扩张和发展，与疏解非首都功能的内在要求具有较大关系。

在第三产业中，现代服务业发展对全市经济增长具有绝对性影响。其中，金融、科技服务、信息服务等优势行业对全市经济增长的贡献率合计达到53.3%。金融业实现增加值4634.5亿元，增长7.0%；科学研究和技术服务业实现增加值2859.2亿元，增长10.7%；信息传输、软件和信息技术服务业实现增加值3169亿元，增长12.6%②。

第三产业的持续扩张与需求端的消费市场的持续火爆密不可分。2017

① 《北京市2017年国民经济与社会发展统计公报》，北京市统计局网站，http://www.bjstats.gov.cn/tjsj/tjgb/ndgb/201803/P020180302397365111421.pdf。

② 《2017年北京经济保持稳中向好发展态势》，首都之窗网站，http://zhengwu.beijing.gov.cn/sj/sjjd/t1506203.htm，2018年1月19日。

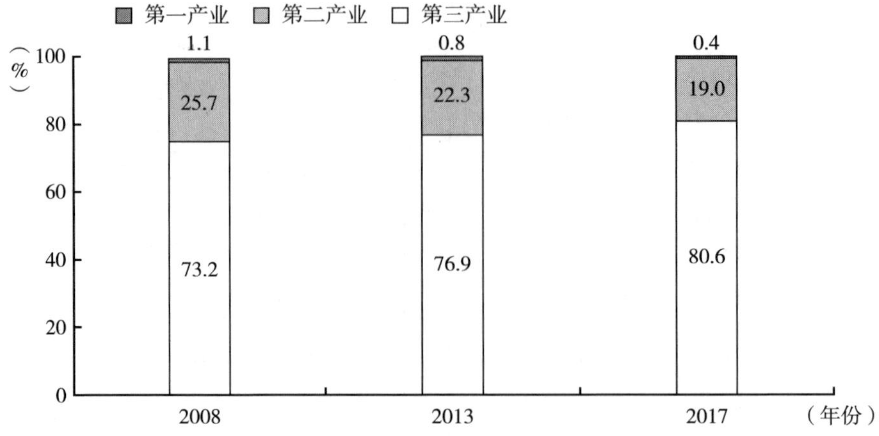

图2　2008～2017年关键年份北京市三大产业比重变化

资料来源：根据历年《北京市统计年鉴》整理获得。

年，全市实现市场总消费额23789亿元，比上年增长8.5%①。从消费结构看，医疗保健类、教育文化娱乐类等发展型消费增长较快，服务性消费占市场总消费的比重超过一半，对总消费增长的贡献率达到69.4%②。服务消费成为北京市场消费的主要拉动力。其中，网络购物成为消费新宠，开始改变居民的日常消费习惯③。可以看出，北京在商品性消费需求日益满足的情况下，消费市场重点已经明显转向旅游、信息、教育、文化等服务性消费，消费结构从生存型、改善型消费逐渐转向学习型、发展型消费。消费在经济增长中的地位更加重要，对经济增长的支撑作用持续强化，成为拉动经济增长的主要力量。

经济运行稳中向好为城乡居民收入增长奠定了基础，反过来，强大购买力又进一步刺激了消费市场发展。2017年，全市居民人均可支配收入为57230元，比上年增长8.9%；扣除价格因素后，实际增长6.9%。按城乡

① 《2017年北京经济保持稳中向好发展态势》，首都之窗网站，http：//zhengwu.beijing.gov.cn/sj/sjjd/t1506203.htm，2018年1月19日。

② 北京市经济与信息化委员会经济运行处：《2017年全市经济运行情况解读》，http：//jxw.beijing.gov.cn/jxsj/jjyx/266400.htm，2018年1月20日。

③ 国家统计局北京调查总队：《网购新消费引领新生活：2017年北京网购调查用户报告》，http：//tjj.beijing.gov.cn/zxfb/201803/t20180315_394540.html，2018年3月15日。

常住地分，城镇居民人均可支配收入62406元，增长9.0%；农村居民人均可支配收入24240元，增长8.7%。扣除价格因素后，城乡居民收入实际增速分别为7.0%和6.7%①。

（二）深入推进非首都功能疏解，人口增长趋势得到扭转

2017年9月，中共中央、国务院正式批复《北京城市总体规划（2016~2035年）》，明确了"一核一主一副"的城市空间布局。这为城市发展绘就了宏伟蓝图、确立了引领战略，为非首都功能疏解提供了总体目标和工作方向。贯彻落实党的十九大精神、贯彻落实习近平总书记对北京的重要讲话精神的重要举措，全面落实中央批复要求，牢固确立首都城市战略定位，成为北京工作的重心。

2017年初，北京市出台《关于组织开展"疏解整治促提升"专项行动（2017~2020年）的实施意见》，决定开展"疏解整治促提升"专项行动，计划用三年时间使非首都功能疏解取得实质性进展。过去一年，北京市聚焦城市社会治理领域，包括重点治理违法建设、占道经营、无证无照经营和开墙打洞整治、城乡结合部整治改造、老旧小区综合整治、中心城区重点区域整治提升、疏解一般制造业和"散乱污"企业治理、疏解区域性专业市场、疏解部分公共服务功能、地下空间和群租房整治、棚户区改造、直管公房及"商政住"清理整治等，以及背街小巷整治、美丽乡村建设、留白增绿、提升地区公共服务等。

"疏解非首都功能"取得阶段性重大成绩。2017年末全市常住人口2170.7万人，比上年末减少2.2万人。常住外来人口794.3万人，占常住人口的比重为36.6%，比2016年减少了13.2万人（比重降低0.6个百分点）②。分析数据表明，随着城市准入指标收紧，户籍人口数量出现降低；同时，常住人口和常住外来人口总量继续保持减少趋势。各项人口增速指标均出现下

---

① 《北京市2017年国民经济与社会发展统计公报》，北京市统计局网站，http://www.bjstats.gov.cn/tjsj/tjgb/ndgb/201803/P020180302397365111421.pdf。

② 根据2016年及2017年《北京市国民经济与社会发展统计公报》中的数据整理获得。

降趋势。疏解非首都功能的举措，取得的效果逐渐显现，人口增长趋势得到扭转（见图3）。

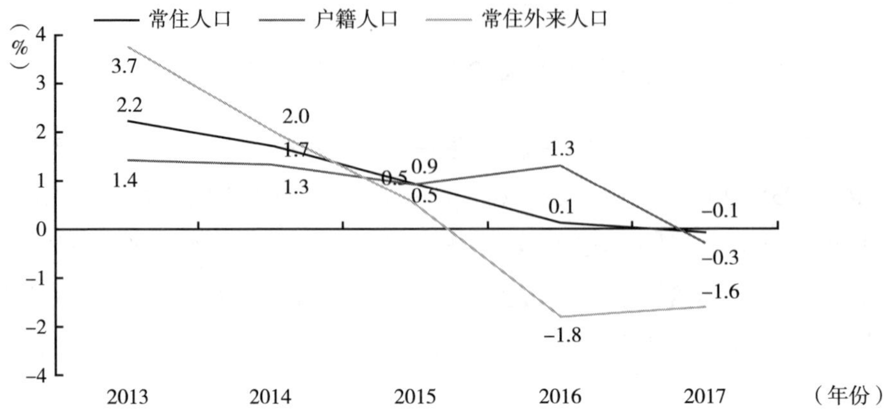

图3　2013～2017年北京市人口增速变化

资料来源：根据历年《北京市国民经济与社会发展统计公报》整理获得。

（三）公共服务效率和水平不断提高，社会事业持续进步

1. 教育改革继续推进，教育普惠性、公平性得到提升

随着计划生育政策的调整，北京市出现了新一波婴儿潮，进一步加剧了2017～2018年学前教育资源不足的问题。对此，北京市在2017年大力推进幼儿教育事业。

首先，通过财政倾斜，弥补北京市学前教育的学位缺口。2011年以来，市级财政已投入资金115亿元，增加了800余所幼儿园、17.7万个学前教育学位和4万余名专任教师①。加快构建以公办幼儿园和普惠性民办幼儿园为主体、公办民办并举的多种形式学前教育公共服务体系，实行公办、普惠性民办幼儿园办园条件标准、保教费收费标准、财政补助标准“一视同仁”，通过政府购买服务、减免租金、补贴生均公用经费、补贴

① 《全市拟新增幼儿园学位三万个》，《北京日报》2018年5月11日，第1版。

租金等方式，鼓励开办普惠性民办幼儿园并保障其良性运行[①]。

义务教育阶段，规范义务教育入学工作。2017 年，北京市幼升小继续坚持免试就近入学，积极稳妥探索单校划片和多校划片相结合入学方式。小学就近入学比例超过 99%，初中就近入学比例超过 95%，创历史新高[②]。同时，取消“小升初”“推优”，降低特长生和寄宿生招生比例。此外，加强市级层面的教育资源统筹，通过“名额分配、市级统筹、校额到校、乡村计划”等方式，优化布局，精准配置优质高中招生计划，全市统一中招，升入优质高中的考生比例达到 45%[③]。

大力发展乡村教育，教师待遇向资源薄弱地区倾斜，扭转教育资源失衡。2017 年，北京市按照“越往基层、越是边远、越是艰苦，地位待遇越高”原则提高乡村教师待遇，以每月补助最低 1400 元、最高 4000 元的激励机制推动城镇优秀教师向乡村学校流动，缩小城乡、区域、校际的差距[④]。

2. 医疗改革顺利推进，基层医疗服务快速发展

2017 年 4 月，北京市施行医药分开综合改革，核心在于分级诊疗、医药分开，主要措施包括医疗服务费分层定价，取消医院的药品价格加成，差异化医保报销设置等措施。通过改革，彻底解决 60 多年来公立医院“以药养医”的旧补偿机制，建立新的“以医养医”的医疗结构补偿机制。

医改实行后，效果显著，成绩明显。改革一年来，完成门/急诊量 2.1 亿人次，390 万出院病人治疗有序；三级医院平均住院日减少 0.7 天。其中，三级医院门/急诊诊疗人次较上一年减少 11.9%，二级医院基本持平，一级医院及基层医疗卫生机构门/急诊诊疗人次累计达到近 8000 万人次，比上一年净增 1200 余万人次，增长了 16.1%，部分社区卫生服务机构诊疗量增加 25% ~30%[⑤]。改革带来的积极影响在于，一些普通病、常见病逐步分

① 《全市拟新增幼儿园学位三万个》，《北京日报》2018 年 5 月 11 日，第 1 版。

② 《2017 年小学就近入学比例超 99%》，《北京日报》2018 年 1 月 10 日，第 8 版。

③ 《2017 年小学就近入学比例超 99%》，《北京日报》2018 年 1 月 10 日，第 8 版。

④ 《全市拟新增幼儿园学位三万个》，《北京日报》2018 年 5 月 11 日，第 1 版。

⑤ 《基层就诊患者增 1200 万人次》，《北京日报》2018 年 4 月 21 日，第 5 版。

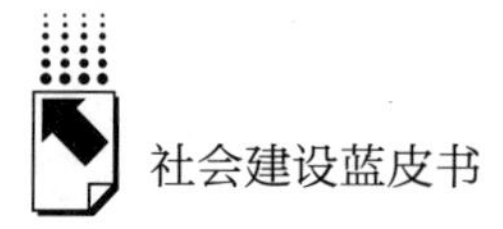

流到基层机构，扭转了十多年来基层诊疗量下降或徘徊的局面，大医院人满为患状态得到缓解。

3. 养老保障水平不断提升，服务体系进一步完善

北京市老龄化程度严重。数据显示，北京市60岁以上老人已有300多万人，预计到2020年，老年人将占户籍人口的1/4，位居全国第二①。为应对老龄化带来的挑战，2017年，北京市从养老资金投入到养老体系建设等，做了很多工作。

在老龄事业投入上，北京市连续五年保持年均增长10%。年内两次调整城乡居民养老保险基础养老金和福利养老金待遇标准。大力建设养老服务设施，共建设街乡镇养老照料中心252个，社区养老服务驿站380家，深化公办养老机构改革，有112家公办养老机构实现了公办民营（占46%）②。加大对老年人的各项补贴，为常住老年人制发北京通——养老助残卡253万张，全市老年人享受免费公交约3.4亿次③。

在养老服务体系建设上，完善“三边四级”养老服务体系④，扩大规模，增加密度，强化功能。建设街道（乡镇）养老照料中心，明确资助和运营管理细则。加快社区养老驿站建设。在16个区新建社区养老服务驿站230家，超额完成任务⑤。社区养老服务驿站具有日间照料、呼叫服务、助餐服务、健康指导、文化娱乐、精神慰藉功能，成为社区养老的“总服务台”。推进养老服务市场的产业化进程，降低准入门槛，更大力度调动社会力量和社会资本投入。大力发展居家养老，进一步完善对失能、孤独老人的居家关怀，开展居家养老失能护理互助保险试点。

---

① 《本市养老投入每年增长10%》，《北京日报》2018年1月29日，第6版。

② 《本市养老投入每年增长10%》，《北京日报》2018年1月29日，第6版。

③ 《本市养老投入每年增长10%》，《北京日报》2018年1月29日，第6版。

④ “三边四级”养老服务体系是指，在政府主导下，依托区级养老服务指导中心、街乡养老照料中心和社区养老服务驿站等区域性养老服务平台，通过构建市级指导、区级统筹、街乡落实、社区参与的四级居家养老服务网络，统筹区域内企事业单位和社会组织提供的各类专业服务和志愿公益服务，实现老年人在其周边、身边和床边就近享受居家养老服务。

⑤ 《北京市民政局关于2017年度绩效管理工作自查的报告》，北京市民政局网站，http://mzj.beijing.gov.cn/news/root/jxrw/2018-01/125870.shtml，2018年1月10日。

4. 职工工资水平稳步提高，社会弱者的福利保障进一步加强

2017 年，就业形势保持稳定。全年城镇新增就业 42.2 万人，年内城镇登记失业率保持在 1.5% 左右①。企事业单位职工工资水平稳步提高。2017 年，北京市城镇非私营单位就业人员年平均工资为 131700 元；全市城镇私营单位就业人员年平均工资为 70738 元，均比上一年度大幅增长。职工工资的增长，离不开现代服务业的蓬勃发展。以城镇非私营单位为例。平均工资水平最高的五个行业分别是金融业，信息传输、软件和信息技术服务业，卫生和社会工作，文化、体育和娱乐业，科学研究和技术服务业，均为第三产业中的优势行业②。

加强对社会弱者的权利保护。第一，调整社会救助标准。城乡低保标准从家庭月人均 800 元调整为 900 元，城乡低收入家庭认定标准从家庭月人均 1050 元调整为 1410 元，居于全国领先地位。加大医疗救助力度，门诊救助、住院救助、重大疾病救助比例分别上调 10%，全年救助封顶线上调 50%，全力确保弱有所扶③。第二，最低工资标准由 2016 年的每小时不低于 10.86 元、每月不低于 1890 元，提高到每小时不低于 11.49 元、每月不低于 2000 元④。在各省、区、市保持前列。

5. 住房市场供给侧改革进一步深化，住房保障水平不断提升

2017 年，北京市深化住房制度改革，加快建立以政府为主提供基本保障，以市场为主满足多层次需求，租购并举的住房供应体系，不断完善住房保障制度，推进全体人民住有所居。

调控政策发力，房价保持稳中有降态势。2017 年，在“3·17新政”持续作用下，北京房地产市场迅速降温，住宅成交量快速收缩，销售价格迅速

① 《北京市 2017 年国民经济与社会发展统计公报》，北京市统计局网站，http://www.bjstats.gov.cn/tjsj/tjgb/ndgb/201803/P020180302397365111421.pdf。

② 《解读 2017 年北京市就业人员平均工资》，首都之窗网站，http://zhengwu.beijing.gov.cn/sj/sjjd/t1525067.htm，2018 年 5 月 25 日。

③ 《北京市民政局关于 2017 年度绩效管理工作自查的报告》，北京市民政局网站，http://mzj.beijing.gov.cn/news/root/jxrw/2018-01/125870.shtml，2018 年 1 月 10 日。

④ 《解读 2017 年北京市就业人员平均工资》，首都之窗网站，http://zhengwu.beijing.gov.cn/sj/sjjd/t1525067.htm，2018 年 5 月 25 日。

下行。全市二手住宅价格和新建商品住宅价格分别于4月、5月结束上涨（环比持平），并保持稳中有降态势。12月，新建商品住宅价格环比持平，同比下降0.2个百分点；二手住宅价格环比下降0.4个百分点，同比下降1.6个百分点[①]（见图4）。

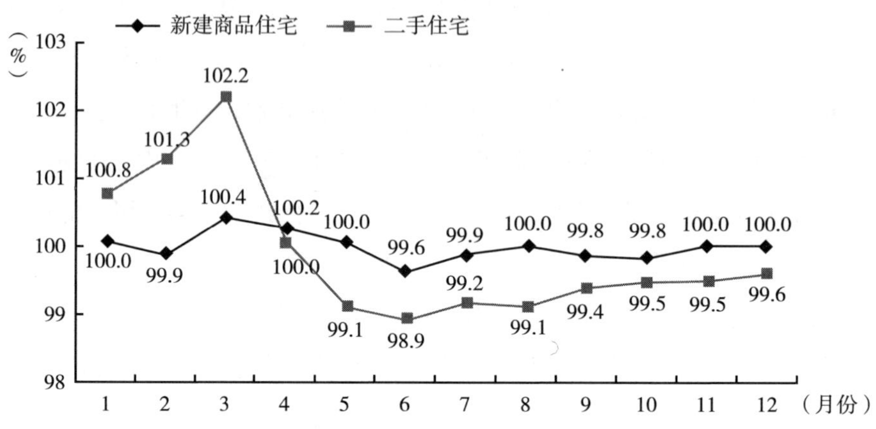

图4　2017年新建商品住宅和二手住宅销售价格环比指数

资料来源：《北京市2017年国民经济与社会发展统计公报》。

继续实施保障房建设。2017年，北京市保障房建设任务全面完成，全年建设筹集保障房6.55万套、竣工9.05万套、棚改安置房开工4.3万套，超额完成目标任务[②]。截至年底，北京保障房中心累计持有保障房项目125个，共计11.7万套。运营管理平台持有公租房项目76个，共计10.38万套，已配租公租房项目60个，实现公租房配租约6.4万套，已入住3.87万户，改善了十余万居民的居住条件[③]。

推出共有产权住房，完善政策性住房体系。2017年，推出共有产权住

---

① 《北京市2017年国民经济与社会发展统计公报》，北京市统计局网站，http：//www.bjstats.gov.cn/tjsj/tjgb/ndgb/201803/P020180302397365111421.pdf。

② 《两会发布：北京市召开关于"贯彻'七有'要求保障和改善民生"专题新闻发布会》，北京市住房与城乡建设委员会网站，http：//www.bjjs.gov.cn/bjjs/xxgk/xwfb/507668/index.shtml，2018年1月29日。

③ 《公租房项目已惠及10万居民》，《北京日报》2018年3月15日，第8版。

房，作为衔接政府保障房与市场商品房之间的政策性商品住房，促进住房制度设计对全体居民的全覆盖。政策实施后，先后启动了朝阳区、顺义区等8个共有产权项目的网上申购，共计提供房源近7300套①。

扩大和完善保障房的覆盖群体。2017年，北京市推出面向“新北京人”专项分配公租房和自住房（后升级为共有产权房）政策，从公租房、自住房项目中拿出不少于30%的房源，面向符合条件的非京籍家庭配租配售。截至2018年5月，北京市已推出“新北京人”公租房试点项目7个、房源774套，共有产权住房项目10个、房源2751套，共计3525套房源已经供应给了“新北京人”②。

（四）社会治理不断完善，实际成效充分展现

1. 创新社会治理，推进城市治理精细化

2017年，北京市继续深化城市管理体制改革，加强城市基层政权建设。推动城市管理重心下移、职能下沉、资源下放，做实街道、做强社区，充分发挥街道、社区在城市管理中的基础性作用，不断提高公共服务水平，着力构建具有北京特色、符合基层实际的新型街道、社区管理体制。

继续推进政府购买服务，更好地满足人民多样化需求。政府购买服务，倒逼政府职能转变和社会治理方式转变，以服务促进社会治理的现代化，着力打造服务型政府、法治型政府。2017年，政府购买服务目录由最初教育、医疗卫生、社会保障等11个公共服务领域和政府辅助性服务领域，扩大到基本公共服务、社会管理性服务、行业管理与协调服务、技术性服务、政府履职所需辅助性服务和其他服务事项，共计六大类60项。近四年来，北京市政府购买服务项目支出规模已达600多亿元③。其中，社会建设领域，优

---

① 《两会发布：北京市召开关于“贯彻‘七有’要求保障和改善民生”专题新闻发布会》，北京市住房与城乡建设委员会网站，http://www.bjjs.gov.cn/bjjs/xxgk/xwfb/507668/index.shtml，2018年1月29日。

② 《3525套保障房专配“新北京人”》，《北京日报》2018年5月22日，第5版。

③ 《北京市政府购买服务四年累计600亿》，《北京日报》2018年3月27日，第2版。

先向民生保障、社会治理、行业管理、公益慈善等领域的社会组织购买公共服务，使社会服务更具针对性。

实施街巷整治，加强城市精细化管理。背街小巷居民多，又是各种遗留问题的积聚区和矛盾结合区，大多数老旧小区没有物业，环境脏、乱、差等问题尤为突出。2017 年，北京城市管理向街巷胡同延伸，把背街小巷整治纳入城市文明创建之中，推进核心区背街小巷环境整治提升，大力治脏治乱、美化提升。全面推广“街巷长制”，发挥“街巷长”“小巷管家”“小巷总理”等基层社会力量，推进网格化治理和服务向社区延伸。其中，“小巷管家”由社区居民、党员担任，发挥居民自治作用，主要对认领小巷开展日常巡访、劝阻违法和不文明行为，动员组织居民建立自治组织等，发现情况及时上报，由“街巷长”负责协调解决，成为“街巷长”的好帮手。2017 年，北京市对 1484 条背街小巷开展整治提升，完工 750 条，报送达标 211 条；推广“街巷长制”和“小巷管家”，核心区设置 2432 名“街巷长”，同时推广东城区龙潭街道做法招募“小巷管家”，实现核心区背街小巷全覆盖①。“小巷管家”有助于推动全民共治，是对近年来采取首长负责制（如“河长制”）解决公共管理重点难点问题的一种治理创新，进一步促进街巷管理精细化。

网格化服务管理水平不断提高。2017 年，北京市继续推动各部门下沉工作。推动城管执法力量下沉街道（乡镇）和网格一线，下沉率达到 90% 以上；公安民警充分发挥基层保障作用，“社区有格、格中有警、警尽其责”工作格局已基本形成②。深入实施“网格化 +”行动，服务社区老人、拆违打非等服务性工作。全年凭借网格化信息系统，共接到各类事件 554.49 万件，解决各类事件 520.37 万件，解决率 93.85%。从网格数据看，全年城市服务管理中的市容环境、宣传广告、街面秩序等事件类问题较为集中③。

---

① 《全市将整治提升 1600 余条背街小巷》，《北京日报》2018 年 1 月 28 日，第 3 版。

② 《2017 年社会建设工作总结》，首都之窗，http：//zfxxgk.beijing.gov.cn/110049/ndzj32/2018－06/06/0bcd58c69cc540378e1b41e9dc385357/files/601cfb0c5c194a67b168b34aa4d8536b.docx，2018 年 1 月 29 日。

③ 《2017 年全市网格化系统解决各类事件 520.37 万件》，北京社会建设网，http：//shb.beijing.gov.cn/2018/0205/8382.shtml，2018 年 2 月 5 日。

2. 推进社区共治，更好地服务基层居民

政府部门转变思路，积极引导社会力量参与社区治理和服务，在全市形成协商共治新局面。2017 年，北京市率先发布全国第一部《社区管理与服务规范》地方性标准，制定《北京市社区议事厅指导规程（试行）》，实施《北京市社区服务三年行动计划》[①]，推进社区、社会组织和社会工作者共同参与的社区“三社联动”建设。政府、市场、社会、社区多方发力的总体思路更加清晰。

深入推进社区减负增效，建立社区准入制度，完善社区工作清单，推进回归自治功能。对于社区居委会依法履职内容和各类取消项目，将实行清单管理，严格准入制度。取消社区达标评比和市级各部门下派的社区工作事项，今后社区办公场所只悬挂社区党组织、社区居民委员会、社区服务站三个组织机构的牌子，其他牌子一律取消。除法律、法规和规章有明确规定外，其他未经政府批准的工作事项，一律不得交由社区落实。委托社区承接和办理相关事务的，按照“权随责走，费随事转”的原则，由政府购买服务。社区考核方面，除中央和北京市明确要求开展外，其他考核评比一律取消。

加大“一刻钟社区服务圈”建设力度，服务覆盖更多社区居民。“一刻钟社区服务圈”是指社区居民从居住地出发，在步行 15 分钟范围内，能够享受到方便、快捷、舒适的社区服务，主要包括由政府提供的基本公共服务，社会力量和居民个人提供的志愿互助服务，市场机制提供的便民利民服务以及特色服务等。自 2010 年起，“一刻钟社区服务圈”建设连续 8 年被列为市政府为民办实事项目，以此为载体规范社区服务标准、优化服务内容，着力解决社区群众“最后一公里”的服务需求。截至 2017 年底，“一刻钟服务圈”已经建成 1452 个，覆盖率达到 87.5%[②]。但是一些社区，主要是新建社区、老旧小区、城乡结合部的社区和农村社区，由于设施比较陈旧，服务和管理相对落后，“一刻钟社区服务圈”建设不足。

---

① 《北京市民政局关于 2017 年度绩效管理工作自查的报告》，北京市民政局网站，http：//mzj. beijing. gov. cn/news/root/jxrw/2018 – 01/125870. shtml，2018 年 1 月 10 日。

② 《“一刻钟服务圈”将融入“互联网 +”》，《北京日报》2018 年 1 月 27 日，第 8 版。

因此，针对老旧小区，深化自我管理、自我服务试点，形成基层治理新模式。北京市老旧小区众多，缺少有效管理，存在无物业管理、小区绿化差、出行难、停车难，安全隐患多等问题。为此，积极探索物业自主式、社区自治式、产权单位自助式等老旧小区自我服务管理模式，效果显著。2017年，围绕老旧小区服务差、环境乱、停车难等治理难题进行，共建立自管组织114个，驻区单位向所在社区居民开放自有服务设施131处。截至2017年底，全市累计建成593个老旧小区自我服务管理试点①。

社区服务的提供还离不开一支专业化的社会工作队伍。截至2017年底，全市社会工作专业人才总量达6.28万人，比2016年增加了1300余人，其中取得社会工作职业水平证书人员达26841人，占全国取证人数的8.22%。全部人员中，40岁以下人员占55.12%，大专及以上学历占85.46%，取得社会工作者职业水平证书人员占42.71%②。

（五）区域协同蓝图展开，民生事业共建共享

四年来，沿着习近平总书记指引的方向，按照《京津冀协同发展规划纲要》的要求，北京以疏解非首都功能为“牛鼻子”，加快推进民生、公共服务等社会建设的协调对接。截至2018年2月，三地公共服务均衡发展。推进教育资源共享，北京与津冀签订教育合作协议70余个，组建12个三地高校发展联盟；医疗卫生协作，目前有5个合作项目有效运转，17项医学影像检查资料在三地102家医疗机构实现共享；对口帮扶工作，北京13个区与河北16个县区对口帮扶③。

2017年，北京市全面推进异地养老服务综合试点，初步实现了“养老扶持政策跟着京籍老人走”，鼓励北京居民到津冀接受养老服务。与此同

---

① 《2017年全市完成100个老旧小区自我服务管理试点》，北京社会建设网，http：//shb. beijing. gov. cn/2018/0312/8636. shtml，2018年3月12日。

② 《目前全市社会工作专业人才6.28万人》，首都之窗，http：//zfxxgk. beijing. gov. cn/110049/ywdt52/2018 - 04/03/content_ 76d1e02cf1c443c9a11f9e36ccaa1e72. shtml，2018年4与3日。

③ 《沿着总书记指引的方向：协同答卷》，《北京日报》2018年2月25日，第5版。

时，通过实施医疗保险跨省统筹工作。使得养老和医疗结合起来，解决异地养老和看病的后顾之忧。

三地楼市协同调控，二手住宅降温明显。2017年，在“3·17新政”持续作用下，京津冀协同调控力度不断加大，环京楼市同步降温。三地商品房销售面积均出现大幅下降。同时，环京地区新建商品住宅价格同步降温。2017年，天津和石家庄的新建商品住宅同比价格指数由1月的124.4%和118.9%，回落至12月的100.1%和102.9%；唐山和秦皇岛的同比价格指数在三季度开始回落，与年内高点相比，回落幅度分别为2.1个和3.9个百分点。二手住宅方面，环京地区二手住宅价格也呈现下降或低位运行态势。2017年，天津和石家庄二手住宅价格同比涨幅回落24.2个和17.1个百分点，唐山和秦皇岛保持低位波动①。

同时，三地联防联控，打响蓝天保卫战。通过实施京津冀及周边地区2017~2018年秋冬季大气污染治理攻坚行动方案，2017年，京津冀PM 2.5平均浓度比2013年下降了39.6%，其中北京市PM 2.5年均浓度降至58微克/立方米，“大气十条”（《大气污染防治行动计划》）确定的各项空气质量改善目标全面实现②。

二　北京社会建设面临的挑战

（一）产业结构调整的挑战

1. 产业结构调整中的就业问题

北京的疏解整治促提升行动取得了明显的成效，产业结构得到了明显的优化。但是，随着疏解整治行动的深入开展，也会带来一些需要解决的问

① 国家统计局北京调查总队：《京津冀共享协同发展成果民生领域向好》，北京市统计局网站，http://www.bjstats.gov.cn/zxfb/201802/t20180226_393386.html，2018年2月28日。

② 《环境保护部2018年2月例行新闻发布会实录》，生态环境部网站，http://www.zhb.gov.cn/gkml/hbb/qt/201802/t20180227_431875.htm，2018年2月27日。

题。2017年北京市关停退出一般制造业企业1992家，调整疏解各类区域性专业市场594家，大力整治违法建设、“开墙打洞”、占道经营、背街小巷环境脏乱等突出问题，解决了一批多年想解决而没有解决的难题，城市面貌发生了积极变化。随着制造企业工厂的关停和专业市场的疏解，数十万群众的就业受到影响，城乡结合部一些以房屋出租为主要来源的群众收入下降，这些群众的再就业和增加收入的问题需要妥善解决。

2. 产业结构调整中的债务与纠纷

北京计划三年清理整治“散乱污”企业2570家，其中城六区清理整治612家。计划疏解提升市场120个，包括疏解清退市场77个、升级改造市场43个；疏解提升物流中心38个。加快重点地区疏解提升，完成动物园地区、大红门地区、天意、永外城等批发市场撤并升级和外迁。疏解整治行动中牵扯到多种合同纠纷和债务问题，如租赁合同未到期要终止合同、被清理整治的企业借贷不能及时偿还、上下游企业之间产生纠纷等。这些问题如果不能妥善解决，都会引发直接的社会冲突和民事案件的数量的激增，甚至会引发信访案件激增或者群体上访。因而，在三年行动计划的执行中需要一边整治、一边解决善后问题。

（二）公共服务供给不足与不平衡的挑战

1. 老龄化提速的挑战

2016年底，按照15～59岁人口抚养60岁以上老龄人口统计，北京户籍人口抚养系数为38.1%，比上一年增长2.4个百分点，增速很快；按照15～64岁人口抚养65岁以上老龄人口统计，北京市户籍人口老年抚养系数达22.5%，比上一年增长1.1个百分点。纯老年家庭人口2016年底达到54万人，占老年人口的16.1%，比上一年增加4.8万人。尽管北京的外来人口比例较大，常住人口的老龄化率并不算太高（常住老龄人口358.2万人，占比为16.5%），但是老龄人口绝对数量大，高龄人口的绝对数量增幅较大，对于老龄服务的需求增长迅速。而已有的服务机构和服务模式远远不能满足日益增长的养老服务需求，迫切需要根据形势采取有力的措施以解决未来的养老需求压力。

2. 住房供给不足的挑战

北京的住房总体来看供给不足，商品房、保障房和租赁房都供给不足，这是房价和租金上涨的根本性原因。2017 年底，北京的半年以上常住人口 2170.7 万人，其中城镇人口 1876.6 万人，乡村人口 294.1 万人。2006 年，北京的成套住房存量 547 万套，2017 年底，成套住房存量大约为 560 万套。如果按照每户 2.5 人计算，则需要 750 万套住房，住房缺口为 190 万套。随着北京拆除违章建筑、群租房整治以及地下空间的清理，北京的城市面貌和居住环境不断得到显著改善，但是，也带来住房租赁市场的供需矛盾，导致 2017 年底到 2018 上半年的租房租金的快速上涨。原来租住在违章建筑、群租房和地下室的人员在清理整治后，在租赁市场上找不到租金可承受的可支付房源。

3. 教育不均衡的挑战

为了促进教育公平，保障优质教育资源获得机会的均等，北京各区陆续实行基础教育学区多校划片的政策。这在一定程度上缓解了各区内部优质教育资源获得不公平的问题，对学区房价不断攀升有一定的抑制，但是优质教育机会均等化的问题并未解决。由于历史原因，北京的优质教育资源集中在海淀、西城、东城三个区，其他区的优质教育资源非常稀少。

“幼有所育”成为一个新的难题。2013 年，北京全市居民出生 127015 人，2017 年，北京全市居民出生 171305 人①，2017 年比 2013 年新出生居民增加 44290 人。随着新生儿的快速增加，幼儿入园入托的困难凸显。按照每所幼儿园 200 人的规模，北京需要增加 200 多所幼儿园。尽管北京各区采取了一些措施，但是园所分布不平衡，入园困难问题一时难以解决。随着全面二孩政策的实施，二孩出生率增加，对婴幼儿托育的需求也迅速增加，需要政府出台相关政策，引导托育服务机构的健康发展，满足日益增长的托育需求。

---

① 北京市卫计委：《2013 ~2017 年全市婴儿、新生儿、孕产妇死亡情况》，http：//xxzx. bjchfp. gov. cn/tonjixinxi/weishengtongjijianbian/2016nianjianbian _ 20721/qsjmcsjbsswyyqk/201803/t20180330 _ 237523. htm。

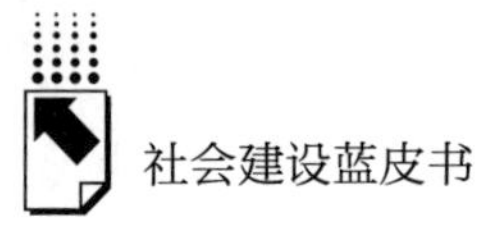

表 1　2013 ~ 2017 年全市居民出生情况

单位：人

年份	2013	2014	2015	2016	2017
出生人数	127015	152929	126648	147789	171305

注：人数为户籍人口数。

（三）社会治理的挑战

1. 理念滞后的挑战

在市场经济和信息时代背景下，现代社会治理需要依靠多元社会主体协同治理，利用现代高新技术充分和居民沟通，调动、引导居民和社会组织参与社会治理，落实“党委领导、政府负责、社会协同、公众参与、法制保障”的社会治理方针。尽管中央文件一再重申，但是政府越位缺位、包揽社会事务的情况还比较多见，社会组织的协同和公众参与没有得到足够的重视。动员社会组织和公众参与的能力比较薄弱，公众的知情权并未得到充分的尊重，阻碍了社会协同和公众参与的积极性以及参与能力的提升。

2. 主体能力不足的挑战

尽管北京市通过枢纽型社会组织建设、社会组织孵化以及政府购买社会组织服务等发展了一批社会组织，社会组织参与社会治理的能力也得到了进一步的提升，然而，社会组织的发展不充分和不平衡的现象还很突出，与人民群众对美好生活的向往很不适应。社会工作队伍有所扩大，但专业性还不是很强，需要加大力度培养一批高素质的社会工作者队伍。社会工作者队伍对职业的认同感、自豪感还有待提升，有必要进一步提高社会工作者队伍的待遇和打通其职业上升的通道，激励他们献身于社会工作事业。

3. 社会领域和流动人口党建乏力的挑战

北京建立了 601 个商务楼宇联合党组织，覆盖 2370 个党组织、4.9 万余名党员、7.4 万多个“两新”组织、93 万余名从业人员。逐步形成跨区域、跨所有制、跨行业“楼宇党建”体系。也开创了“支部建在产业链上”

“支部建在项目上”等许多具有产业链特色的城市基层党建模式，将跨行业、跨企业的党员组织到一起。解决了“两新”组织规模小、党员人数少、党建工作难的问题。也把很多流动党员覆盖到了服务管理的范围内。然而，北京的常住外来人口数量占北京人口的1/3，其中，流动党员数量庞大。根据国家卫计委流动人口监测数据推算，北京的流动人口中党员数量为60多万名。这些流动党员是常住外来人口中的佼佼者，学历高、收入高，打算长期在北京务工经商，但是其中相当一部分脱离了原来的党组织，长期不参加党组织活动，也不缴纳党费，组织意识逐渐淡漠。这不利于发挥共产党员的先锋模范作用，甚至会有负面的影响。因此，流动党员的服务管理是新形势下，超大城市基层党建工作的短板。

三　加强北京社会建设、改善社会治理的建议

十九大提出，我国的社会主要矛盾已经转化为人民日益增长的美好生活需要和不平衡不充分的发展之间的矛盾。北京的社会矛盾也同样是人民的美好生活需要同北京发展的不充分、不平衡的矛盾。北京所遇到的矛盾和挑战，需要加强社会建设和社会治理，从而满足人民对美好生活的追求，把北京打造成宜居的世界城市。

（一）建立和完善租购并举的住房供应体系，切实满足基本居住需求

北京市提出在“十三五”期间建设150万套住房的庞大计划，并不断完善租购并举住房供应体系。然而，多年以来北京的住房建设每年在10万~20万套，要想完成每年30万套的计划，任务十分艰巨。因此，北京应在土地供应、信贷支持等方面采取有力措施，才能完成预计的住房建设计划。2017年以来，已经颁布了共有产权租房、集体建设用地建设公租房的政策，2018年，又推出《关于发展租赁型职工集体宿舍的意见（试行）》的政策。这些政策需要有相应的金融、税收、财政政策的支持才能得到很好的贯彻和落实，也需要在实践中进一步完善。北京的住房租赁市场一直依赖

私人租赁，机构租赁的份额很小，不适应北京这样的大都市人口对租赁住房的需求。北京的城市运行和发展以及北京的“四个中心”建设，需要一大批来自全国的建设者，这些劳动者短期内不可能在市场上购买成套商品住房，北京也不可能提供足够的公租房进行配给，发展一个合宜的住房租赁业就是十分迫切的任务。鼓励园区、企业建设和租赁集体宿舍，也是一个重要的手段。只有多管齐下，人的基本住宿需求才能得到妥善的解决。

（二）加快促进优质教育均等化，多种措施扶持薄弱学校发展

北京各区推动多校划片入学的政策，在一定程度上缓解了就学机会不均等的问题。但是由于历史的原因，北京的优质教育资源分布还是严重不均衡，中心城区和海淀的优质资源过于集中，而朝阳、丰台、石景山以及城市发展新区学龄人口增长快，占全市的比例大，但是好的学校过少。这就需要加大全市的统筹力度，加大对薄弱学校的支持力度，鼓励名校办分校，鼓励名师到薄弱学校任教。随着居民对幼教的重视，居民对幼儿托育和幼儿教育的要求也越来越高，长期被忽视的0～3岁托育服务问题更为突出。这就要求采取更有利的政策，一方面加大政府办园的力度，另一方面鼓励企业和其他社会力量进入托育和幼教领域，并给予扶持和督导。

（三）发展智慧养老，解决养老难题

北京成立了北京市老龄产业协会、北京市养老行业协会、北京市社区服务协会等专业化社会组织，积极引导企事业单位和社会组织参与养老服务，并积极探索异地养老模式，缓解北京的养老压力。然而，我们还是要看到北京老龄化、少子化的严峻挑战。因此，首先要对居家养老的老人由政府购买服务提供帮扶，在全市广泛建设社区养老驿站；其次，加大力度进行基础设施、市政设施和居民区的适老化改造，让老年人能够便利和安全出行；最后，利用智能技术，实施智慧养老，提高养老服务的效率和质量。

（四）充分利用疏解整治腾退的空间，做好公共服务

2017年以来，北京开展了“疏解整治促提升”三年专项行动。按照计

划，全市要拆除违法建设4000万平方米以上，城六区要拆除1417万平方米违章建筑。计划疏解提升市场120个，其中疏解清退市场77个，升级改造市场43个。清退“散租住人”和存在安全隐患的地下空间684处，要实现地下空间“散租住人”清零。要依法取缔违法群租房7000余户，其中城六区5600余户，城六区违法群租房实现动态清零。轰轰烈烈的整治行动成效显著，但是也使得原来的便民设施和商业服务点受到了一定影响，原有的“一刻钟社区服务圈”也受到了冲击，饮食摊点和店面关停。因而，应该充分利用腾退的大量的地面和地下空间，加快制定清退后地下空间再利用的政策，鼓励把腾退的空间进行公益性使用，为社会组织和社会企业进入社区开展社会服务提供免费的空间。

（五）以党建为引领，加强基层社会治理

“党政军民学，东西南北中，党是领导一切的”，“把党建贯穿到社会建设各个领域、各个方面，以党建引领社会建设，已经成为新时代社会建设的重要机制。比如，所有社会组织都要建立党的组织，实现全覆盖，党组织将在社会组织中发挥越来越重要的统领作用。同样，在基层民主治理和社会共建共享的治理中，党组织将起到把握方向、谋大局、定政策的作用”。① 多年以来的实践表明，街道党工委、街道社会工作党委、社区党委在北京的基层社会治理中发挥着统领作用，是服务社区居民、改善民生和社会稳定的基础和根本。要培养一批高素质的党建和社会治理双料年轻人才，把他们充实到基层社会治理的一线。在干部的选拔和任用中，也要注重从街道和社区一线选拔社会治理的能人，为基层干部打开上升的通道。

（六）以超大型社区为突破口，破解社区治理难题

超大型社区是历史形成的，回龙观、天通苑等超大型社区，是过去为了

① 中国社会科学院习近平新时代中国特色社会主义思想研究中心：《新时代我国社会建设新使命、新特点和新机制》，《求是》2018年第7期。

集中解决中低收入居民居住问题和拆迁安置问题而建设的老经济适用房社区。当年的建设规划对公共服务配套设施规划不善，没有预见到家用小汽车会迅速走入寻常百姓之家，会成为普通居民的日常出行工具，也没有预见到回龙观和天通苑会发展成一个近百万人的超大社区。回龙观、天通苑等超大型社区居民面临着职住严重分离、交通拥堵严重，停车难，儿童入园难、上学难，缺乏文化娱乐体育设施等问题。超大型社区主要是居住用地，配套的商业用地很少。未来应该加强调查研究，重新调整街道和社区的辖区范围，把超大社区化整为零，缩小服务半径、提高服务效率；调整回龙观、天通苑地区的规划，在中心区域把部分住宅转变为商业地产或者商住两用地产，彻底改变回龙观、天通苑等超大社区职住分离的问题；充分利用已有空间，利用地上和地下开辟停车场，配套文化体育等其他公共服务设施和商业设施。其他大型社区和城乡结合部的大型农村社区，同样也需要循着生产生活适度分离的原则进行治理，避免职住分离的加剧。

（七）京津冀携手共进，加强社会协同治理

京津冀区域协同发展已经成为国家战略。在《京津冀协同发展规划纲要》中，北京市的定位是全国政治中心、文化中心、国际交往中心、科技创新中心；天津市的定位是全国先进制造研发基地、北方国际航运核心区、金融创新运营示范区、改革开放先行区；河北省的定位是“全国现代商贸物流重要基地、产业转型升级试验区、新型城镇化与城乡统筹示范区、京津冀生态环境支撑区”。协同发展的核心是疏解北京非首都功能，河北省可以为一些大型的企业和科研院所提供广阔的发展空间，也可以承接北京的社会服务功能（如养老、教育、医疗等社会事业）。在社会建设与社会治理方面，北京和天津市、河北省需要加强协作与交流，天津市和河北省应该学习北京社会建设10年来积累的丰富经验，而河北省和天津市也有很多成功的经验可供北京借鉴和参考。三地携起手来，才能是京津冀区域成为与长三角和珠三角鼎足而立的中国发展支柱，才能成为引领中国社会发展的龙头。

特　　稿

Special Report

B.2

砥砺十年继续奋进

——北京社会建设的成就与新征程

宋贵伦*

摘　要： 北京市社会建设10年来稳步推进、成绩显著，经验值得总结。在看到成绩的同时，要清醒地认识到，与党中央和市委、市政府要求相比，与广大人民群众新期待相比，全市社会建设工作还存在不少差距。面对新形势、新要求，认真贯彻落实党的十九大精神，以习近平新时代中国特色社会主义思想为指导，进一步加强对社会建设地位作用的认识，进一步探索社会建设的规律。以提高保障和改善民生水平、加强和创新社会治理为基本点，以党建引领、改革创新、加强基层为着力点，以提高社会化、法治化、智能化、专业化水平为目

* 宋贵伦，研究员，北京市委社会工作委员会书记。

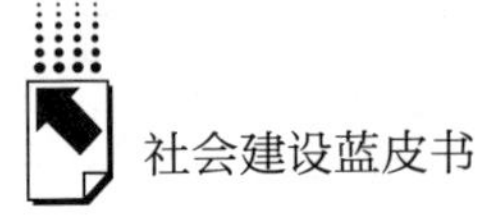

标，推动北京社会建设再上新台阶。

关键词： 社会建设　社会治理　北京

2017年，是北京市委社会工委、市社会办成立10周年，全年社会建设工作任务圆满完成，为十年砥砺创新画上了圆满句号。

一　2017年北京社会建设各项工作稳步推进，成绩显著

2017年，在市委、市政府领导下，全市社会领域认真学习贯彻落实党的十九大精神，深入学习贯彻习近平新时代中国特色社会主义思想，按照市第十二次党代会部署要求，创新实践、扎实工作，全市社会建设工作取得显著成效、迈上新台阶。

（一）社会建设改革发展开创崭新局面

一是迎接十九大、学习贯彻十九大兴起新高潮。牢固树立政治意识、大局意识、核心意识、看齐意识，深入开展“两学一做”学习教育和“两贯彻一落实”工作，认真学习贯彻习近平总书记系列重要讲话特别是“7·26”重要讲话精神、两次视察北京重要讲话和对北京工作的一系列重要指示精神，认真学习《习近平关于社会主义社会建设论述摘编》，举办系列研讨座谈活动，动员社会积极参观纪念建军90周年主题展览、“砥砺奋进的五年”大型成就展，积极参与“疏解整治促提升”行动，为党的十九大胜利召开营造了良好环境。十九大召开后，及时组织社会领域各单位收看、学习座谈，迅速组建学习宣传贯彻党的十九大精神社会领域宣讲分团，领导干部带头，深入街道社区、社会组织、非公企业、商务楼宇等宣讲。结合纪念市委社会工委、市社会办成立10周年，举办“学习贯彻党的十九大

精神，做好社会建设工作”座谈会，开展“不忘服务人民初心、牢记构建和谐使命”教育，举办一系列学习贯彻十九大精神专题培训班，用党的十九大精神和习近平新时代中国特色社会主义思想武装头脑、指导实践、推动工作。

二是全面深化社会体制改革取得新突破。进一步完善协商民主和社会体制改革专项小组工作机制，定期召开专项小组会议，组织召开市委群团改革工作座谈会。协调推进民政事业改革、安全生产领域改革、市侨联、市青联、市学联、市少先队改革以及社区工作者管理、社工待遇规范等改革事项。其中，深化医药卫生体制改革、足球改革、社会组织管理制度改革以及市科协、市侨联改革方案等重要改革文件，报市委深改组审议通过。加大对已出台改革事项的督查力度，开展了社会治理体制改革、群团改革、网格化体系建设、街道社区管理体制改革等方面的专项督查。在2017年度对各区社会建设工作综合考核中，排在前三名的是东城区、朝阳区、西城区，怀柔、昌平两个区被评为“社会建设工作显著进步单位”，朝阳、石景山两个区为“社会建设工作重大创新单位”。石景山区在区、街两级成立区域性社会治理委员会产生良好效果。市统计局、市发展改革委、市社会办完善“十三五”时期《北京市社会发展与建设综合评价指标体系》并开展监测，完成2016年度《北京市社会发展与建设综合评价报告》。

三是协调推动社会建设工作站在新起点。为学习贯彻党的十九大精神，市委换届后不久，市委书记蔡奇及时主持召开市社会建设工作领导小组会议，对新时代首都社会建设工作提出新要求，强调要进一步增强责任感和使命感，要突出重点，抓民生、抓治理、抓基层、抓党建，加强对社会建设工作的组织领导和统筹协调。会议调整充实了领导小组组成人员，听取了全市社会建设工作的汇报，审议通过了《北京市基层社会治理规范化建设三年行动计划（2018～2020年）》和《北京城市副中心社会建设三年行动计划（2018～2020年）》。为进一步加强全市社会建设工作的规范化、标准化建设，领导小组办公室制定下发了各区、各“枢纽型”社会组织、各大型非公企业党组织等一系列工作考核办法，明确了社会建设重点任务和工作目标。从而，使全市社会建设工作站在了新的历史起点上。

（二）社会服务体系不断完善

一是民生服务整体水平不断提升。全市加大公共服务资源供给，加快推进基本公共服务均等化，在幼有所育、学有所教、劳有所得、病有所医、老有所养、住有所居、弱有所扶等方面取得新进展，切实提高了保障和改善民生水平。市政府确定的为群众办理的7个方面30件重要民生实事全部完成。市区财政部门积极统筹资金，支持整治提升102条街巷胡同环境，规范架空线51.5公里，完成112个老旧小区供热管网改造和901个村“煤改清洁能源”改造任务。新建、改建幼儿园可提供学位约3万个，全市小学、初中就近入学比例分别达到99%和95%以上。全市城镇新增就业40.2万人，帮扶城乡就业困难人员12.2万人就业。社会保障覆盖人群超过1900万人，各项社保、救助水平全面提升。全面实施医药分开综合改革，推进分级诊疗和药品阳光采购，药价整体下降8.5%，节省药品费用超35亿元，遴选13万余名慢性病患者参与中医治未病工程。完善“三边四级”居家养老服务体系，新建社区养老服务驿站230家。新开工保障性住房6.5万套，竣工9万套，棚户区改造4.9万户。轨道交通燕房线、西郊线、S1线（石门营至金安桥段）开通试运营，完成136项疏堵工程建设，提高路网通行效率。举办各类文化活动2万多场，参与群众3000多万人次，发放5000万元惠民文化电子消费券。

二是社区服务体系进一步健全。新建成110个“一刻钟社区服务圈”，累计建成1452个，覆盖全市2706个社区，覆盖率达到87.5%，与首都之窗合作推出“一刻钟社区服务圈”电子地图并上线运行。创新社区服务提供方式，加大区域性综合服务中心建设力度，推动单一性、分散性商业门店向综合性一站式服务设施发展。与北京邮政签订“一刻钟社区服务圈”+“邮乐社区生活”战略合作协议，北京邮政资源融入“一刻钟社区服务圈”建设，建成“邮乐社区”便民服务网点42个。加强流动性便民服务设施建设，借助“互联网+”服务模式，引入互联网企业多渠道满足居民需求，提高生活便利度。新建和规范提升便民服务业网点 1210 个，新建健身活动场地 1282 片。盘活社区服务资源，动员驻区单位参与，创建 208 个“社区之家”示范点，累计向社区居民开放内部服务设施 671 处，惠及 409 万名社区居民，年度累计提供服务 1756 万人次。市委社会工委、市民政局等单位被评为办理市人大代表建议、市政协提案先进单位。

三是社区规范化建设进一步深化。全年新建成社区规范化示范点 103 个，累计建成 785 个。完成第三批社区用房规范化项目建设收尾工作，开展已建成社区用房使用情况网上公示。利用“疏解整治促提升”行动腾退出的空间缓解了社区居民文体活动等服务场所短缺的问题。西城区打造 26 个综合性百姓社区服务中心；房山区大力推进区域性社区综合服务中心建设；大兴区完成 23 个社区办公和服务用房购买工作；密云区推动 20 个镇街便民服务中心建设。开展 2017 年度全市社区公共服务设施调查。印发实施《社区管理与服务规范》《北京市社区议事厅指导规程（试行）》。继续贯彻落实《关于进一步开展社区减负工作的意见》，社区负担进一步缓解。首批确认 60 家农村社区作为农村社区建设试点单位。

四是社区治理水平不断提升。推进老旧小区自我服务管理工作，制定老旧小区治理创新和综合整治方案，全年新建老旧小区自我服务管理试点 100 个，累计建成 593 个。西城区探索开放式街区准物业管理模式；朝阳区积极推动老旧小区准物业管理向专业物业管理转型升级；顺义区实施老旧小区治理三年行动计划，有效缓解设施老化、休闲场地匮乏等矛盾。推进城乡结合部社区治理创新试点工作，总结推广“1+3”社区治理经验做法，全年新建成 103 个村级社会服务试点，累计建成 672 个试点。海淀区建立“地区党委、管委会”、“村居共管”和“联合党支部”治理模式，较好地解决了城乡结合部社区治理问题。怀柔区制定《加强和改进镇辖社区规范化建设的指导意见》。延庆区采取“点站共建”，同步推进农村地区社会服务管理与网格化工作。大力推进京台社区交流工作，新增 150 个交流试点社区（村），累计确定试点社区（村）306 个，开展交流 106 批次 2500 人次，签约 125 项。落实市领导指示，密切关注并指导回龙观地区社会治理工作，启动“幸福回+”项目，推动昌平区制定《回龙观地区社会治理提升三年行动计划（2018～2020年）》，积极探索超大型居住区社会治理经验。东城区推出“小巷管家”经验，石景山区打造“老街坊”品牌，动员社会力量参与社区治理。

（三）社会组织发展活力不断增强

一是加强社会组织服务管理。印发实施北京市《关于改革社会组织管理制度促进社会组织健康有序发展的实施意见》。积极推进行业协会商会与行政机关脱钩，完成市属第二批100家脱钩工作，各区参加第一批脱钩试点已完成脱钩68家。制定实施社会组织治理体系全覆盖、工作规范化三年行动计划。进一步完善“枢纽型”社会组织工作体系，区、街道（乡镇）两级“枢纽型”社会组织达到750家［其中区级243家，街道（乡镇）级507家］。建立社会组织服务（孵化）基地区级17个、街道（乡镇）级138个。其中，门头沟、房山、顺义、昌平、大兴等区建设力度明显加大。制定《市级“枢纽型”社会组织考核评价办法》及《考核细则》，完成年度考核和支持资金拨付工作。

二是加大对社会组织的培育支持力度。建设“北京市社会组织人才服务绿色通道”“北京市社会组织众扶平台”，举办“首届京津冀社会组织人才推介会”“2017北京社会组织人才发展论坛”，为社会组织规范发展和人力资源需求服务提供信息化支撑和专业服务保障，探索助力社会组织发展新模式。与北京大学合作举办3期“北京市社会组织治理创新暨能力提升高级研修班”，培训社会组织骨干人员900人，举办4期新成立、新换届社会组织负责人培训班，培训300多人。举办社区基金会建设培训班，支持有条件的街道培育社区基金会。以市社会组织孵化中心为主，孵化社会组织70家，开展主题培训、咨询服务100余场次，市、区、街三级社会组织孵化（服务）网络累计培训、服务超过5000人次。

三是社会组织公益活动全面开展。开展“社会组织公益行”系列活动，共举办活动3000多项、2万余场次，服务居民超过100万人次。市妇联

“益家行”联合型品牌服务项目参与社会组织增至50家，面向200个社区开展了800余场次服务活动。东城区开展“百街千巷我参与、社会组织在行动”系列活动，引导社会组织参与环境整治、矛盾化解。成功举办第三届“北京社会公益汇”，超过2000家各级各类社会组织参与相关活动，近3万名观众现场观摩，各参展、参观机构达成800余个项目合作意向，涉及十多个服务领域。482个2016年度使用市级社会建设专项资金购买的社会组织服务项目顺利结项，共使用资金6672.56万元，参与社会组织6300多家，开展活动12万多场次。各区利用社会建设资金和各类支持继续开展购买社会组织公益服务工作。西城区、朝阳区、海淀区、顺义区支持社会组织项目资金超过或接近2000万元。

四是市级“枢纽型”社会组织作用进一步发挥。51家市级“枢纽型”社会组织共联系各级各类社会组织超过3万家。注重规范自身建设，在首次评价考核中全部达标，其中“优秀”10家，“良好”11家；注重支持服务，市残联投入1.03亿元购买了284个助残服务项目，市总工会成立职工社会组织发展服务中心，团市委举办青少年社会组织小微公益项目竞赛，市妇联举办妇女儿童公益服务博览会，共有21家“枢纽型”单位累计投入约1.3亿元购买了近800个社会组织服务项目，5家建立了培育孵化机构（场地），10家搭建了展示交流平台；注重制度建设，市科协开展学会星级评估工作，市工商联制定《“四好”商会建设考评管理办法》，中关村社会组织联合会研究建立社会组织能力建设测评指标体系，共有17家“枢纽”单位围绕能力建设、诚信自律、考核评估等制定了规范性文件；注重作用发挥，市贸促会联系外地驻京商协会180家，北京工经联、市商联会、北京企业联合会等支持相关行业协会到河北省开展产业及项目交流，共有39家“枢纽”单位同天津市、河北省相应单位签订了合作协议，举办产业对接、高峰论坛、工作研讨、公益活动近百场次。

（四）网格化服务管理水平不断提高

一是“多网”融合工作加快推进。推动城管执法力量下沉街道（乡镇）

和网格一线，下沉率达到90%以上。公安民警充分发挥基层保障作用，“社区有格、格中有警、警尽其责”工作格局已基本形成。市级层面12类相关部门职能纳入网格化工作监管，西城区、石景山区、通州区、大兴区、怀柔区等区“多网”融合步伐明显较大。16个区网格化信息系统全年共接报各类事件554.49万件，解决520.37万件，解决率为93.85%。市委深改组审议通过对《关于加强北京市城市服务管理网格化体系建设的意见》实施情况开展专项督察的报告，充分肯定网格化体系覆盖、“三网”融合、一体化运行取得的成效，对下一步工作提出了要求。

二是“网格化+”行动计划深入实施。16个区共启动“网格化+”行动计划51项，涉及“网格化+”便民服务、社会领域党建、拆违打非、京津冀协同发展等内容。组织开展“网格化+”为老关爱服务课题研究，形成了《北京市老年人应急救助服务工作现状调研报告》。丰台区等推进“网格化+”为老服务取得明显成效。颁布《网格化社会服务管理信息系统技术规范》北京市地方标准，部分区开展了专门培训。深入抓好《北京市城市服务管理网格化系统基本规范（试行）》101项标准内容的细化完善。密云区编制了《农村地区网格化体系建设工作标准》，被确定为国家级服务业标准。

三是网格化基础工作多点突破。进一步完善网格化E通车功能，已录入7万余名网格员基本信息。“厅网站”集约化试点建设初见成效，确定了21个试点街道（乡镇），推动网格化信息系统与街道（乡镇）“一站式”办公大厅和社区（村）服务站服务管理平台的对接互动。朝阳区在26个街道（乡镇）政务服务大厅和269个社区服务站实现政务服务信息化。744个社区（村）开通“微网格”微信公众号，40.4万余名市民群众关注使用，报送各类事件9.1万余件。制定印发了《关于加强网格化工作督导员队伍建设的工作方案》，已累计招聘督导员483人。全市共配备各类网格员18.1万人，其中专职网格员1.26万人。东城区、通州区、大兴区、平谷区等区的部分街道（乡镇）网格员实行持证上岗。建立分类数据库，探索建立数据采集更新和分析应用机制，为决策提供参考。西城区建立了全响应数据库，已对接整合相关基础数据4.75亿条。

四是智慧社会建设成效明显。以群众需求为导向，重点推出一批智慧应用服务，切实化解居民出行、看病、办事等难题。新增发放“北京通”多功能卡片964.5万张，利用“北京通”手机APP整合证卡数据，方便居民享受各类公共服务。统筹发挥驻区企业、社会组织等各种社会力量作用，通过各类生活资源服务网站、便民服务APP等多种方式，为居民提供便捷的社会服务。全年建成星级智慧社区326个，全市累计建成2547个，覆盖84%的社区，96个街道实现智慧社区全覆盖。门头沟区全面支持“门城通”智慧社区平台资源整合，引进智能连锁便利店9家，解决社区居民的生活购物配套问题。社会建设手机报、北京社会建设网、网络舆情快报加强主动策划，完善栏目设置，关注社会热点，社会建设宣传主渠道作用日益凸显。“四网六库”加强系统开发，有效提升了工作效能。市委社会工委、市社会办被授予“2016中国智慧城市贡献单位”。

（五）社会工作队伍建设专业化水平不断提升

一是社会工作队伍建设规范发展。召开全市社会工作专业人才队伍建设联席会议，联合推动工作开展。修订《北京市社区工作者管理办法》《关于进一步规范北京市社区工作者工资待遇的实施办法》，加强社区工作者队伍建设。东城区实施《优秀社区党组织书记及社区工作者激励奖励（办法）》，成立社区“匠心工作坊”，由优秀社区党组织书记带动社区青年骨干培养。朝阳区就社区工作者考核评议、首问责任等制度进行全面规范。推进基层协管员力量整合，起草规范协管员队伍建设管理文件。印发《关于加强社会工作专业岗位开发设置与人才激励保障的实施意见》，与多所高校合作开展社会工作硕士研究生培养工作，与国家开放大学合作打造“互联网+社工培训”远程教育平台。召开了京津冀社会工作人才协同发展研讨会。举办创新社会治理专题研讨班、街道办事处主任培训班等各类社会工作人才培训班，累计培训4000余人次。对32家试点社会工作事务所规范化建设进行验收评估，并对10家优秀试点机构给予表彰。面向全市街道购买148个专业

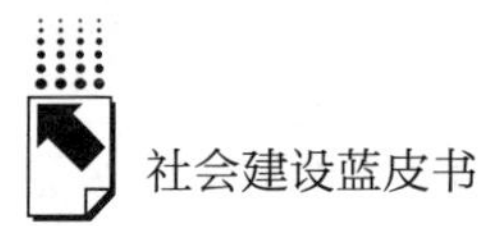

社会工作岗位，择优选择90个社区实施专业社工社区服务督导项目，扶持资助15家新建专业社工机构，全市登记注册的社会工作服务机构已达469家。组织购买43个“三社联动”服务项目，支持资金1000万元。围绕社会工作参与精准救助，在西城区、海淀区、通州区开展专业服务。有序推进禁毒、司法、医务等领域专业社工队伍建设，社会工作人才专业服务领域进一步拓展。团市委实施专职督导培养计划，市妇联举办本系统专业社会工作研修班。石景山区建立优秀社区居委会主任巡讲机制，加强社区带头人培养。通州区实施“牵手成长”和“阶梯计划”，提升社区工作者专业素养。

二是社工和志愿者影响力扩大。举办第五届“首都最美社工”表彰活动，10名“首都最美社工”、39名“首都优秀社工”、10个“优秀社工团队”受到表彰，授予东城区龙潭街道光明社区居委会副主任赵雷“首都最美社工”特别奖。推荐优秀社工参加全国性评选，冯永刚等8人荣获中国社会工作联合会“2016年度百名社工人物”荣誉称号。北京超越青少年社工事务所被团中央确定为首批“全国青少年事务社会工作专业人才培训基地”，事务所主任席小华被民政部认定为第二批全国专业社会工作领军人才。推荐10名最美志愿者、10家最佳志愿服务组织、10个最佳志愿服务项目以及10个最美志愿服务社区参评第二届全国志愿服务“四个100”先进典型评选活动；推荐19名志愿者、7家志愿服务组织参评中国青年优秀志愿者和优秀组织奖。

三是社会心理服务工作不断加强。研究起草《关于加强北京市社会心理服务体系建设的意见》，稳步推进街道（乡镇）、社区（村）建设40个社会心理服务站（室），市、区两级加强联络协调，全市社会心理服务体系初步形成。建立北京市社会心理综合服务基地，研究制定《社会心理综合服务基地运行规范及管理办法》，共开展各类活动155场。开展系列公益服务活动，组织救援队赴九寨沟开展震后心理危机干预工作，完成心理危机干预个案40多个；制定百场“手拉手、心连心”心理健康公益服务活动方案，开展社会心理服务进社区、进学校、进企业、进楼宇、进农村活动。举办四期心理咨询师、社工心理服务志愿者心理服务能力提升培训班，培训380

人。为100名社区居委会先进集体和先进个人代表开展心理调适和减压活动。市总工会示范性心理服务活动直接服务工会会员6005人次，开展心理培训6119人次。加强社会心态分析研究，出版《2016～2017年北京社会心态分析报告》，围绕萨德事件、共享单车、治理拆墙打洞、行政办公区搬迁开展季度社情民意调查，举办主题为“加强社会心理服务体系建设，培育良好社会心态”的第二届社会心理与社会治理学术论坛。

（六）多元参与治理格局不断完善

一是社会志愿服务不断深化。举办“爱满京华”学雷锋志愿服务主题推动月活动，高水平完成“一带一路”国际合作高峰论坛、北京国际电影节等一系列大型活动志愿服务工作。全市实名注册志愿者达到400余万人，注册志愿服务团队6万多个，注册“志愿家庭”2万多个。认定第三批北京市优秀五星级志愿者850余名。累计建成社区志愿服务站2540个，城市社区基本实现了志愿服务站全覆盖和规范提升。14家市级“枢纽型”社会组织成立专业性志愿服务协会组织，突出专业服务特色；累计建成商务楼宇志愿服务站558个，覆盖1063座商务楼宇；317个大型非公经济组织建立志愿服务组织；138家专业社工机构成立志愿服务组织，建立“社工+志工”协作机制。开展“北京社会公益行”系列活动，举办绿色环保、关爱服务、文化教育等各类志愿服务活动29931场次，累计动员志愿者36万余人次，服务受益群体229万余人次。推动社会领域志愿服务项目制，335个社区（村）对接社会组织、商务楼宇、专业社工机构，实施185个志愿服务项目，服务群众21.2万余人次。

二是社会动员工作持续推进。广泛动员社会力量积极参与党的十九大、“一带一路”国际合作高峰论坛等重大活动服务保障工作，日均动员3万余人次参与值班值守、矛盾化解、隐患排查等工作。市委社会工委被评为2016年首都社会治安综合治理优秀单位。全市确定18个街道、9个乡镇开展第五批社会动员试点工作，积极参与“疏解整治促提升”“安全隐患排查整治”等专项行动。西城区制定《关于全面推行民生工作民意立项工作的意见》，增强群众参与治理的积极性和主动性。朝阳区 24 个街道、19 个乡镇全部建立社会动员中心，实现区、街道（乡镇）两级覆盖。出台《关于市属国企履行社会责任的指导意见》，指导企业发布社会责任报告并开展评价考核工作。开展非公企业履行社会责任综合评价活动，评选出“2017 年北京市非公有制企业履行社会责任百家上榜单位”和 50 家“2017 年北京市非公有制企业履行社会责任专项奖”、10 家最佳活动组织奖，出版《北京非公有制企业社会责任报告（2017）》（非公有制企业社会责任蓝皮书）。非公企业积极参与“万企帮万村”“光彩事业”等精准扶贫行动。新的社会阶层代表人士投身“新阶层·新农村”同心共建活动，在 8 个涉农区 16 个村落地 21 个项目，助力乡村振兴战略和美丽乡村建设。市工商联召开系统商协会、守法诚信建设推进会，对 80 家守法诚信承诺示范单位授牌。深入开展社会企业调研，8 个领域 12 家机构纳入全市第一批社会企业示范点和试点。

三是社会领域宣传活动深入开展。以“砥砺十年再远航”为主题，全年在《人民日报》《光明日报》《中国社区报》《北京日报》等中央和市属媒体刊发宣传报道 200 多篇次，千龙网视频直播录播 8 次，集中宣传北京社会建设十年成就、社会建设重点工作和先进典型。《非公有制企业党建》杂志连续四期刊发北京市园区、商圈、互联网企业等“两新”组织党建典型经验。培育选树社会领域先进典型，开展“2017 北京榜样”推荐工作，共有朝阳区呼家楼街道呼家楼北社区党委书记殷金凤等 5 名社会领域代表当选年度十大榜样人物，14 人荣登月榜样人物、24 人荣登周榜样人物。开展 2017 年度“北京社会好人榜”评选活动，上榜个人 102 名、上榜群体 102 个。编写《北京基层社会治理 100 例》。打造社会领域宣传文化品牌，联合法制晚报社深入开展“首都社会文明行”系列宣传活动。联合开展冬奥宣传系列活动、第四届北京市民快乐冰雪季、BTV 精品影视剧进社区等活动，丰富社区居民文化体育生活。

四是社会矛盾多元化解机制不断深化。推动人民调解组织和调解员队伍建设，建立人民调解志愿者队伍，共招募志愿者 2.1 万余名。加强司法调解工作，进一步健全完善诉讼与非诉讼相衔接的纠纷解决体系。在行政调解任务较重的部门成立行政调解委员会，探索通过政府购买服务等方式参与行政领域矛盾纠纷化解。加强行业性、专业性调解组织建设，市属行业性专业性人民调解组织达到22家。北京人民调解协会组建全市范围内的调解专家团，助力“疏解整治促提升”专项行动。北京多元调解发展促进会发挥“枢纽型”社会组织作用，推动房地产、建筑、互联网、物业、医疗、食品安全等矛盾纠纷多发领域的调解工作。创新开展新时期群防群治工作，完善社会力量“自防、劝导宣传和发现报告”三项基本职责，推进首都治安志愿者协会规范化建设并进一步完善激励保障机制。“朝阳群众”“西城大妈”“海淀网友”“丰台劝导队”“东城守望岗”“石景山老街坊”等品牌成为首都社会发展的新名片。持续开展城乡结合部地区综合整治、违法群租房专项整治、社会治安重点地区综合整治、社会治安突出问题专项整治等整治行动。服务和管理并重，努力做好各类特殊人群服务管理工作。深入落实阳光信访、责任信访、法治信访，市、区级重点矛盾纠纷结案化解90%以上。

（七）社会领域党建工作不断深入

一是“两新”组织党建工作取得积极进展。建立健全市、区“两新”组织党建工作联席会议制度，完善市级“枢纽型”社会组织和各区党建工作例会机制，加强对“两新”组织党建工作的统筹协调。指导51家市级“枢纽型”社会组织全部成立党建工作机构，确定50家大型非公有制企业党委作为直接联系单位，建立市、区两级党建工作联系点262个，进一步构建“两新”组织党建工作网络。建立“两新”组织党建工作考核评价体系，开展“两新”组织党组织书记述职考核评议试点工作，对16个区的部分街道、乡镇、园区及区级社会组织主管业务部门进行集中专项督查，层层压实党建工作责任。研究制定《党支部工作规范（非公企业和社会组织）》，指导开展试点工作。推进民办学校、律师行业、互联网企业等党建重点任务落实，协调推进全市39个科技园区全部成立非公企业综合党委，30家在京的全国百强互联网企业全部成立党组织，指导市人力资源服务协会、中关村社会组织联合会开展党委建设试点。朝阳区委社会工委成立了社会组织综合党委，覆盖全区1494个社会组织。在无党员的“两新”组织创建党群工作室示范点516个，覆盖率达30%以上。新建非公有制企业党组织1776个、社会组织党组织595个，非公企业党组织覆盖率达86.9%，社会组织党组织覆盖率达68.1%，有党员的“两新”组织党组织覆盖率达99.5%。海淀区建立“两个覆盖”数据管理平台和智慧党建e平台。房山区筹建3192平方米党群活动服务中心，成立党建品牌孵化中心。使用市级社会建设资金购买社会组织党建管理岗位570个，各区统筹建设党群活动场所2900余个，“两新”组织党建基础保障不断加强。

二是区域化党建在基层治理中的引领作用不断增强。深入贯彻落实全国城市基层党建工作座谈会精神，召开全市城市基层党建工作座谈会，制定实施《关于加强和改进城市基层党建工作意见》。制定“街乡吹哨、部门报到”行动计划，拟订关于建立健全党建工作协调委员会的意见，进一步明确党组织在街道社区治理中的领导核心地位和统筹协调职能。东城区龙潭街道左安浦园社区以支部认领党日活动、党员认领先锋岗、分层认领公益项目“三个认领”为主要形式，形成社区特色党建工作新模式。朝阳区大屯街道在社区创新“党建群”工作模式，按照地缘、业缘、趣缘等特征组建设置区域群、行业群、兴趣群。密云区果园街道学府花园社区探索“一报到、二领岗、五件事、十带头”在职党员回社区报到模式。加强对社区党支部规范建设的指导，确定16个基层联系点，明确“T”（特色）内容。进一步规范商务楼宇工作站建设，全市共建立929个商务楼宇工作站，实现了“五站合一”在1779座商务楼宇的全覆盖。团市委“楼宇服务计划”走进40家商务楼宇及60余家企业开展9大类30门课程近400次，服务7000余人次。商务楼宇（联合）党组织覆盖面持续扩大，覆盖率超过80%。各区选聘1500名离退休党员干部担任非公党建指导员，依托商务楼宇工作站开展工作，增强基层党建工作力量。

三是社会领域党建研究取得新进展。成立北京市社会组织党建研究会，筹备成立北京市社区党建研究会，社会领域党建研究力量逐步增强。发布《2017年度社会领域党建研究课题指南》，评选优秀课题成果47项。关于首都城市基层党建工作的调研为市委制定城市基层党建工作意见提供了决策支持。《北京市民办医院党建工作研究报告》获市党建研究会2016年度立项指导调研课题一等奖、全国党建研究会自选课题三等奖。

四是社会领域党风廉洁建设不断加强。制定市委社会工委《落实〈北京市党委（党组）意识形态工作责任制实施细则〉的工作方案》《新闻发布制度》《新媒体平台信息发布规定》，明确社会领域领导班子和领导干部意识形态工作责任。16区全部建立“两新”组织党建联席会议机制，建立健全非公企业意识形态工作网络，举办50家大型非公企业党组织意识形态工作培训、51家市级“枢纽型”社会组织新闻宣传工作培训。市文联等专门召开了管理社会组织意识形态工作会议。市委社会工委、市社会办成立党的建设工作领导小组，加强对党建工作的领导，推进党建责任和重点任务落实。制定深入推进全面从严治党的措施，制定《贯彻落实中央八项规定精神和市委有关要求的实施办法》，召开党风廉政建设工作会议，修订党风廉政建设责任制检查考核办法，举办党风廉政建设专题讲座和警示教育活动。就市委专项巡视整改情况开展党内通报和向社会公开工作，协助市委巡视组召开测评会，巡视反馈的29个具体问题全部整改完成。开展“为官不为”“为官乱为”“群众身边不正之风和腐败问题”专项治理。按照市委要求，对48名非公经济组织和社会组织出席党的十九大和市第十二次党代会代表候选人初步人选进行了筛查审查，对368名市人大、市政协换届“两新”组织人选是否重视支持党建工作进行了专项审查。

二　北京社会建设十年经验值得总结，继往开来

（一）十年成绩非常显著

北京市委社会工委、市社会办成立10年来，特别是党的十八大以来，在市委、市政府领导下，全市社会建设工作坚持以人民为中心，坚持完善顶层设计、夯实基层基础两手抓，坚持问题导向、需求导向、目标导向相统

一，一年连着一年干、一件接着一件办，具有时代特征、中国特色、首都特点的北京社会建设“四梁八柱”已经基本形成，基层基础工作基本夯实。一是纵向到底、横向到边的工作体系已经形成；二是社会服务、社会管理、社会动员、社会环境、社会关系、社会领域党建“六大工作体系”已经形成；三是“1+4+X”政策体系已经形成；四是社区建设基本实现规范化，“一刻钟社区服务圈”覆盖率接近90%；五是“枢纽型”社会组织工作体系基本实现全覆盖，绝大部分社会组织纳入党和政府工作主渠道；六是网格化体系基本实现全覆盖；七是专业化、职业化社会工作者队伍已经形成；八是志愿服务成为“北京名片”；九是购买社会组织服务体系不断完善；十是18个社会建设研究基地很好地发挥了智库作用；十一，社会领域党建工作基本实现全覆盖；十二，持续宣传树立了“首都最美社工”等一大批先进典型，等等。经过多年努力，北京社会建设取得显著成效，发生了历史性变化，走在全国前列，进入新时代。《中国社会建设报告》显示，在全国31个省份和15个超大型城市中，北京市是唯一连续五年社会建设综合评价指数超90分的省区市。在2017年度全市社会建设综合考核评价中，16个区全部超过90分（2016年只有10个区超过90分）。2014年2月26日，习近平总书记在视察北京重要讲话中，对北京市“大力加强社会建设”给予充分肯定。

（二）十年经验弥足珍贵

总结十年北京社会建设经验，我们深切体会到：市委、市政府正确领导是根本原因，体制机制改革创新是根本动力，统筹协调、形成合力是关键因素，夯实基层基础是基本保障。

在看到成绩的同时，要清醒地认识到，与党中央和市委、市政府要求相比，与广大人民群众的新期待相比，全市社会建设工作还存在不少差距：发展不平衡、不充分的问题不同程度存在，社会治理体系需要进一步完善，统筹协调力度还不够大，社会服务在解决“最后一公里”方面还有许多不到位的地方，社会治理精细化方面还有明显不足，社会动员方面还有很大空间，社会文明建设还有许多不尽如人意的地方，社会和谐稳定还有大量工作要做，社会领域党建需要进一步加大力度，等等。这些问题都需要在今后的工作中不断加强和改进。我们必须面对新形势、新要求，认真贯彻落实党的十九大精神，以习近平新时代中国特色社会主义思想为指导，进一步加强对社会建设地位作用的认识，进一步探索社会建设的规律，进一步创新实践，脚踏实地地努力前行。

三　2018年北京社会建设工作行稳致远，开创新局

2018 年，全市社会建设工作的总体思路是：认真学习贯彻党的十九大精神，以习近平新时代中国特色社会主义思想为指导，坚持稳中求进工作总基调，坚持以人民为中心，以提高保障和改善民生水平、加强和创新社会治理为基本点，以党建引领、改革创新、加强基层为着力点，以提高社会化、法治化、智能化、专业化水平为目标，努力在精治、共治、法治上下功夫，在落细、落小、落实上求实效，推动北京社会建设再上新台阶。

（一）认真学习贯彻落实党的十九大精神，进一步加快推进新时代首都社会建设

一是深入学习贯彻党的十九大精神。按照中央要求和市委部署，认真组织开展“不忘初心、牢记使命”主题教育。进一步深入组织开展党的十九大精神学习宣讲，举办好一系列专题培训班、研讨班，用习近平新时代中国特色社会主义思想武装头脑、指导实践、推动工作。深入研究探索新时代中国特色社会主义社会建设理论与实践，密切结合首都实际，充分发挥北京社会建设研究基地智库作用，深入开展新形势下社会建设、改革、治理和社会领域党建问题调查研究。会同相关省份社会建设工作部门举办第九届全国社会建设年会，共同交流经验、研讨问题。继续组织编写出版《中国社会建设报告》（蓝皮书）等研究成果。

二是加快推进社会建设改革发展。深入广泛开展纪念我国改革开放40周年活动，认真总结全市社会建设实践经验，编辑出版《新时期北京社会建设大事典》。充分发挥市社会建设工作领导小组统筹协调作用，深入研究解决社会建设的重点难点问题，不断完善社会建设综合考评指标体系。充分发挥协商民主与社会体制改革专项小组协调推进作用，研究制定未来五年全市社会体制改革要点，协调推进医疗卫生、社会保障、养老助残、体育健身、安全生产和社会治理等专项改革工作深入开展，适时召开专项小组会议，认真搞好督查督办，确保改革任务落到实处。开展社会领域相关立法研究，逐步完善法律法规和政策制度体系。深入开展法治宣传教育，深入开展社会主义核心价值观教育，推动法治国家、法治政府、法治社会一体建设，坚持德治、法治、自治有机结合。

三是加快推进基层社会治理规范化建设。印发实施《北京市基层社会治理规范化建设三年行动计划（2018～2020年）》《北京城市副中心社会建设三年行动计划（2018～2020年）》《回龙观地区社会治理提升三年行动计划（2018～2020年）》，着力抓基层、补短板，着力提高精细化管理、精准化服务水平，构建具有时代特征、中国特色、首都特点的超大城市社会治理体系。

（二）加快推进“一刻钟社区服务圈”全覆盖，进一步提升社区服务治理水平

一是完善社区服务体系。新建100个“一刻钟社区服务圈”，使城市社区覆盖率达到90%以上。继续实施社区基本公共服务“十大覆盖工程”，修订《北京市社区基本公共服务指导目录（试行）》，以“一刻钟社区服务圈”建设情况为重点，全面开展新一轮社区基本公共服务情况摸底排查，按照“缺什么、补什么”原则，推动社区服务设施和项目全覆盖。新建200个“社区之家”示范点，加快推进“社区之家”规范化建设，以北京邮政“邮乐社区服务”合作模式为示范，协调推动相关服务行业融入社区服务。鼓励引导品牌企业和连锁企业进社区，支持“互联网+社区服

务”模式发展。

二是提高社区治理水平。制定《关于加强和完善城乡社区治理的实施意见》，修订《北京市社区管理办法（试行）》，建立健全“街巷长制”和“小巷管家”机制。抓好社区减负增效，落实社区工作事项准入制度。提高社区自治能力，推广“参与式”社区协商模式，支持和帮助居民参与社区事务。继续抓好第三批社区管理服务用房规范化项目建设收尾工作。按照“疏解整治促提升”专项行动总体安排做好相关工作，积极推动腾退服务设施的社区公益化利用。整合社会资源，推动区域性社区综合服务中心建设，满足居民多样化服务需求。继续开展城乡结合部社区治理创新工作。研究制定老旧小区准物业管理工作规范，加强自管会建设。推动综合改造后的老旧小区建立物业管理长效机制。

三是培育社区工作品牌。修订“北京魅力社区”评选表彰办法，开展第八届“北京魅力社区”评选表彰活动。继续办好“社区大讲堂”等系列活动，抓好冬奥会和冬残奥会知识进社区活动。继续推进京台社区交流“十百千工程”，新增200个试点社区，不断加强京台社区工作者交流互动。举办第五届京台社区发展论坛，办好京台社区大讲堂、京台社区大舞台等特色品牌活动。

（三）加强“枢纽型”社会组织工作体系建设，进一步激发社会创造活力

一是健全“枢纽型”社会组织工作网络。认定一批市级新“枢纽型”社会组织，在巩固市级成果基础上，进一步向区、街道（乡镇）层面扩大延伸，进一步向新兴行业和“一带一路”、京津冀协同发展、支持雄安发展等新工作领域扩大延伸，推动广泛成立社区社会组织联合会，加快推进“枢纽型”工作体系全覆盖。加强“枢纽型”社会组织规范化建设，继续开展考核评价工作。

二是加强社会组织管理。落实市委、市政府《关于改革社会组织管理制度促进社会组织健康有序发展的实施意见》，完善管理体制机制，规范直

接登记社会组织管理，坚持和完善双重管理体制，完善社区社会组织备案管理体制，推进行业协会商会与行政机关脱钩。抓好评估治理、社会组织换届及内部治理、政府购买服务、评比表彰四项治理任务。

三是完善社会组织服务（孵化）体系。深化拓展“一中心、多基地”社会组织服务（孵化）体系建设，健全工作网络，加强社会组织能力建设。精心打造市社会组织孵化中心“阳光100·优客工场”分区和创享空间，实现互补提升、示范带动。支持规范城市副中心及各区社会组织服务（孵化）基地建设，继续推动街道建立社会组织服务（孵化）基地。继续开展购买社会组织党建管理岗位工作，进一步规范管理。进一步加强“社会组织众扶平台”“资源配置服务平台”“社会组织人才交流服务平台”“诚信建设管理平台”建设，切实发挥咨询、指导、服务、管理作用。探索推进社区基金会建设，积极培育发展“支持型”社会组织。开展社区社会组织摸底调查，不断夯实基层基础工作。

四是搭建社会组织公益服务平台。搭建社会组织参与社会治理、环境治理、基层协商等工作的平台，建立共建共商共治共享机制。继续开展“社会组织公益行”系列活动，举办第四届“北京社会公益汇”。鼓励有条件的社会组织参加全国性及区域性行业合作交流活动。开展社会组织公益服务品牌创建活动，评选第四届“北京市社会公益服务品牌”。

（四）加快推进网格化体系建设，进一步提高城市治理精细化水平

一是推进“多网”融合深化发展。按照《关于印发〈关于加强北京市城市服务管理网格化体系建设的意见〉专项督查报告的通知》要求，进一步推进规范化管理，建立统一标准、综合平台、指挥机构、专职队伍，并强化部门协同、数据共享。大力推进“雪亮工程”建设，加快全市公共安全视频监控建设及联网应用。积极发挥E通车“多网融合发展、综合指挥调度、发现解决问题、绩效考核评价、信息交流共享、数据分析应用”功能。整合网格员队伍，加强日常管理，推动专职网格员和网格督导员挂牌上岗。健全联合督查、季度通报机制，加大对“多网”融合、一体化运行、大数

据监管等重点工作的督查力度，力争年底前所有区、街道（乡镇）实现“多网”融合。

二是深化“网格化+”行动计划。进一步加强网格化中心平台建设和辐射作用，将网格长制与河长制、街巷长制等有机结合起来，使“网格化+”行动计划在“疏解整治促提升”和治理“大城市病”等工作中发挥更大作用。不断拓展和创新网格化工作手段，推动网格化“厅网站”“微网格”微信公众号建设。

三是加大智慧社区建设力度。整合各类社会服务资源，探索建设北京社区网，将社会组织、专业社工机构、社区等能够提供的社会服务纳入系统，加强与市场网站、社会网站有效互动，推动公共信息资源和数据开放共享，更好地为群众提供精准有效的服务和管理。与第三方机构合作，实现社会服务管理资源有效整合利用。以推进智慧养老、社区办公智能化、便民服务智能化等服务为重点，打造升级版智慧社区，着力提升智慧社区服务能力和社区居民获得感。

（五）加强社会工作队伍建设，进一步提升社会治理专业化水平

一是加强社会工作人才队伍专业化、职业化建设。充分发挥全市社会工作专业人才队伍建设联席会议统筹协调作用，推动议事、协调制度化、常态化。落实《首都中长期社会工作专业人才发展规划纲要（2011～2020年)》，推动年度重点任务落实。推进京津冀社工人才协同发展，开展区域社会工作人才交流合作。修订实施《北京市社区工作者管理办法》和《关于进一步规范北京市社区工作者工资待遇的实施办法》，完善社区工作者管理和薪酬体系，从2018年开始，社区工作者工资待遇总体平均水平按照全市职工平均工资标准实施。会同有关部门研究制定全市协管员队伍管理的政策文件，加强基层协管力量整合和规范管理。全面开展专业社工机构规范化建设，提升社工机构服务能力和水平。继续指导各区面向街道购买专业社会工作岗位，实施专业社工社区服务督导项目，扶持资助新建专业社工机构，推动专业社工机构基础信息建设和服务资源对接。加强社会工作专业督导人

才队伍建设，探索建立符合首都特点的社会工作专业督导人才工作机制。

二是加强社会工作人才队伍培训工作。分层分类开展社会工作业务培训，突出培训工作的针对性和实效性。举办社会治理高级人才培训班、社会工作与志愿服务人才高级研修班、社会组织治理创新暨能力提升高级研修班、优秀社区工作者骨干实务能力培训班、社会动员能力建设培训班、心理服务能力提升培训班，开展社会领域党组织负责人、党务干部系列培训，广泛开展新入职社区工作者培训。做好社会工作专业硕士研究生培养工作。

三是加强社会心理服务体系建设。制定实施《关于加强北京市社会心理服务体系建设的意见》，建立健全社会心理服务工作体系，完善社情民意收集分析研判、社会心理预测、社会心理调适与疏导、社会心理危机干预以及社会心理工作人才培养等社会心理服务机制。加强市、区、街道（乡镇）、社区（村）四级社会心理服务体系建设，建设100个社区心理服务示范站（室），运行好社会心理综合服务基地。持续开展北京社会心态分析研究和季度社会热点调查，组织编撰《北京社会心态分析报告（2017～2018)》（社会心态蓝皮书）等研究成果。主办第三届社会心理与社会治理学术论坛。

（六）广泛动员社会力量参与，进一步打造共建共治共享格局

一是深化社会领域志愿服务。贯彻落实《志愿服务条例》，持续推进社会领域志愿服务组织和工作有效覆盖。推动社区志愿服务站规范提升和作用发挥，推进有条件的农村社区建立社区志愿服务站。进一步推动具备条件的商务楼宇、“枢纽型”社会组织、专业社会工作机构建立志愿服务组织。研究制定大型非公有制经济组织志愿服务工作的指导意见。继续开展“北京社会公益行”活动。开展社会领域志愿服务项目创投计划，重点培育50个社会领域志愿服务精品项目。进一步加强志愿服务供需对接，选树社会领域志愿服务先进典型。加强“社工＋志工”协作机制建设，指导北京社会工作者协会成立“北京社工＋志愿服务联盟”。

二是深入开展社会动员宣传。广泛动员社会力量参与“大城市病”治

理、疏解整治促提升、背街小巷治理、城市副中心建设、综治维稳等工作。开展街道（乡镇）社会动员中心规范化建设。扎实推进社会领域平安建设，全力做好重大节日、重大活动维护首都社会和谐稳定工作。举办第六届“寻找首都最美社工”评选活动。继续开展“北京社会好人榜”主题宣传活动。深入开展“首都社会文明行”宣传活动。用好党报党刊等主流媒体宣传阵地，拓宽新媒体宣传渠道，继续办好北京社会建设手机报、北京社会建设网、市社会办政务微博，开通市社会办政务微信公众号。加强网络舆情监测，积极引导社会舆论。

三是积极引导企业履行社会责任。举办北京新经济组织发展年会，继续开展北京市非公企业履行社会责任综合评价活动，推出一批非公企业履行社会责任的北京榜样，编制非公企业社会责任蓝皮书。持续加大企业履行社会责任先进典型宣传，营造创先争优的良好社会氛围。继续开展全市社会企业专题调研，举办社会企业高峰论坛。研究制定社会企业认定标准，再认定20家左右社会企业。建立社会企业基地，探索建立社会企业联盟。加大社会企业孵化培育和支持发展力度。

（七）持续推进社会领域党建“点、线、面”工程，进一步发挥党建在社会治理中的引领作用

一是加强基层党组织规范化建设。贯彻落实市委《关于加强和改进城市基层党建工作的意见》，抓好组织体系建设和作用发挥。依托“一规一表一册一网”，坚持“三会一课”制度，推进主题党日、党员积分管理和党组织评星定级等专项工作，全面开展社会领域党支部规范化建设。开展摸底调查，建实社会领域党建动态台账。落实《北京市2016～2020年基层党建工作基础保障规划》，加强队伍建设，健全经费保障长效机制，推进党群活动服务中心建设，夯实社会领域党建工作基础。

二是扩大“两新”组织党建工作有效覆盖。完善市、区两级“两新”组织党建工作联席会议制度，发挥职能部门监管优势，形成推动“两新”组织党建的整体合力。健全“两新”组织党建专项督查常态化制度，完善

“两新”组织党建考核评价指标，落实领导干部“两新”组织党建联系点制度，推动“双述双评”全覆盖，形成多级联动的责任体系。开展市级“枢纽型”社会组织党委建设试点，做实51家市级“枢纽型”社会组织党建“3+1”工作机制，实现“枢纽型”社会组织党建有效覆盖。坚持条块结合、区域兜底，创新党组织设置，重点加强快递、家政、装修、物业、出租车等涉及百姓生活紧密行业党组织建设，着力推进园区、商圈、商务楼宇和互联网企业等新兴领域“两新”组织党建工作取得重大进展。持续推进“点、线、面”工程，实现从业人员100人以上的非公企业，从业人员30人以上的民办学校，民办医院和律师事务所、会计师事务所、税务师事务所、社工事务所社会组织全部建立党组织，实现“两新”组织党组织应建必建。在无党员的“两新”组织推进党群工作室建设，覆盖率达到80%以上，基本实现全市“两新”组织党建工作全面有效覆盖。

三是更好地发挥街道社区党组织的统筹协调功能。充分发挥街道党工委在街道体制改革和城市管理中的引领作用，切实推动“街乡吹哨、部门报到”行动计划实施。建立健全街道社区党建工作协调委员会机制，推动形成“区域化党建、多元性自治、开放式服务”城市基层社会治理格局。开展首都社区党的建设与社区治理体系建设问题研究，不断提升社区党建工作水平。深化在职党员“双报到”，通过党组织组织报到与在职党员个人报到相结合的方式参与社区建设。开展“党旗耀京华”主题实践活动，推动基层党员干部深入基层、密切联系群众。制定村转社区、村居并行社区和农村社区党组织设置指导办法，提高社区党建整体水平。推动实施社区党组织书记“领头雁”工程，探索开展选派优秀机关企事业单位党员干部担任社区党组织第一书记工作，建设社区党组织“优秀书记工作室”。深入推进商务楼宇工作站规范化建设，修订商务楼宇工作站服务管理办法。加大商务楼宇党建工作队伍建设力度，2018年，全市商务楼宇党组织覆盖率力争达到90%。

四是培育推广社会领域党建品牌。坚持典型引路和品牌示范，选树和培养一批社会领域党建工作先进典型。与提高“两新”组织党组织和党的工作覆盖率相结合，总结推广行业党建工作经验，着力打造一批园区、商圈、互联网企业等新兴领域的党建先进典型。创新党建方式方法，运用“互联网+”技术，推动基层党建与信息技术深度融合，大力支持各类党建工作品牌创建，培植和打造城市基层党建精品，逐步形成“一街一品、一社一品”党建品牌格局。充分发挥市社会领域党建研究会及市新经济组织党建研究会、市社会组织党建研究会作用，推动成立市社区党建研究会，加强社会领域党建研究和经验总结。“七一”前后开展社会领域党建表彰和宣传推广活动。

五是全面加强社会领域党风廉洁建设。牢固树立“四个意识”，切实落实党风廉政建设主体责任和“一岗双责”，把全面从严治党要求落实到社会领域基层。制定实施市委社会工委、市社会办关于贯彻落实中央八项规定精神和市委有关要求的实施办法，持续开展党风廉政教育和警示教育。探索有效加强社会领域党风廉洁建设的新方法、新形式，以党风建设引领和推动良好社会风气建设。严格落实意识形态工作责任制，牢牢把握意识形态工作主动权，针对重点领域、重点群体、重点环节加强意识形态引导。举办社会领域意识形态和新闻宣传培训班，不断增强意识形态工作敏感性，改进意识形态和新闻宣传工作方法。

公共服务篇

Public Service Reports

B.3

北京农村老人养老意识与养老状况调查*

杨桂宏**

摘　要： 通过对北京市农村老人养老意识与养老状况的社会调查，统计分析了农村老人的养老意识和养老观念，以及他们的社会养老保障支持、家庭养老支持、社区养老支持状况，并以此为依据，为完善农村养老的社会保障服务体系提供建议，以推进农村养老社会政策的完善。

关键词： 养老意识　养老支持　养老方式

* 基金项目：本文受国家社科基金面上项目（15BSH125）和北京市哲社基地项目（17JDSRB006）支持。

** 杨桂宏，北京工业大学副教授，主要研究方向为社会保障。

据统计，截至2016年底，北京全市60岁及以上户籍老年人口约329.2万人，老龄化比例超过24%，居全国第二。北京人口老龄化呈现程度高、增长快、高龄化、不均衡、抚养重五个显著特征。从户籍来看，非农户籍老年人口269万人，占全市老年人口的81.7%；农业户籍老年人口60.2万人，占全市老年人口的19.3%。[①] 根据2017年《北京统计年鉴》中北京市2016年底城乡户籍人口总数计算，北京市的城乡户籍人口老龄化程度分别为23.76%和26.07%。这意味着北京市农村户籍人口老龄化程度高于城市户籍人口。加之农村年轻人到城市就业等原因，农村人口老龄化程度实际更高。

十八大以来，北京市立足首都功能定位和人口老龄化发展趋势，适时调整老龄事业战略重点，加大政策法规支持力度，使养老保障制度和养老服务体系建设更加符合现实需求，也更加科学。北京市统一了城乡居民养老保障制度和城乡最低生活保障制度，颁布全国首部居家养老地方法规《北京市居家养老服务条例》，出台《北京市人民政府关于加快推进养老服务业发展的意见》（京政发〔2013〕32号），制定《北京市“十三五”时期老龄事业发展规划》（京政发〔2016〕59号），出台实施养老照料中心和社区养老服务驿站建设、养老助餐服务、医养结合、养老服务队伍建设等举措。但是从养老保障制度和养老服务体系的发展现实来看，尽管近些年北京市农村养老稳步推进，但城乡之间在养老水平和服务体系完善程度来讲，都还有着一定的差距。

2017年10~12月，课题组在北京市怀柔区、密云区、延庆区、大兴区和顺义区等农村地区对60岁以上的老人进行了养老意识与养老状况随机抽样的问卷调查。本次调查立足于北京市农村老龄化程度高、养老保障相对城市较落后的现实，通过对农村老人养老相关问题的调查，明确农村老人养老需求，在大力推进养老事业建设背景下，为完善北京市农村养老保障制度和服务体系提供参考依据。

调查样本的基本情况：共发放160份问卷，回收156分，回收率为

① 《北京市老龄事业和养老服务发展报告（2016~2017年）》，http://www.gov.cn/xinwen/2017-10/31/content_5235685.htm。

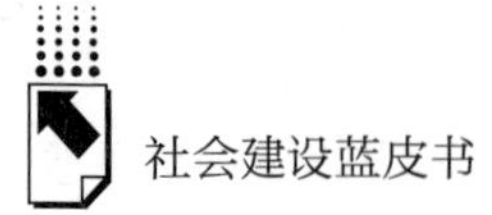

97.5%。其中，男性占比为51.4%，女性占48.6%；具有小学及以下教育程度的老年人口占比为50.1%，初中文化教育程度的老年人口占比为36.5%，高中或中专教育程度的老年人口占比为8.1%，大专及以上教育程度的老年人口占比为5.3%。婚姻状况：未婚比例为2.8%，在婚比例为75%，丧偶比例为19.4，离异比例为2.8%。

一 养老保障支持与老人主观感受

多年以来，享有退休金一直是城市户籍老年人的福利。对于农村老人来讲，传统家庭养老一直是主要的养老方式。2003年，我国实行新农保制度以后，农村老人开始享有基础养老金。这是中国社会养老保障制度推进的重要一步，也是社会公正得以实现的一个重要保证。目前，农村基础养老金的水平各地不一，但是对于农村老人，即使最低水平的农村基础养老金也是他们很重要的养老资源。从北京市农村调查情况来看，有47.4%的老人认为最主要的经济来源是养老保险金（见表1）。这说明有近一半的农村老人最主要的经济支持是基础养老金和福利养老金。北京市从2017年1月1日起，调整城乡居民基本养老保险基础养老金和老年保障福利养老金标准，每人每月增加50元。城乡居民基本养老保险基础养老金从目前的每人每月510元提高到每人每月560元；城乡居民老年保障福利养老金从目前的每人每月425元提高到475元。[①] 这表明农村老人即使只享有福利养老金，也能够领到将近500元。结合调查数据，我们可以得出有近一半的农村老人，不论是种地、子女支持还是其他方式的经济收入都达不到每月500元，但也有21.8%的老人认为最主要的经济支持是子女给予的，这说明这些老人子女每月给予父母的经济支持超过了500元。此外，自己种地（16.7%）、打工收入（2.6%）、工资性/资产性收入（9%）（三者合计有28.3%）的老人

① 北京市人保局网站，http://www.bjrbj.gov.cn/LDJAPP/search/zxfgdetail_new.jsp?no=201707131126020903。

自我经济收入也超过了每月500元（见表1）。总体来看，在老龄化趋势日趋严重的现实背景下，有近三成的农村老人主要是通过自我经济收入取得最主要的经济支持。

表1　农村老人养老的最主要经济来源

单位：人，%

类别	频率	百分比	有效百分比	累计百分比
养老保险金	74	47.4	47.4	47.4
工资性/资产性收入	14	9.0	9.0	56.4
子女经济支持	34	21.8	21.8	78.2
国家救济	4	2.6	2.6	80.8
自己种地	26	16.7	16.7	97.4
打工收入	4	2.6	2.6	100.0
合计	156	100.0	100.0	

老人对自己经济状况的感受如何，是直接影响他们养老幸福感的一项重要指标。“您认为自己目前的经济状况如何”的调查显示：有53.2%的老人认为自己的经济状况“一般”，这与前面有近50%的老人主要靠基础养老金的比例接近，说明目前农村老人基础养老金基本上满足老人的基本生活，但相对于老人的养老支持来讲，依然不宽裕。还有1.3%的老人认为自己的经济状况“比较困难”，但也有45.5%老人对自己的经济状况比较满意，评价为“比较宽裕”（36.4%）和“很宽裕”（9.1%）（见表2）。

表2　农村老人对自己目前经济状况的感受

单位：人，%

类别		频率	百分比	有效百分比	累计百分比
有效	很宽裕	14	9.0	9.1	9.1
	比较宽裕	56	35.9	36.4	45.5
	一般	82	52.6	53.2	98.7
	比较困难	2	1.3	1.3	100.0
	合计	154	98.7	100.0	

老人养老最为重要的是手里有钱，这样才有安全感。调查结果显示，北京市农村老人对自己的经济状况较为满意的比例不足一半。其大多是政府养老保障金、家庭养老经济支持和自我经济收入较高等多种因素合力的效果。而一旦家庭养老经济支持不足，自身没有经济收入能力，加之身体有些慢性病等，仅仅依靠政府的养老金就略显养老的经济支持不足。2017 年，北京市农村居民人均消费支出 18810 元[①]，每月平均 1567.5 元。如果老人主要经济来源为养老金，也就意味着老人月平均经济支持不超过 1000 元。这表明农村老人群体消费低于社会的平均水平。这一点从调查者中有 53.2% 的老人评价自己的经济状况为一般，还有 1.3% 的老人认为自己经济状况困难就可以看出来。因此，即使是在北京——地方财政比较好的地区，老人基础养老金水平相对较高，主要依靠政府的基础养老金也不能满足老人的养老需求。因此，在提升国家基础养老金水平的同时，还应挖掘农村养老的其他经济支持渠道，以满足老人的养老需求。

二　家庭养老与老人对代际关系评价

从调查的老人子女状况来看，有 97.4% 的老人有子女，仅有 2.6% 的老人没有子女。且老人子女数均值为 2.6 个子女，众数为 2 个子女。目前老人的居住情况是，和子女同住的比例为 31.5%，与配偶同住的比例为 47.6%，与子女和配偶都同住的比例为 12.7%，还有 7% 的老人处于独居状态。[②] 由此可见，北京市农村老人与子女同住比例很高。但是从经验来分析，虽然很多老人和子女同住一个院子，但并不是我们传统意义上的同爨共居，他们有些在经济收入与支出方面是各自独立的，有些甚至是分灶吃饭的。

① 《2017 年北京市国民经济与社会发展统计公报》。

② 调查对象中没有老人居住在社区或是养老机构中，这和随机调查地点有关，因此样本并不能反映现实。

家庭代际关系是支撑家庭代际养老的最为重要的纽带。为此，调查问卷中设计了老人对代际关系的自评。总体看，老人普遍认为与子女的关系不错。其中有近一半的老人认为与子女关系很好，还有近一半的老人认为与子女关系较好，也有很少一部分老人认为与子女关系不太好（见表3）。在多子女的现有老人中，他们子女有一部分已在城市买房置业。调查“您是否愿意与城市子女一起生活”这一问题时，有40.8%的老人表示愿意一起生活。但当问到“为什么没有一起生活”这一问题时，有45.5%的老人选择了怕给子女添麻烦。这从一个侧面也反映出，在代际互动过程中，老人的家庭责任伦理意识较强，自我养老意识较高。

表3　老人与子女关系自评

单位：人，%

类别		频率	百分比	有效百分比	累计百分比
有效	很好	76	48.7	49.4	49.4
	较好	74	47.4	48.1	97.4
	一般	2	1.3	1.3	98.7
	不太好	2	1.3	1.3	100.0
	合计	154	98.7	100.0	

在日常生活照料上，依然可以看到农村老人自我养老意识占据主导地位。在生活上，老人只要自己能够自理，基本上不会麻烦子女去帮忙。被调查的70.6%的老人依靠自己（60.3%）和老伴（10.3%）解决日常生活照料问题，有23.1%的老人依靠儿子和媳妇，还有6.4%的老人依靠女儿和女婿（见表4）。而一旦自己生病，在生活照料上，只要老伴能够解决，基本上是由老伴来承当生活照料的任务。调查显示，生病后，老伴照料的比例急剧提升，达到47.9%；其他家庭成员的比例虽然也有提升，但是都没有老伴的比例提升得高。其中，儿子和媳妇的比例达到38%；亲友出现在照料名单中（具体见表4）。这说明，在家庭养老过程中，最为重要的家庭支持力量来源于老人自身，老年夫妻相互照应是养老过程中的主要方式。其次才是儿子和媳妇、闺女和女婿，以及其他亲友。

表4　老人生活照料情况

单位：%，百分点

类别	日常生活照料	生病时生活照料	比例提升
自己	60.3	0	-60.3
老伴	10.3	47.9	37.6
儿子和媳妇	23.1	38.0	14.9
女儿和女婿	6.4	12.7	6.3
亲友	0	1.4	1.4

此外，在家庭养老的代际支持上，研究表明女儿养老的作用越来越突出。但从北京市老人的调查来看，老人更认同的仍然是儿子和媳妇，有73.9%的老人认为最关心自己的人是儿子和媳妇，远超出认为是女儿和女婿的老人比例（26.15%）。从家里排行来看，家里老大对父母的关心要远远超过其他的弟弟妹妹，有60%的老人认为最关心自己的孩子是老大。除了老大，相对于家里的其他子女，老小被认为是最关心自己的子女（见表5）。在调查"您认为孩子关心您的最主要原因是什么"这一问题时，有63.9%的老人选择了"孝顺，具有家庭责任感"，其次就是23.6%的老人选择了"居住最近（或一起生活）"。这与前面的问题相互得到了印证。因为在多子女的家庭教育中，"老大要多分担父母的责任""老大要多照顾弟弟妹妹"等观念是多子女家庭不变的家庭教育理念。因此，多子女家庭，老大责任感要强，关心父母相对要多。而老小能够得到父母的认同，大多是因为父母老年往往与最小的儿子居住在一起有关。这从"关心自己的原因"的统计中也得到证实。

表5　老人评价最关心自己的子女

单位：人，%

类别		频率	百分比	有效百分比	累计百分比
有效	老大	78	50.0	60.0	60.0
	老二	22	14.1	16.9	76.9
	老三	6	3.8	4.6	81.5
	老小	24	15.4	18.5	100.0
	合计	130	83.3	100.0	

家庭子女养老是我国农村老人养老最重要的养老方式，尤其是传统观念中的养儿防老，以及家产继承等都使儿子养老的传统传续至今。相对而言，北京农村儿子养老传统依然是农村家庭的主流，女儿养老现象并不突出（除去只有女儿的家庭），家庭代际关系和谐。这与一些地区农村代际关系紧张、老人自杀现象突出，以及代际剥削严重等现象有差异。分析其原因，主要有以下几点。第一，老人养老没有给子女增加经济负担。老人的社会保障虽然不算高，但维持老人的日常生活不是问题。第二，儿子养老在北京农村依然有经济基础。农村老人即使没有什么财产积累，仅是一套老房子或宅基地也是一笔不小的家产。家产继承在一定程度上支持儿子养老的传承。第三，北京农村人口流动即使是到城市就业，也基本上是在北京市区。相对于中西部跨省流动的农民工来讲，北京农村人口代际间居住距离比较近，在照顾老人日常生活等方面提供了现实可能性。第四，北京地区传统家庭养老观念受市场化、个体化理念的冲击并不强，有利于传统反哺式家庭养老的传承。

三　社区居家养老与老人的期待

居家养老方式是符合我国养老文化和家庭结构变迁背景下的一种合适选择，北京市也是全国范围内在居家养老走在前面的地区。目前，北京市政府对农村老人提供的居家养老服务有养老助残服务，主要是通过政府购买服务的方式为农村老人提供居家养老服务，但多年来运行效果一般。原因之一是农村老人经济状况普遍不富裕，加之节俭的消费习惯，养老助残券的使用大多是用来购买生活用品，如米、面、油等，而不是购买养老服务，偏离政策制定的提供养老服务的目的。其二是农村老人居住分散，提供养老服务的市场盈利空间小，企业不愿提供这项服务。在农村空巢和独居老人日益增多的趋势下，老人养老服务需求大，但供给少。因此，养老公共服务被提上议事日程。目前北京市大力推进农村养老驿站的建设和养老服务队，加大农村老人养老服务供给。但如何调动社会各方力量，构建有效合作机制还在不断探索中。

除却政府提供的养老公共服务外，老年人口的自组织情况也是提高养老质量的一个重要手段。但从调研情况来看，农村社区老人自组织比例不高，仅有38.6%的被调查老人表示村里有老年秧歌队、编织组、健走队、长老会、老年人协会等自组织。当被问及“您觉得在村里组织这类组织的可能性”时，有10.7%的老人表示“很容易”，25.3%的老人表示“比较容易”，26.7%的老人表示“一般”，21.3%的老人表示“不太容易”，16%的老人直接表示“不可能”。由此可见，在快速城镇化的进程中，即使是共同经历集体经济组织并处于留守状态的在村老人，也呈现出原子化趋势。因此，通过自主合作方式抱团养老只适用组织能力强、身体健康、有兴趣爱好的部分老人，并不能解决大部分老年人的养老问题。

在农村老人留守、空巢等社会现象日趋严重的背景下，农村社区公共养老服务也被提上议事日程。但从问卷调查来看，老人对村委会提供的公共服务给予很高的期望。在多项公共服务中，即用餐服务、生活照料、紧急救援、关怀探访、托老所和提供文体活动空间和设施六项备选项中，有57.7%的被调查老人第一需要选择了生活照料，紧急救援排在了第二位。此后排序分别是用餐服务、关怀探访、文体活动条件、托老所。由此可见，老人对政府提供公共服务的期望很高。

表6　农村老人希望村委会提供服务情况

单位：分，%

类别	第一选择	第二选择	第三选择	综合得分（1×3+2×2+3×1）	排序
用餐服务	26.9	1.5	1.7	85.4	3
生活照料	57.7	22.1	1.7	219	1
托老所	3.8	14.7	15.0	55.8	6
紧急救援	5.1	30.9	18.3	95.4	2
关怀探访	1.3	26.5	16.7	73.6	4
文体活动条件	5.1	4.4	46.7	70.8	5

四 老人对养老方式的认知与期待

在社会快速转型过程中，农村养老方式也呈现多元化。但是农村老人对此到底有着怎样的认知呢？调查结果显示，老人最为熟悉的养老方式还是家庭养老，有18.4%的老人“很了解”这一养老方式，远远超过了对其他养老方式“很了解”的比例。除了家庭养老，老人认知程度较好的就是机构养老方式。尽管对这一养老方式“很了解”的比例低于家庭养老，但是对这一养老方式没听说过的比例也是最低的。对居家养老和社区养老这两种养老方式的认知，老人的认识程度差不多。因为这两种方式也是我国在人口老龄化和家庭结构变迁背景下新兴的两种社会养老方式，而且在农村的宣传以及实践都不普及，所以老人对之认知的程度低。比较疑惑的是对家庭养老方式有19.7%的老人表示“没听说过”（见表7）。分析其主要原因，可能是调查对象都是60岁以上的老人，文化程度比较低，一般习惯于说儿子养老，或子女养老，家庭养老这一用语在这一群体中并不常用，因此这一比例较高。这一点从老人对养老方式的期待中得到验证（由于这个问题是属于认知程度的调查，调查员不可能和老人解释这一养老方式）。

表7　对主要养老方式的认知程度

单位：%

养老方式	家庭养老	社区养老	机构养老	居家养老
认识偏好				
很了解	18.4	3.9	4.1	3.9
比较了解	28.9	15.8	32.4	17.1
一般	25.0	35.5	47.3	30.3
听说过但不了解	7.9	15.8	13.5	25.0
根本没听说过	19.7	28.9	2.7	23.7

在对“您最为期待的养老方式”调查中，选择自己和老伴养老的比例已经和子女养老的比例相当，是各种养老方式中比例最高的两种方式，也

是老人最为认同的养老方式。这从一个侧面反映出农村老人养儿防老的观念正在发生着变化，相当一部分的老人认同自我养老。虽然这两种方式都是家庭养老方式，但是由于家庭结构变迁和代际分居等特点，导致传统的家庭养老观念发生着变迁，由养儿防老向自我养老过渡。在子女养老的现实可能性逐步下降的情况下，老人也把养老期待寄托在村委会的公共服务上，有19.2%的老人最为期待的养老方式是社区居家养老服务。而机构养老方式尽管老人的认知程度较高，但他们对这种养老方式的期待要远远低于居家养老。与此同时，老人对其他养老方式也持开放和接受的态度，其中有5.1%的老人期待与朋友抱团养老，有1.3%的老人期待社区养老方式。但如果将题目里的自己和老伴相互照应养老和与兴趣相投的朋友抱团养老归结为个人养老，其比例达到39.7%，超过了对子女养老的期待。将村里提供养老服务、进养老院、村里全托养老服务归结为社会养老，其比例也达到25.6%（见表8）。由此可见，农村老人的养老观念在发生变化。尽管传统的儿子养老观念依然存在，但是在快速城市化和家庭结构快速变迁的背景下，他们对养老方式的期待也发生了分化，依靠自我的力量进行养老，正成为越来越多老人的一种主观选择。从北京农村老人对养老期待的变化可以看出，传统的中国家庭反哺模式正在向西方的家庭接力模式转型。

表8　最期待的养老方式

单位：人，%

养老方式	频数	百分比	有效百分比	累计百分比
子女养老	54	34.6	34.6	34.6
自己和老伴	54	34.6	34.6	69.2
与朋友抱团养老	8	5.1	5.1	74.4
在家住，村委会提供养老服务	30	19.2	19.2	93.6
养老机构	8	5.1	5.1	98.7
在村委全托养老	2	1.3	1.3	100.0
合计	156	100.0	100.0	

五　老人的养老意识与担忧

老人一旦生活不能自理，或是半自理的情况下，生活就需要其他人帮忙和照料。随着自己慢慢老去，老人是否担心自己的养老问题？对此，表示不担心的被调查老人有24.7%，有点担心的老人有52%，表示一般的老人占23.4%，没有老人选择“非常担心”选项。这说明在目前多元养老保障体系下，老人的基本生活还是有所保障的，老人并没有非常担心养老问题。

对于老人的担心，问卷设计了五个选项，其中老人“怕成为负担”是他们最为担心的问题。第二得分高的选项是“怕无人照顾”。由此可见，老人养老最为担心的养老问题就是自己老到不能生活自理了，怎么办？一方面害怕自己成为别人的负担，另一方面担心自己没有人照顾。这是一种纠结。纠结的原因在于：随着人口结构的老龄化，当生活不能自理之时，生活照料问题将成为难题。未来不论是家庭养老还是社会养老，其难度都在增加。所以，农村老人才会出现如此复杂的心态。值得一提的是，在几个备选项中，排在最后的是害怕养老金没着落（见表9）。这也就是说，农村老人对政府的信任度还是很高的。

表9　农村老人最为担心的养老问题

单位：分，%

类别	第一选择	第二选择	第三选择	综合得分（1×3+2×2+3×1）	排序
怕没有经济来源	15.4	0	0	46.2	3
怕无人照顾	30.8	1.9	0	96.2	2
怕无事可做，孤独没人陪	23	3.7	0	83.8	4
害怕养老金没着落	3.8	0	2	13.4	5
怕成为负担	26.9	14.8	6.1	116.4	1

面对自己生活不能自理时，“谁应该承担养老责任”时，老人第一选择比例最高的是儿子，综合得分第二高的是政府，此后排序分别是女儿、配偶、社会组织或机构、村委会、公办养老院、孙辈。如果我们把儿子、女儿、配偶和孙辈等家庭成员视为家庭养老主体；把政府、公办养老院视为政府养老主体；把村委会和社会组织或机构视为社会养老主体，则老人依然认为家庭是养老的主要责任主体，总体得分为339.8分。但是政府主体的综合得分为183.8分，仅次于家庭养老主体。社会组织或机构的得分最低，为74.5分（见表10）。因此，关于养老的社会政策的制定和公共服务体系的建构都应该充分考虑中国文化中家庭养老的传统和老人的心理诉求。在制定养老社会政策时，要发展家庭社会政策，充分发挥我国家庭养老的传统优势和特长。

表10　农村老人对“谁应该承担养老责任”的选择

单位：分，%

类别	第一选择	第二选择	第三选择	综合得分 (1×3+2×2+3×1)	排序
儿子	48.7	14.8	7.3	183	1
女儿	14.1	27.9	10.9	109	3
配偶	3.8	8.2	18.2	46	4
政府	25.6	32.8	20	162.4	2
村委会	2.6	6.6	10.9	31.9	6
社会组织或机构	5.1	8.2	10.9	42.6	5
公办养老院	0	1.6	18.2	21.4	7
孙辈	0	0	1.8	1.8	8

六　农村养老存在的问题及完善政策建议

对于正处于养老场域中的农村老人来讲，他们对养老中存在的问题是深有感触的。因此，问卷设计了这方面的多选题。统计结果显示：养老问题主要还集中在社会保障制度与实施方面。养老保障体系不健全排在第一位，此外“制度实施存在问题”“财政支持力度小”“养老保障水平低”分别排在第二、第三、第四位。此后分别是“传统养老意识存在”“医疗保障水平低”“养老机构匮乏”“生活娱乐设施少”“尊老意识淡薄”等方面（见表11）。由此可见，尽管21世纪以来，农村养老保障有了较快的推进，但是老人依然认为农村养老存在问题的主要原因是农村养老保障体系不健全，其次就是制度实施过程中存在的问题。这与一些学者研究的中国家庭养老孝道传统的衰败是主要原因并不一致。

表11　农村老人对养老问题的认识

单位：分，%

类别	第一选择	第二选择	第三选择	综合得分（1×3+2×2+3×1）	排序
传统养老意识存在	20.5	0	4.5	66	5
养老保障体系不健全	29.5	17.8	7.5	131.6	1
制度实施存在问题	24.4	6.8	7.6	94.4	2
财政支持力度小	10.3	21.9	7.6	82.3	3
养老机构匮乏	6.4	12.3	4.5	48.3	7
养老保障水平低	3.8	23.3	12.1	70.1	4
尊老意识淡薄	0	4.1	10.6	18.8	9
生活娱乐设施少	1.3	9.5	16.6	39.5	8
医疗保障水平低	3.8	4.1	31.8	51.4	6

目前，北京大力推进城乡养老公共服务体系的建设，因此，如何根据目前农村老人的养老需求和养老意愿进行有效养老供给，在有限公共养老资源下实现福利效益最大化是一种明智理性的选择。因此，提供养老公共服务以下几点建议。

第一，随着经济增长和财政收入的增加，农村老人的养老金水平应继续提高。目前，北京市的城乡居民养老保障制度已经实现一体化。从制度本身来看，城乡居民享有的养老保险制度是公平的，但是从享有实际水平和政府财政支持来看，农村居民的养老保险水平依然低于城市居民。但从养老市场消费来看，农村由于市场有限、交通成本高等原因，农村养老消费并不低于城市。因此，在近半数老人依靠养老金为主要经济来源的农村地区，提高养老保障水平对于完善农村养老保障政策是至关重要的。

第二，在有限养老资金支持下，如何实现养老福利效益的最大化。目前在北京市养老保障体系中，除去新农保的基础养老金以外，北京市还有一定比例的财政用于支持养老服务的供给，如老年餐桌、家政服务等。从构建多元完善养老保障体系的初衷来看，目前北京市养老保障建设是没有问题的。但从实际运行来看，很多养老服务资金支持的效果并不佳。以老年餐桌为例。很多老人认为不如直接发钱到手里，这样更能最大化养老福利。再如养老驿站就餐服务。如果老人到驿站就餐，一顿饭个人需交 3 元钱，政府补贴 2 元钱，驿站经营实收 5 元钱。但是，也有些老人为了省钱，认为 3 元钱也贵，不如自己在家做饭，所以不去消费。结果是经济条件好的老人享受到了政府的补贴，经济条件不好的老人反而享受不到政府的补贴，出现了福利倒置的现象。因此，即使提供养老服务，接受服务的目标群体应是需求强烈、自己无法通过市场购买或社会支持获得服务的群体，而不是对于富裕老人或强社会支持老人的锦上添花。因此，如何让有限的养老资源福利最大化，是综合考量后的一种政策选择。

第三，有效利用和合理开发家庭养老资源。家庭养老是我国农村养老最主要的方式，家庭亲情的精神慰藉也是农村老人精神需求的最为重要的资源。在农村老人独居和空巢、家庭结构小型化的时代背景下，如何有效利用传统家庭养老资源是新时期家庭养老方式创新所面临的主要问题。家庭养老最为重要的资源是老年夫妻和子女。在农村劳动人口非正规就业为主的劳动力市场环境下，试图通过劳动法律法规的修订来为家庭养老提供政策空间似乎极为有限。因此，如何实现产业转型升级，促进农村就业人口的正规就业，是开发农村家庭养老资源的第一步。此后，通过劳动法律法规的修订，如提供孝亲假、家庭养老减税等，增加农村就业人口履行家庭养老责任的制度空间。此外，在全社会范围内，营造一种养老孝亲的文化氛围对促进家庭养老也具有积极作用。调查显示，老人对家庭养老的心理需求非常强烈，但是，子女在发展不平衡的现实社会结构的束缚下，家庭养老意识减弱，养老孝亲行动减少是不争的现实。因此，建构养老孝亲的社会氛围，对于促进子女履行家庭养老责任有积极意义。

第四，建构多元养老方式的整合机制。从调查数据来看，农村老人表现出积极的自我养老意识。这种养老方式也是他们最为希望的一种养老选择。因此，政府在构建养老公共服务体系时，首先要考量的就是如何为分散居住的农村老人提供及时有效的养老服务资源。目前，北京市在积极构建养老服务驿站和农村养老服务队。作为一个农村养老公共服务的平台，政府、市场以及社区、社会组织等多方力量，如何整合起来，调动各方积极性，是目前完善农村养老服务的重要政策创新。对于一些盈利空间小、老人急需或无力市场化购买的服务，政府要承担起相应的服务。如农民独居状态下生活照料、紧急救援等服务。对于日常的帮扶、娱乐和公共生活应该利用农村熟人社会资源，充分发挥社区、社会组织以及自组织的力量，提高村民养老的自组织能力。由于老人对市场提供服务的甄别能力有限，防止老人钱财被骗，村集体养老公共服务平台可以提供权威的市场化服务信息。此外，家庭养老资源如何与社区、社会组织对接整合也是制度创新的点。因此，明确养老各方主体权责边界，建构合理有效的合作机制是目前农村养老模式创新的重要途径。

B.4

京津冀流动人口社会保障参与状况分析

饶曼莉　李君甫*

摘　要： 通过对国家卫计委2016年全国流动人口动态监测数据中京津冀地区数据分析，在比较京津冀三地流动人口的个体特征、经济特征和就业特征的基础上，分析京津冀流动人口“五险一金”的参与状况，并进行不同类别社会保险在京津冀三地参与状况的差异比较分析。结果显示，京津冀三地流动人口的社会保障参保率和参保地都存在明显差距：北京市流动人口的社会保障水平最高，天津市次之，河北省最低；北京市在本地参加社会保险的比例也高于其他两地市。北京的流动人口与天津市、河北省的流动人口结构差异较大，北京进入正规劳动力市场就业的机会比天津和河北要高得多，这是社会保障参与产生差异的重要原因。

关键词： 社会保障　流动人口　京津冀

一　问题的提出

《中国流动人口发展报告（2017）》指出，2016年，我国流动人口规模

* 饶曼莉，北京工业大学文法学部社会学系硕士研究生，主要研究方向为应用社会学；李君甫，北京工业大学文法学部社会学系教授，主要研究方向为住房政策、城市社会空间、住房社会学、城镇化与农村发展等。

为2.45亿人[①]。在空间流动过程中，流动人口面临着许多风险和不确定性；社会保障是他们规避风险的重要途径之一，也是其社会保护的重要组成部分，对改善流动人口及其家庭的福利、对整体社会的和谐与稳定都至关重要[②]。

2015年，《京津冀协同发展规划纲要》颁布，京津冀协同发展上升为国家战略。与长三角和珠三角的经济合作发展模式不同，京津冀协同发展是一种更侧重于承接产业转移的跨区域合作。与产业转移相伴随的，是大量劳动力的跨区域流动。随着京津冀协同发展战略的稳健运行，三地间劳动力的跨区域流动成为一种新的态势。然而，就京津冀三地流动人口的情况来看，河北省主要城市吸引流动人口的能力远远落后于京津地区[③]。有学者研究发现，社保参与率往往随着经济发展水平表现出明显的分化[④]，经济发展程度越高、体制机制越健全的地区，流动人口的社会保障水平越高[⑤]。北京市作为全国的政治中心和经济中心，与天津市和河北省相比，经济发展水平较高，政策环境相对优越，劳动力市场也更加正规，社会保障水平应该更高。京津冀三地流动人口社会保障状况究竟如何？三地间存在什么样的差异？把握和认识现阶段京津冀流动人口社会保障状况，对完善相关政策、促进京津冀人才的自由流动和人才的优化配置、实现京津冀的协同发展具有重要的意义。

我国的社会保障体系框架包括社会保险、社会福利、优抚安置、社会救助和住房保障等。该体系的核心是社会保险，即失业保险、养老保险、医疗保险、工伤保险、生育保险，统称“五险”；养老保险、医疗保险和失业保险由企业和个人共同缴纳保费，工伤保险和生育保险完全由企业承担，个人无须缴费[⑥]。

---

① 国家卫生和计划生育委员会流动人口司：《中国流动人口发展报告（2017）》，中国人口出版社，2017。

② 杨菊华：《城乡差分与内外之别：流动人口社会保障研究》，《人口研究》2011年第5期。

③ 国家卫生和计划生育委员会流动人口司：《中国流动人口发展报告（2014）》，中国人口出版社，2014。

④ 蔚志新：《流动人口社会保险参与状况的地区差异分析——基于2011年全国32个省级单位的流动人口问卷调查》，《人口学刊》2013年第2期。

⑤ 韩枫：《城镇流动人口社会保障参保率的影响因素研究》，《人口学刊》2016年第1期。

⑥ 杨菊华：《城乡差分与内外之别：流动人口社会保障研究》，《人口研究》2011年第5期。

围绕着流动人口社会保障的相关问题，学者从多个维度展开了讨论。有学者强调流动人口社会保障的重要性。郑功成认为中国流动人口的权益受损现象，在很大程度上是受城乡户籍身份限制的结果，其中在社会保障权益方面更是如此[①]。曾丹提出，流动人口是我国城市中的一个边缘群体，其工作稳定性差、受教育程度低、劳动和生活条件差以及年龄结构趋向年轻化，存在劳动合同签订率低、社会保险参加率低和社会保障地区不均衡等问题；应该尽快为城镇农民工建立和规范劳动用工制度、工伤保险、基本养老保险、医疗和重大疾病保险以及失业保险等基本社会保障制度[②]。有学者对流动人口社会保障参与的影响因素进行了研究，认为个体特征、职业特征、家庭特征等因素在不同程度上影响着流动人口的社会保障水平[③]。也有学者注意到了流动人口社会保险参与状况的地区差异，认为经济发展程度越高、体制机制越健全的地区，流动人口的社会保障水平越高，但与本地人的差距也可能更大[④]，蔚志新对流动人口的社会保险参与状况进行分析后认为，东部地区的社会保险参与状况较好，其次为中部，而西部较差[⑤]。

也有学者关注到了京津冀地区的流动人口社会保障问题。韩枫通过将京津冀地区流动人口作为城镇流动人口的一个典型，通过对京津冀流动人口数据的分析，研究了影响城镇流动人口社会保障参保率的因素，认为城镇流动人口内部的阶层差异十分明显，部分弱势群体的社会保障水平亟待

① 郑功成：《中国流动人口的社会保障问题》，《理论视野》2007 年第 6 期。

② 曾丹：《城市边缘群体社会最低保障体系的建立》，《科技创业》2007 年第 1 期。

③ 尹志锋、郭琳、车士义：《流动人口的社会保障状况及影响因素分析——基于 2006 年北京市的微观数据》，《北京科技大学学报》（社会科学版）2010 年第 2 期；谢勇、李放：《农民工参加社会保险意愿的实证研究——以南京市为例》，《人口研究》2009 年第 3 期；王冉、盛来运：《中国城市农民工社会保障影响因素实证分析》，《中国农村经济》2008 年第 9 期。

④ 韩枫：《城镇流动人口社会保障参保率的影响因素研究》，《人口学刊》2016 年第 1 期；杨菊华：《城乡差分与内外之别：流动人口社会保障研究》，《人口研究》2011 年第 5 期。

⑤ 蔚志新：《流动人口社会保险参与状况的地区差异分析——基于 2011 年全国 32 个省级单位的流动人口问卷调查》，《人口学刊》2013 年第 2 期。

提高[①]。陈富美、陶四海、张洁研究了京津冀地区流动人口的医疗保险参保现状以及医疗保险因素对流动人口长期居留意愿的影响。他们发现，京津冀流动人口医保覆盖率高，但本地参保率低，医疗保险因素对京津冀三地流动人口的长期居留意愿均有显著影响[②]。尹志锋等针对北京市的流动人口社会保障问题进行了研究，考察了在京流动人口的社会保障状况和影响因素。[③]

在京津冀协同发展上升为国家战略之后，围绕着京津冀社会保障协同发展，学者从多个方面展开了讨论。有学者强调京津冀社会保障协同发展的必要性。马珍珍、尤龙基于区域协作的经验，认为当区域经济协作发展到一定阶段，社会保障的协作是一个必然会面对的问题，京津冀区域经济协作已经达到一定的程度，社会保障问题应当提上议事日程[④]。赵峰等认为政治不均衡和京津冀发展的历史渊源等因素导致京津冀协同发展战略在拉近三地距离的同时，也增加了合作的风险，因此，必须通过三地社会保障一体化的实现，减缓这种破坏效应[⑤]。也有学者注意到京津冀社会保障协同发展的制约因素。赵德慧、靳晓宏认为这些因素包括京津冀社会保障制度安排存在差异、社会保障协同发展管理部门不健全、京津冀社会保障跨省服务标准化和信息化水平较低以及社会保障协同发展立法建设相对滞后[⑥]。杨健认为推进京津冀社会保障协作的制约因素主要是京津冀法制化社会保障协同管理机构缺失、京津冀社会保障制度中存在冲突性、障碍性规定以及京津冀社会保障

---

① 韩枫：《城镇流动人口社会保障参保率的影响因素研究》，《人口学刊》2016 年第 1 期。

② 陈富美、陶四海、张洁：《流动人口医保现状及对长期居留意愿影响——基于京津冀流动人口动态监测数据分析》，《统计分析》2017 年第 11 期。

③ 尹志锋、郭琳、车士义：《流动人口的社会保障状况及影响因素分析——基于 2006 年北京市的微观数据》，《北京科技大学学报》（社会科学版）2010 年第 2 期。

④ 马珍珍、尤龙：《推进京津冀社会保障协作机制分析》，《河北青年管理干部学院学报》2017 年第 7 期。

⑤ 赵峰、李清章、高文越：《京津冀社会保障体系一体化的历史借鉴及对策》，《河北工程大学学报》2017 年第 3 期。

⑥ 赵德慧、靳晓宏：《京津冀社会保障协同发展：基于欧盟的经验和启示》，《中国科技资源导刊》2017 年第 4 期。

异地服务标准化、信息化水平不足①。

目前有关流动人口社会保障的研究多将全国流动人口视为一个整体进行研究，对于京津冀地区流动人口社会保障状况的研究较少。鲜有的关于京津冀地区社会保障研究也多将京津冀视为全国流动人口的一个代表或仅仅选取其中一个省、市，探析流动人口社会保障的相关问题，关于京津冀地区流动人口的社会保障的地区差异少有研究。相关学者对于京津冀社会保障协同发展的讨论也多集中于宏观政策方面的探讨，要求建立标准的体系和管理方案，而忽略了三地流动人口的个体差异。因此，本文采用2016年的全国流动人口动态监测数据，分析京津冀三地流动人口社会保障的差异，在关注京津冀流动人口个体特征差异的基础上讨论三地流动人口社会保障的地区差异。

本文使用的数据来自国家卫计委2016年全国流动人口动态监测数据。抽样总体为在流入地居住一个月及以上，非本区（县、市）户口的15周岁及以上流入人口。结合研究需要，本文选取了京津冀三地的流动人口数据，得到样本17000个。其中，北京市7000个、天津市5000个、河北省5000个。经过缺失数据的处理，共得到样本14323个，其中北京市样本5693个、天津市4228个、河北省4402个。我们使用SPSS对数据进行交叉表统计分析，分别计算京津冀流动人口“五险一金”的参与比例，进行不同类别社会保险在北京市、天津市和河北省三地参与状况的差异比较分析。同时，对京津冀三地流动人口的个体特征、经济特征、就业特征进行比较分析，试图从各个方面理解引起不同地区流动人口社会保险参与状况存在差异的原因。

二　京津冀流动人口基本特征的比较分析

基于以往对于影响流动人口参加社会保障因素的研究，结合我们的数据，首先从个体特征、经济特征和就业特征三个方面对京津冀流动人口的社会保障进行分析。

① 杨健：《京津冀社会保障协作：制约因素与策略选择》，《天津行政学院学报》2016年第3期。

（一）京津冀流动人口个体特征差异比较

就性别来看，京津冀三地流动人口中，男性数量均多于女性，其中以河北省最为突出，男性占河北省流动人口的比例达60.4%，北京市的性别悬殊最小。三地的大部分流动人口处于在婚的状态。就受教育程度来说，北京市流动人口总体受教育状况要高于其他两地，大专及以上学历的流动人口所占比例高达39.3%，天津市和河北省分别为17.8%和14.3%，北京市与其他两地差距较大。此外，北京市小学及以下学历的流动人口所占比例为三地最小。受教育程度为初中的流动人口占天津市、河北省两地流动人口的50%以上。由此可见，北京市流动人口的受教育程度以高中及以上学历为主，天津市、河北省两地流动人口受教育程度以初中、高中为主。就户口性质来说，三地的流动人口都以农业户口为主，河北省户口性质为农业户口的流动人口比例最高，达到86.9%，北京市最低，为63.6%。非农业户口的流动人口比例北京市最高，天津市次之，河北省最低，且北京市与其他两地的差距较大（见表1）。

表1　京津冀流动人口个体特征

单位：人，%

个体特征	北京市		天津市		河北省	
	频数	百分比	频数	百分比	频数	百分比
性别						
男	3067	53.9	2434	57.6	2657	60.4
女	2626	46.1	1794	42.4	1745	39.6
婚姻状况						
未婚	890	15.6	436	10.3	934	21.2
在婚	4637	81.5	3713	87.8	3338	75.8
其他	166	2.9	79	1.9	130	3.0
受教育程度						
小学及以下	378	6.6	451	10.7	463	10.5
初中	1872	32.9	2254	53.3	2264	51.4
高中/中专	1207	21.2	772	18.2	1044	23.7
大专及以上	2236	39.3	751	17.8	631	14.3

续表

个体特征	北京市		天津市		河北省	
	频数	百分比	频数	百分比	频数	百分比
户口性质						
农业	3622	63.6	3504	82.9	3826	86.9
非农业	1939	34.1	704	16.7	558	12.7
居民	87	1.5	9	0.2	9	0.2
其他	45	0.8	11	0.3	9	0.2

就性别特征来看，女性在养老保险、失业保险、工伤保险、生育保险以及住房公积金上的参保率都要高于男性。从婚姻状况上来看，婚姻状况为“在婚”的流动人口养老保险和住房公积金的参保率要高于其他类型婚姻状况的流动人口。表2中的几种社会保险类型参保率在不同的受教育程度的流动人口中展现出明显的差异，随着受教育水平的不断提高，五类社会保险的参保率均显著提高。受教育程度较高的流动人口找到正规岗位的概率越大，与就业单位签订固定期限劳动合同的概率也越大，因而能获得较多的社会保障。就户口性质来看，非农业户口的流动人口社会保险的参保率也明显高于农业户口的流动人口。

表2　个体特征与社会保险交叉

单位：人，%

个体特征	养老保险		失业保险		工伤保险		生育保险		住房公积金	
	频数	百分比	频数	百分比	频数	百分比	频数	百分比	频数	百分比
性别										
男	5395	66.1	2513	30.8	2990	36.7	2144	26.3	1491	18.3
女	4090	66.3	2186	35.5	2362	38.3	2054	33.3	1230	20.0
婚姻状况										
未婚	1367	60.5	775	34.3	890	39.4	669	29.6	416	18.4
在婚	7880	67.4	3826	32.7	4353	37.2	3445	29.5	2256	19.3
其他	238	63.5	98	26.1	109	29.1	84	22.4	49	13.1
受教育程度										
小学及以下	655	50.7	73	5.7	179	13.9	60	4.6	18	1.4
初中	3720	58.2	913	14.3	1305	20.4	669	10.5	265	4.1
高中/中专	1985	65.7	947	31.3	1047	34.6	817	27.0	413	13.7
大专及以上	3125	86.4	2766	76.5	2821	78.0	2652	73.3	2025	56

续表

个体特征	养老保险		失业保险		工伤保险		生育保险		住房公积金	
	频数	百分比	频数	百分比	频数	百分比	频数	百分比	频数	百分比
户口性质										
农业	6737	61.5	2354	21.5	2986	27.3	1971	18.00	1071	9.8
非农业	2614	81.7	2241	70.0	2262	70.7	2131	66.6	1586	49.5
居民	87	82.9	72	68.6	72	68.6	68	64.8	50	47.5
其他	47	72.3	32	49.2	32	49.2	28	41.3	14	21.5

从个体特征来看几种类型的医疗保险的参保情况，可以发现，男性参加新型农村合作医疗保险和公费医疗的参保率要高于女性，其他类型的医疗保险的参保率均低于女性。从受教育程度上来看，受教育程度越高的流动人口参加新型农村合作医疗保险的参保率越低，参加其他类型的医疗保险的参保率越高，63.0%的受教育程度为大专及以上的流动人口参加了城镇职工医疗保险。从户口性质来看，户口性质为农业户口的流动人口多参加新型农村合作医疗保险，参保率达到73.7%；而户口性质为非农业的流动人口中有59.4%的流动人口参加了城镇职工医疗保险（见表3）。

表3　个体特征与医疗保险类型交叉

单位：人，%

个体特征	新型农村合作医疗保险		城乡居民合作医疗保险		城镇居民医疗保险		城镇职工医疗保险		公费医疗	
	频数	百分比	频数	百分比	频数	百分比	频数	百分比	频数	百分比
性别										
男	4985	61.6	160	2.00	253	3.1	2074	25.4	73	0.9
女	3368	54.6	148	2.4	210	3.4	1810	29.4	46	0.7
婚姻状况										
未婚	1277	56.5	50	2.2	92	4.1	571	25.3	8	0.4
在婚	6867	58.8	251	2.1	351	3.00	3229	27.6	108	0.9
其他	209	55.7	7	1.9	20	5.3	84	22.4	3	0.8
受教育程度										
小学及以下	1068	82.7	11	0.9	15	1.2	74	5.7	1	0.1
初中	4863	76.1	136	2.1	142	2.2	768	12.00	38	0.6
高中/中专	1751	57.9	75	2.5	126	4.2	764	25.3	12	0.4
大专及以上	671	18.5	86	2.4	180	5.00	2278	63.0	68	1.9

续表

个体特征	新型农村合作医疗保险		城乡居民合作医疗保险		城镇居民医疗保险		城镇职工医疗保险		公费医疗	
	频数	百分比	频数	百分比	频数	百分比	频数	百分比	频数	百分比
户口性质										
农业	8077	73.7	149	1.4	99	0.9	1900	17.3	51	0.5
非农业	251	7.8	148	4.6	345	10.8	1900	59.4	66	2.1
居民	10	9.5	9	8.6	13	12.4	55	52.4	1	1.00
其他	15	23.1	2	3.1	6	9.2	29	44.6	1	1.5

（二）京津冀流动人口经济特征差异比较

就经济特征来看，北京市月人均收入为6282.68元，天津市月人均收入为4317.95元，河北省为3534.71元。北京市人均收入要远远高于河北省，将月收入进行分段后可以发现，北京市超过1/3的流动人口月收入在5000元以上，仅有不到10%的流动人口月收入在2000元以下。而天津市，尤其是河北省，月收入在2000元以下的流动人口占较大的比重，大部分居住在天津市、河北省两地的流动人口月收入在2001～3500元的区间内，月收入在5000元以上的流动人口比例远远低于北京市（见表4）。

表4　京津冀流动人口经济特征

单位：人，%

月收入	北京市		天津市		河北省	
	频数	百分比	频数	百分比	频数	百分比
2000元及以下	553	9.7	727	17.2	1096	24.9
2001～3500元	1437	25.2	1469	34.7	1786	32.8
3501～5000元	1559	27.4	1196	28.3	1080	24.5
5000元以上	2144	37.7	836	19.8	440	10.0

将收入和参加社会保险的流动人口进行交叉分析后可以发现，随着收入水平的提高，养老保险、失业保险、工伤保险、生育保险和住房公积金的参

保率也得到提高。养老保险、失业保险、工伤保险和生育保险的参保率都随着月收入段的不断升高而明显增加，月收入在5000元以上的流动人口参保率分别达到该收入段流动人口数的一半以上，养老保险的参保率更是达到77.4%。月收入在5000元以上的流动人口住房公积金的参保率也达到39.1%（见表5）。

表5　经济特征与社会保险交叉

单位：人，%

月收入	养老保险		失业保险		工伤保险		生育保险		住房公积金	
	频数	百分比	频数	百分比	频数	百分比	频数	百分比	频数	百分比
2000元及以下	1269	53.4	367	15.4	450	18.9	317	13.3	138	5.8
2001～3500元	2903	61.9	1107	23.6	1424	30.3	917	19.5	514	11.0
3501～5000元	2666	69.5	1329	34.7	1510	39.4	1158	30.2	731	19.1
5000元以上	2647	77.4	1896	55.4	1968	57.5	1806	52.8	1338	39.1

就医疗保险的5个险种来说，月收入在2000元及以下、2001～3500元以及3501～5000元几个段中的流动人口一半以上参加了新型农村合作医疗保险，其中月收入在2000元及以下的流动人口的新型农村合作医疗保险参保率最高，达到70.7%。除了新型农村合作医疗保险之外，月收入在2001～3500元以及3501～5000元段的流动人口，还有较大比例的人参加了城镇职工医疗保险。月收入在5000元以上的流动人口多参加的医疗保险为城镇职工医疗保险，该收入段流动人口参加城镇职工医疗保险的参保率高达45.6%，为所有收入段最高（见表6）。

表6　经济特征与医疗保险类型交叉

单位：人，%

月收入	新型农村合作医疗保险		城乡居民合作医疗保险		城镇居民医疗保险		城镇职工医疗保险		公费医疗	
	频数	百分比	频数	百分比	频数	百分比	频数	百分比	频数	百分比
2000元及以下	1681	70.7	50	2.1	66	2.8	325	13.7	3	0.1
2001～3500元	3153	67.2	105	2.2	133	2.8	902	19.2	48	1.0
3501～5000元	2246	58.6	77	2.0	119	3.1	1096	28.6	32	0.8
5000元以上	1273	37.2	76	2.2	145	4.2	1561	45.6	36	1.1

（三）京津冀流动人口就业特征差异比较

1. 京津冀流动人口就业身份比较

将流动人口按就业身份进行划分后，在获得的14323个样本中，就业身份为雇员的流动人口数量为9522人，就业身份为雇主的人数为1088人，自营劳动者3510人，其他就业身份203人（见表7）。

表7　京津冀流动人口就业身份比较

单位：人，%

就业身份	北京市		天津市		河北省	
	频数	百分比	频数	百分比	频数	百分比
雇员	4098	72.0	2670	63.2	2754	62.6
雇主	538	9.5	313	7.4	237	5.4
自营劳动者	971	17.1	1214	28.7	1325	30.1
其他	86	1.5	31	0.7	86	2.0

就京津冀三地的流动人口就业身份来看，京津冀地区流动人口的主要就业身份为雇员。北京市就业身份为雇员的流动人口在就业身份中的比例最大，为72.0%，天津市次之，河北省最小。北京市就业身份为雇主的流动人口所占比例也在三地中最高。相反的，就业身份为自营劳动者的流动人口几乎占河北省流动人口的1/3，而北京市的比例最小。

就业身份的参保差异也很明显。总体看来，雇员的参保率最高，雇主次之，自营劳动者参保率最低。三种就业身份的流动人口在养老保险上具有较高的参保率，雇员的养老保险参保率高达71.7%，自营劳动者参保率最低，但也达到了52.7%。养老保险与其他类型的保险相比表现出了较高的参保率，从中也可以看出京津冀流动人口对于养老保障的重视。从就业身份上看，失业保险、工伤保险和生育保险的参保率均是雇员最高，雇主次之，自营劳动者最低。与前四项保险相比，住房公积金的参加率最低(见表8)。

表 8　就业身份与社会保险交叉

单位：人，%

就业身份	养老保险		失业保险		工伤保险		生育保险		住房公积金	
	频数	百分比	频数	百分比	频数	百分比	频数	百分比	频数	百分比
雇员	6825	71.7	4214	44.3	4854	51.0	3750	39.4	2531	26.6
雇主	679	62.4	285	26.2	289	26.6	258	23.7	121	11.1
自营劳动者	1849	52.7	162	4.6	165	4.7	153	4.4	40	1.1
其他	132	65.0	38	18.7	44	21.7	37	18.2	29	14.3
合计	9485	66.2	4699	32.8	5352	37.4	4198	29.3	2721	19.0

从就业身份看医疗保险的五种类型可以发现，大部分的流动人口参加了新型农村合作医疗保险。就业身份为雇员的流动人口以参加新型农村合作医疗保险和城镇职工医疗保险为主，其中参加城镇职工医疗保险的雇员比例为36.8%，在所有种类的就业身份中比例最高。就业身份为雇主的流动人口也多参加新型农村合作医疗保险。自营劳动者参加新型农村合作医疗保险的比例最高，达到80.3%。此外，雇主在新型农村合作医疗保险、城乡居民合作医疗保险、城镇居民医疗保险三类保险的参保率上都超过了雇员，在城镇职工医疗保险和公费医疗的参保率上却低于雇员（见表9）。

表 9　就业身份与医疗保险类型交叉

单位：人，%

就业身份	新型农村合作医疗保险		城乡居民合作医疗保险		城镇居民医疗保险		城镇职工医疗保险		公费医疗	
	频数	百分比	频数	百分比	频数	百分比	频数	百分比	频数	百分比
雇员	4804	50.5	174	1.8	302	3.2	3504	36.8	110	1.2
雇主	594	54.6	35	3.2	65	6.0	202	18.6	1	0.1
自营劳动者	2818	80.3	94	2.7	90	2.6	147	4.2	6	0.2
其他	137	67.5	5	2.5	6	3.0	31	15.3	2	1.0
合计	8353	58.3	308	2.2	463	3.2	3884	27.1	119	0.8

2. 京津冀流动人口就业所属行业比较

就京津冀流动人口所属行业来看，京津冀三地均有大量流动人口从事批发零售业，住宿餐饮业，居民服务、修理和其他服务业三类行业。三地中从事以上三个行业的流动人口数量均占到一半左右。此外，天津市、河北省两地还有大量的流动人口从事制造业，这一点与北京存在较大差别。从表10中可以看出，北京市从事制造业的流动人口仅占到6.3%，而天津市和河北省流动人口从事制造业的比重分别高达26.2%和22.6%。天津市和河北省制造业人数在所有行业中最多。北京市信息传输、软件和信息技术服务业也与天津市、河北省存在较大差距，北京市从事该行业的比重为13.2%，而其他两地仅分别为3.0%和2.1%（见表10）。总体看来，北京市流动人口在从事金融、信息技术等高新行业的人数要明显高于天津市、河北省两地。

表10　京津冀流动人口就业所属行业比较

单位：人，%

所属行业	北京市		天津市		河北省	
	频数	百分比	频数	百分比	频数	百分比
农林牧渔业	47	0.8	44	1.0	23	0.5
采矿业	8	0.1	15	0.4	7	0.2
制造业	356	6.3	1107	26.2	994	22.6
电煤水热生产供应业	41	0.7	21	0.5	62	1.4
建筑业	351	6.2	340	8.0	327	7.4
批发零售业	987	17.3	923	21.8	913	20.7
交通运输、仓储和邮政业	189	3.3	253	6.0	135	3.1
住宿餐饮业	725	12.7	505	11.9	815	18.5
信息传输、软件和信息技术服务业	754	13.2	127	3.0	92	2.1
金融业	156	2.7	46	1.1	48	1.1
房地产业	127	2.2	83	2.0	52	1.2
租赁和商务服务业	119	2.1	27	0.6	29	0.7
科研和技术服务业	172	3.0	28	0.7	24	0.5
水利、环境和公共设施管理业	53	0.9	21	0.5	9	0.2
居民服务、修理和其他服务业	1117	19.6	555	13.1	721	16.4

续表

所属行业	北京市		天津市		河北省	
	频数	百分比	频数	百分比	频数	百分比
教育业	153	2.7	35	0.8	45	1.0
卫生和社会工作	153	2.7	79	1.9	62	1.4
文体和娱乐	124	2.2	12	0.3	24	0.5
公共管理、社会保障和社会组织	57	1.0	7	0.2	20	0.5
国际组织	4	0.1	0	0.0	0	0.0
合计	5693	100.0	4228	100.0	4402	100.0

从所属行业看流动人口的参保差异，可以发现，在几种社会保险的类型中，各行业流动人口对养老保险参加程度最高，住房公积金的参与度最低。从行业特征来看，国际组织，信息传输、软件和信息技术服务行业，金融业以及科研和技术服务业的流动人口在各类保险中的参保状况好于其他各个行业。而批发零售业，住宿餐饮业，居民服务、修理和其他服务业的流动人口社会保险参与状况与其他行业相比处于较低水平（见表11）。由此可见，流动人口社会保险的参与水平因其所从事行业的不同而不同。

表11　就业所属行业与社会保险交叉

单位：人，%

所属行业	养老保险		失业保险		工伤保险		生育保险		住房公积金	
	频数	百分比	频数	百分比	频数	百分比	频数	百分比	频数	百分比
农林牧渔业	73	64.0	53	46.5	54	47.37	53	46.49	31	27.19
采矿业	27	90.0	22	73.3	25	83.33	20	66.67	19	63.33
制造业	1678	68.3	800	32.6	1234	50.22	648	26.37	416	16.93
电煤水热生产供应业	108	87.1	58	46.8	89	71.77	46	37.10	70	56.45
建筑业	648	63.7	249	24.5	356	34.97	230	22.59	155	15.23
批发零售业	1575	55.8	459	16.3	470	16.65	417	14.77	175	6.20
交通运输、仓储和邮政业	407	70.5	233	40.4	200	34.66	166	28.77	107	18.54
住宿餐饮业	1144	55.9	303	14.8	315	15.40	262	12.81	107	5.23

续表

所属行业	养老保险		失业保险		工伤保险		生育保险		住房公积金	
	频数	百分比	频数	百分比	频数	百分比	频数	百分比	频数	百分比
信息传输、软件和信息技术服务业	884	90.9	812	83.5	812	83.45	777	79.86	602	61.87
金融业	216	86.4	190	76.0	201	80.40	184	73.60	157	62.80
房地产业	194	74.0	136	51.9	155	59.16	128	48.85	73	27.86
租赁和商务服务业	140	80.0	93	53.1	94	53.71	85	48.57	54	30.86
科研和技术服务业	212	94.6	179	79.9	181	80.80	164	73.21	126	56.25
水利、环境和公共设施管理	67	80.7	61	73.5	63	75.90	56	67.47	40	48.19
居民服务、修理和其他服务业	1463	61.1	514	21.5	564	23.57	448	18.72	226	9.44
教育业	192	82.4	155	66.5	154	66.09	149	63.95	103	44.21
卫生和社会工作	248	84.4	216	73.5	219	74.49	213	72.45	150	51.02
文体和娱乐	132	82.5	101	63.1	101	63.13	97	60.63	62	38.75
公共管理、社会保障和社会组织	73	86.9	62	73.8	62	73.81	52	61.90	46	54.76
国际组织	4	100.0	3	75.0	3	75.00	3	75.00	2	50.00
	9485	66.2	4699	32.8	5352	37.37	4198	29.31	2721	19.00

就医疗保险的几种类型来看，大多数行业的流动人口主要选择了新型农村合作医疗保险或城镇职工医疗保险。根据表12可以看出，制造业，批发零售业，住宿餐饮业，居民服务、修理和其他服务业均有超过60%的流动人口参加新型农村合作医疗保险。而信息传输、软件和信息技术服务行业，科研和技术服务行业，水利、环境和公共设施管理行业也均有70%左右的流动人口参加城镇职工医疗保险。各行业中，城乡居民合作医疗保险、城镇居民医疗保险参保率最高的行业分别是科研和技术服务行业以及国际组织。除此之外，采矿业公费医疗的参保率高达23.3%，与其他行业相比呈现较大的差距（见表12）。

表 12　就业所属行业与医疗保险类型交叉

单位：人，%

所属行业	新型农村合作医疗保险		城乡居民合作医疗保险		城镇居民医疗保险		城镇职工医疗保险		公费医疗	
	频数	百分比	频数	百分比	频数	百分比	频数	百分比	频数	百分比
农林牧渔业	64	56.1	3	2.6	2	1.8	44	38.6	5	4.4
采矿业	7	23.3	0	0.0	1	3.3	14	46.7	7	23.3
制造业	1620	65.9	39	1.6	24	1.0	675	27.5	35	1.4
电煤水热生产供应业	40	32.3	0	0.0	3	2.4	73	58.9	1	0.8
建筑业	676	66.4	22	2.2	24	2.4	206	20.2	3	0.3
批发零售业	1938	68.7	71	2.5	97	3.4	363	12.9	10	0.4
交通运输、仓储和邮政业	313	54.2	12	2.1	10	1.7	206	35.7	3	0.5
住宿餐饮业	1405	68.7	59	2.9	78	3.8	234	11.4	9	0.4
信息传输、软件和信息技术服务业	183	18.8	19	2.0	46	4.7	655	67.3	12	1.2
金融业	50	20.0	1	0.4	10	4.0	164	65.6	3	1.2
房地产业	109	41.6	2	0.8	8	3.1	109	41.6	0	0.0
租赁和商务服务业	63	36.0	4	2.3	16	9.1	74	42.3	3	1.7
科研和技术服务业	40	17.9	8	3.6	11	4.9	157	70.1	6	2.7
水利、环境和公共设施管理	22	26.5	1	1.2	1	1.2	60	72.3	1	1.2
居民服务、修理和其他服务业	1619	67.7	61	2.5	102	4.3	385	16.1	12	0.5
教育业	60	25.8	0	0.0	15	6.4	136	58.4	3	1.3
卫生和社会工作	75	25.5	1	0.3	7	2.4	191	65.0	3	1.0
文体和娱乐	54	33.8	4	2.5	6	3.8	80	50.0	0	0.0
公共管理、社会保障和社会组织	14	16.7	1	1.2	1	1.2	56	66.7	3	3.6
国际组织	1	25.0	0	0.0	1	25.0	2	50.0	0	0.0
	8353	58.3	308	2.2	463	3.2	3884	27.1	119	0.8

3. 京津冀流动人口就业单位性质比较

从单位性质上来看，京津冀三地流动人口就业单位性质主要为个体工商户和私营企业。在以上两类性质的单位中就业的流动人口在三个省、市中均超过60%，京、津、冀三个省、市就业单位性质为个体工商户的流动人口比重分别为28.3%、34.5%和39.0%；单位性质为私营企业的流动人口比重分别为37.3%、33.9%和35.6%（见表13）。另一方面，北京市流动人口在机关、事业单位以及股份、联营企业的就业比重要明显高于天津市和河北省。而河北省无单位的流动人口所占比重较大，高达13.9%，与之相比北京市最低。

表13　京津冀流动人口就业单位性质比较

单位：人，%

单位性质	北京市		天津市		河北省	
	频数	百分比	频数	百分比	频数	百分比
机关、事业单位	245	4.3	76	1.8	99	2.2
国有及国有控股企业	405	7.1	293	6.9	96	2.2
集体企业	121	2.1	20	0.5	24	0.5
股份、联营企业	506	8.9	182	4.3	189	4.3
个体工商户	1609	28.3	1458	34.5	1716	39.0
私营企业	2126	37.3	1435	33.9	1569	35.6
港澳台独资企业	12	0.2	13	0.3	1	0.0
外商独资企业	106	1.9	133	3.1	5	0.1
中外合资企业	110	1.9	87	2.1	8	0.2
社团/民办组织	33	0.6	12	0.3	10	0.2
其他	195	3.4	122	2.9	71	1.6
无单位	225	4.0	397	9.4	614	13.9
合计	5693	100.0	4228	100.0	4402	100.0

从就业单位性质看几种社会保险的参保差异，可以发现，国有及国有控股企业、港澳台独资企业、外商独资企业以及中外合资企业四类单位的社会保险参与状况要好于其他性质的单位。其中，港澳台独资企业在各类社会保

险中的参保率均为最高。就业单位性质为私营企业和集体企业的流动人口社会保险参保率次之。单位性质为个体工商户或其他的流动人口社会保险参与状况较差，社会保险参保率与其他行业相比较低。无单位的流动人口社会保险参与程度最低（见表 14）。

表 14　就业单位性质与社会保险交叉

单位：人，%

单位性质	养老保险		失业保险		工伤保险		生育保险		住房公积金	
	频数	百分比	频数	百分比	频数	百分比	频数	百分比	频数	百分比
机关、事业单位	368	87.62	293	69.76	301	71.67	267	63.57	211	50.24
国有及国有控股企业	700	88.16	642	80.86	654	82.37	583	73.43	440	55.42
集体企业	114	69.09	81	49.09	87	52.73	70	42.42	43	26.06
股份、联营企业	776	88.48	601	68.53	679	77.42	558	63.63	435	49.60
个体工商户	2476	51.77	407	8.51	469	9.81	364	7.61	128	2.68
私营企业	3679	71.72	2172	42.34	2670	52.05	1913	37.29	1119	21.81
港澳台独资企业	26	100.00	25	96.15	26	100.00	23	88.46	22	84.62
外商独资企业	228	93.44	207	84.84	183	75.00	169	69.26	152	62.30
中外合资企业	182	88.78	165	80.49	167	81.46	151	73.66	118	57.56
社团/民办组织	42	76.36	29	52.73	29	52.73	27	49.09	18	32.73
其他	230	59.28	61	15.72	70	18.04	55	14.18	34	8.76
无单位	664	53.72	16	1.29	17	1.38	18	1.46	1	0.08
合计	9485	66.22	4699	32.81	5352	37.37	4198	29.31	2721	19.00

从医疗保险的几种类型来看，各行业流动人口多参加新型农村合作医疗保险和城镇职工医疗保险。其中，就业单位性质为个体工商户、其他或无单位的流动人口在新型农村合作医疗保险上的参保率均在 70% 以上，国有及国有控股企业、港澳台独资企业以及外商独资企业的流动人口多参加城镇职工医疗保险，参保率也在 70% 左右。同样的，各单位公费医疗的参保率最

低，其中国有及国有控股企业在公费医疗类型上的参保率最高，但也仅为4.16%，部分单位在公费医疗上的参保率为0（见表15）。

表15　就业单位性质与医疗保险类型交叉

单位：人，%

单位性质	新型农村合作医疗保险		城乡居民合作医疗保险		城镇居民医疗保险		城镇职工医疗保险		公费医疗	
	频数	百分比	频数	百分比	频数	百分比	频数	百分比	频数	百分比
机关、事业单位	106	25.24	4	0.95	17	4.05	262	62.38	12	2.86
国有及国有控股企业	174	21.91	9	1.13	17	2.14	544	68.51	33	4.16
集体企业	83	50.30	4	2.42	5	3.03	55	33.33	1	0.61
股份、联营企业	272	31.01	13	1.48	31	3.53	534	60.89	3	0.34
个体工商户	3602	75.31	138	2.89	185	3.87	292	6.10	6	0.13
私营企业	2696	52.55	78	1.52	157	3.06	1800	35.09	45	0.88
港澳台独资企业	2	7.69	0	0.00	0	0.00	18	69.23	0	0.00
外商独资企业	45	18.44	4	1.64	12	4.92	171	70.08	4	1.64
中外合资企业	57	27.80	5	2.44	5	2.44	119	58.05	6	2.93
社团/民办组织	22	40.00	2	3.64	2	3.64	25	45.45	1	1.82
其他	272	70.10	16	4.12	7	1.80	50	12.89	7	1.80
无单位	1022	82.69	35	2.83	25	2.02	14	1.13	1	0.08
合计	8353	58.32	308	2.15	463	3.23	3884	27.12	119	0.83

三　京津冀流动人口社会保障比较分析

（一）京津冀流动人口社会保障参保率比较

就养老保险、失业保险、工伤保险、生育保险以及住房公积金来说，北京市流动人口的参保率要明显高于天津市和河北省，这与北京市经济发展水平以及优越的政策环境相关。相对于其他类型的保险，养老保险在三地中均具有较高的参保率，其中北京市以 76.9% 的参保率居于首位，天津市养老保险参保率为 54.6%，处于三地最低。失业保险参保率在三地中表现出较大的分化，北京市失业保险参保率达到 52.9%，而河北省不到 10%（见表 16）。工伤保险、生育保险和住房公积金在三地的参保率均具有较大差距，北京市参保率高，天津市次之，河北省最低。因此，就参保率来看，京、津、冀三地的社会保障参保率地区差异明显，北京市参保率最高，社会保障相对较好，而河北省流动人口的社会保障与北京市和天津市相比，仍处于较低的水平。

表 16　京津冀流动人口社会保障参保率

单位：人，%

社会保障差异	北京市		天津市		河北省	
	频数	百分比	频数	百分比	频数	百分比
养老保险	4380	76.9	2308	54.6	2797	63.5
失业保险	3010	52.9	1254	29.7	435	9.9
工伤保险	3063	53.8	1474	34.9	815	18.5
生育保险	2838	49.9	1059	25.0	301	6.8
住房公积金	1709	30.0	746	17.6	266	6.0

北京市与河北省、天津市相比，经济发展水平相对较高，流动人口的收入水平也会更高一些。加之北京相对优越的政策环境，使得北京市的流动人口社会保障参保率明显高于其他两地，因此京、津、冀三地的社会保障参保率表现出明显的地区差异。

医疗保险被分成新型农村合作医疗保险、城乡居民合作医疗保险、城镇居民医疗保险、城镇职工医疗保险和公费医疗五个类别。总体看来，大部分的流动人口参加的医疗保险类型为新型农村合作医疗保险和城镇职工医疗保险。北京市流动人口在这两项保险的参保率分别为 45.2% 和 41.8%，天津市分别为 56.0% 和 24.9%。河北省新型农村合作医疗的参保率最高，达到 77.5%（见表 17）。这是由于河北省农业户口的流动人口比例也在三地中最高。

表 17　京津冀流动人口医疗保险参保率

单位：人，%

社会保障差异	北京市		天津市		河北省	
	频数	百分比	频数	百分比	频数	百分比
新型农村合作医疗保险	2572	45.2	2369	56.0	3412	77.5
城乡居民合作医疗保险	89	1.6	148	3.5	71	1.6
城镇居民医疗保险	194	3.4	85	2.0	184	4.2
城镇职工医疗保险	2377	41.8	1054	24.9	453	10.3
公费医疗	29	0.5	65	1.5	25	0.6

（二）京津冀流动人口社会保障参保地比较

三地的养老保险参保率均较高。北京市养老保险参保率为76.9%，河北省为63.5%，天津市最低，为54.6%。从参保地来看，北京市和天津市的流动人口多选择在本地参加养老保险，而河北省高达80.8%的流动人口选择在户籍地参加养老保险，参保地为本地的流动人口仅有17.8%（见表18）。

表 18　京津冀养老保险差异

单位：人，%

社会保障差异	北京市		天津市		河北省	
	频数	百分比	频数	百分比	频数	百分比
参保率	4380	76.9	2308	54.6	2797	63.5
参保地						
本地	2968	67.8	1412	61.2	499	17.8
户籍地	1393	31.8	842	36.5	2259	80.8
其他地方	19	0.4	54	2.3	39	1.4

三地在失业保险上的最大差异体现在参保率上。北京市失业保险参保率为52.9%，天津市为29.7%，而河北省流动人口的失业保险参保率仅为9.9%（见表19）。与其他两地相比，北京市的就业市场更加正规，流动人口在就业方面获得了更加相对完善的保障。另外，三地参加失业保险的流动人口的参保地多为本地，少有流动人口在户籍地参加失业保险。

表 19　京津冀失业保险差异

单位：人，%

社会保障差异	北京市		天津市		河北省	
	频数	百分比	频数	百分比	频数	百分比
参保率	3010	52.9	1254	29.7	435	9.9
参保地						
本地	2904	96.5	1164	92.8	376	86.4
户籍地	92	3.1	38	3.0	28	6.4
其他地方	14	0.5	52	4.1	31	7.1

工伤保险和生育保险表现出和失业保险相似的特征。两种保险的参保率均是北京市最高，天津市次之，河北省最低（见表 20、表 21）。另外，两类保险的参保地均以本地为主，本地参保率为 90% 左右，其他各参保地的参保率均不足 10%。北京市和天津市、河北在工伤、生育保险参保率方面的差距，再一次说明了流动人口的社会保障参保率与地区经济环境和制度环境密切相关。

表 20　京津冀工伤保险差异

单位：人，%

工伤保险差异	北京市		天津市		河北省	
	频数	百分比	频数	百分比	频数	百分比
参保率	3063	53.8	1474	34.9	815	18.5
参保地						
本地	2957	96.5	1361	92.3	743	91.2
户籍地	90	2.9	59	4.0	31	3.8
其他地方	16	0.5	54	3.7	41	5.0

表 21　京津冀生育保险差异

单位：人，%

生育保险差异	北京市		天津市		河北省	
	频数	百分比	频数	百分比	频数	百分比
参保率	2838	49.9	1059	25.0	301	6.8
参保地						
本地	2743	96.7	964	91.0	259	86.0
户籍地	80	2.8	45	4.2	18	6.0
其他地方	15	0.5	50	4.7	24	8.0

与前面4种社会保险相比，京津冀流动人口住房公积金的参保率最低，且再次表现出明显的地区差异。北京市住房公积金参保率为30.0%，而河北省仅为6.0%（见表22）。住房公积金的参保地也多为本地。与京津地区相比，河北省流动人口中选择在户籍地参加住房公积金的比例相对较高。

表22　京津冀住房公积金差异

单位：人，%

住房公积金差异	北京市		天津市		河北省	
	频数	百分比	频数	百分比	频数	百分比
参保率	1709	30.0	746	17.6	266	6.0
参保地						
本地	1650	96.5	678	90.9	213	80.1
户籍地	49	2.9	21	2.8	25	9.4
其他地方	10	0.6	47	6.3	28	10.5

在京津冀三个地区，与其他医疗保险类型相比，新型农村合作医疗保险的参保率较高，其中以河北省最为突出，新型农村合作医疗保险参保率达到77.5%。户籍地是新型农村合作医疗保险的主要参保地，在京津冀三地，新型农村合作医疗保险在户籍地参保的比例均在90%以上，河北省几乎所有的流动人口都在户籍地参加新型农村合作医疗保险（见表23）。

表23　京津冀新型农村合作医疗保险差异

单位：人，%

新型农村合作医疗保险差异	北京市		天津市		河北省	
	频数	百分比	频数	百分比	频数	百分比
参保率	2572	45.2	2369	56.0	3412	77.5
参保地						
本地	109	4.2	53	2.2	12	0.4
户籍地	2461	95.7	2315	97.7	3399	99.6
其他地方	2	0.1	1	0.0	1	0.0

城乡居民合作医疗保险在三地的参保率均较低，与其他两地相比，天津市参保率最高，但与其他类型的医疗保险相比仍处于较低水平。三地城乡居民合作医疗保险的主要参保地均为户籍地，但北京市和天津市依然有1/3左右的人参保地为本地，河北省在本地参加城乡居民合作医疗保险的流动人口较少，比例仅为4.2%（见表24）。

表24 京津冀城乡居民合作医疗保险差异

单位：人，%

城乡居民合作医疗保险差异	北京市		天津市		河北省	
	频数	百分比	频数	百分比	频数	百分比
参保率	89	1.6	148	3.5	71	1.6
参保地						
本地	28	31.5	52	35.1	3	4.2
户籍地	61	68.5	95	64.2	68	95.8
其他地方	0	0.0	1	0.7	0	0.0

与城乡居民合作医疗保险相似，城镇居民医疗保险的参保率依然相对较低。京津两地的流动人口城镇居民医疗保险的主要参保地为本地，也有部分人选择了在户籍地参保。河北省却与京津两地相反，河北省流动人口城镇居民医疗保险的主要参保地为户籍地，只有小部分人在本地参保（见表25）。

表25 京津冀城镇居民医疗保险差异

单位：人，%

城镇居民医疗保险差异	北京市		天津市		河北省	
	频数	百分比	频数	百分比	频数	百分比
参保率	194	3.4	85	2.0	184	4.2
参保地						
本地	117	60.3	49	57.6	49	26.6
户籍地	76	39.2	36	42.4	135	73.4
其他地方	1	0.5	0	0.0	0	0.0

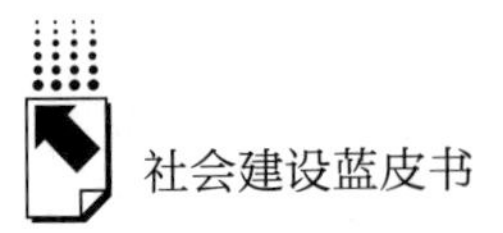

城镇职工医疗保险是流动人口参加医疗保险的另一主要类型，在北京市的参保率为41.8%，参保率相对较高。天津市为24.9%，河北省最低，为10.3%。就参保地来看，城镇职工医疗保险的主要参保地为本地，北京市和天津市城镇职工医疗保险的本地参保率都超过了90%。与之相比，河北省在本地参保的流动人口所占比例较低，但是也达到了85.2%（见表26）。

表26　京津冀城镇职工医疗保险差异

单位：人，%

城镇职工医疗保险差异	北京市		天津市		河北省	
	频数	百分比	频数	百分比	频数	百分比
参保率	2377	41.8	1054	24.9	453	10.3
参保地						
本地	2279	95.9	982	93.2	386	85.2
户籍地	85	3.6	39	3.7	39	8.6
其他地方	13	0.5	33	3.1	28	6.2

公费医疗的参保率在医疗保险五种类型中参保率最低，天津市流动人口公费医疗参保率最高，但也仅仅为1.5%，北京市参保率最低，公费医疗的参保率仅有0.5%。而公费医疗的主要参保地也是本地，其中北京市在本地参保的比例为86.2%，天津市在本地参保的比例最低，但也达到了63.1%。在户籍地参加公费医疗的人数较少，所占比例在10%左右。此外，天津市还有部分人选择了在其他地方参加公费医疗，在其他地方参加公费医疗的流动人口比例达到29.2%（见表27）。

表27　京津冀公费医疗差异

单位：人，%

公费医疗差异	北京市		天津市		河北省	
	频数	百分比	频数	百分比	频数	百分比
参保率	29	0.5	65	1.5	25	0.6
参保地						
本地	25	86.2	41	63.1	20	80.0
户籍地	4	13.8	5	7.7	1	16.0
其他地方	0	0.0	19	29.2	1	4.0

四 结论与建议

从个体特征上来看，京津冀三地的流动人口具有明显的个体差异。北京市男女性别比较为均衡，流动人口的受教育程度也高于其他两地，农业户口的流动人口所占比例也最小。与之相反，在京津冀三地中，河北省的流动人口性别比差异最大，流动人口的总体受教育水平也最低，农业户口的流动人口比例也最高。受教育程度越高的流动人口社会保险的参保率也越高，户口性质为非农业的流动人口社会保险参保率也高于农业户口的流动人口。就医疗保险的几个类型来看，受教育程度越高的流动人口在新型农村合作医疗上的参保率越低；户口性质为农业户口的流动人口多参加新型农村合作医疗保险。

从经济特征来看，京津冀三地的流动人口收入差距也很巨大。北京市有大量收入相对较高的流动人口，有更小比例收入较低的流动人口。总的来说，北京市流动人口的收入状况明显好于天津市，河北省流动人口的收入状况更是与京津两地有明显差异。分析发现，随着收入的增加，流动人口社会保障的参保率也不断上升，可见，经济状况对流动人口的社会保障参保率有直接的影响。

从流动人口的就业身份、所属行业和就业单位性质来看流动人口的就业特征，可以发现，从就业身份来看，京津冀三地的流动人口就业身份以雇员为主。但北京市雇员身份的流动人口比例要高于天津市，河北省最低。此外，河北省接近1/3的流动人口就业身份为自营劳动者。就业身份的参保差异也很明显，雇员的参保率最高，雇主次之，自营劳动者最低。从所属行业来看，京津冀三地最大的差别在于，天津市、河北省两地从事制造业的人口比重远远高于北京市，而北京市从事信息技术行业的人口比重大。信息技术等相关高新技术行业的社会保险参保率要远远高于其他行业。批发零售、住宿餐饮等服务行业的社会保险参保率相对较低。从就业单位性质来看，流动人口就业的主要单位性质为个体工商户和私营企业。而这类单位与国有企业、各类独资企业相比社会保险参保率均处于较低水平。

京津冀三地的社会保障参保率也有明显差异。总的来说，北京市流动人口的社会保障水平最高，天津市次之，河北省最低。北京市流动人口在养老保险、失业保险、工伤保险、生育保险和住房公积金的参保率都远远高于河北省。就参保地来看，京津冀流动人口社会保险的参保地也存在差异。流动人口在户籍地主要参加医疗保险，其他保险多在本地参加。北京市流动人口社会保险参保地为本地的比例最高，天津市次之，河北省最低。与京津两地相比，河北省在户籍地参加社会保险的比例更高。

基于上述认识，提出以下建议：首先，缩小京津冀流动人口社会保障参与状况的地区差异，应该主要关注河北省社会保障水平的提高，同时加强对天津市的指导。借鉴北京市为流动人口制定的参加社会保险的可行措施，逐步提高天津市和河北省的社会保障水平。其次，与北京市相比，天津市和河北省仍有大量的流动人口从事制造业。针对三地流动人口就业所属行业的差距，要注意调整产业结构，促进天津市、河北省两地产业结构的优化升级，积极发展高新产业，以此来推进天津市、河北省社会保障水平的提高。

B.5

社会建设背景下北京市近郊区农村实用人才队伍建设研究

——基于朝阳区的调查

农村实用人才队伍建设课题组*

摘　要： 课题组以北京市朝阳区为例，对北京市近郊区农村实用人才队伍建设进行了调研。调研发现，在城市化进程中，北京市近郊农村实用人才的需要主要集中在社会治理领域。根据调研发现，提出在社会建设背景下，以社会治理人才队伍建设为抓手，大力推进北京市近郊区农村实用人才队伍建设，并提出相关政策建议。

关键词： 社会建设　城市化　农村　社会治理　人才队伍

2017年11月至2018年2月，北京工业大学“北京市近郊社会治理人才队伍建设”课题组对北京市近郊区农村社会治理人才队伍建设情况展开了调研。其间，课题组以北京市朝阳区为调研对象，对该区19个乡与相关部门进行了座谈并发放了调查问卷。调研发现，北京市近郊区正在经历快速的社会转型，对农村人才的需求呈现明显的特征——主要集中在社会治理领域而非经济领域。但是，面对新的形势，农村社会治理人才队伍建设与当前

* 农村实用人才队伍建设课题组由北京市朝阳区农村人才就业服务指导中心和北京工业大学文法学部张莹、胡建国、裴豫、董景亮、孙萍萍等组成。本调研报告执笔人为胡建国、裴豫、董景亮。

形势发展不相适应。结合党的十九大报告提出的“推动社会治理重心向基层下移”以及“要坚持党管人才原则，聚天下英才而用之”的思路，课题组提出加强北京市近郊区农村社会治理人才队伍建设的政策建议。

一　朝阳区农村发展形势对农村实用人才的需求

北京市近郊区涉及朝阳区、海淀区、通州区、大兴区、顺义区及房山区。其中，朝阳区现有19个乡153个村，截至2016年农户数共30.4万户71.4万人，农村从业人员为47.8万人，其中从事农业生产的人员为3007人，占比仅为0.6%；朝阳区一、二、三产业结构为0.02∶6.83∶93.15。可以看出，朝阳区农村地区目前已经呈现“去农村化”的特征：就农村人口而言，占比仅为18.5%；就经济而言，产业结构中农业产值占比不足1%。但是，就农村区域面积而言，占全区一半以上。朝阳区作为北京市四大主城区之一的地理位置的特殊性使得朝阳区农村经济社会发展也具有很强的特殊性。这种特殊性集中表现在农村地区与城市交织在一起，是“城市病”集中区域；绝大多数农村居民依然是农民身份，但是就业与生产生活方式已经城市化。在此背景下，朝阳区农村地区是从农村向城市转型的关键点，是非首都功能疏解加速城乡结合部转型升级的重点，这涉及农村产业业态、空间形态、人口结构、城市环境的优化提升，关系到农村经济社会发展、空间结构、城市与社会治理的转型升级。

（一）朝阳区农村发展形势

“十三五”时期是朝阳农村城市化的深入推动期和实现经济社会转型发展的关键期，按照深入落实首都“四个中心”城市战略定位，朝阳区农村将围绕服务首都“国际一流的和谐宜居之都”和朝阳“三区”建设，积极推动农村地区各项事业发展，努力构建城乡一体化发展新格局，推动朝阳农村实现跨越式升级。

从经济领域来看，加快产业转型升级，是农村经济发展面临的突出问题。其中，加快城乡间供需对接，促进城乡产业互动，进一步推动农村产业由瓦片经济向楼宇经济转变，由土地房屋租赁向资本运营转变，由传统农业向休闲观光农业转变，加快低级次产业调整退出，拆除清退低级次市场，加快培育高端高效产业项目，是亟待推进的任务。

从社会领域来看，加强城乡结合部治理，进一步推进城市化，提高社会治理水平，保持社会安定有序，是面临的重大任务。由于近年来朝阳区农村进入城乡一体化发展转型的关键时期，历史遗留问题累积爆发、资源环境约束加大、体制改革创新进入攻坚，面对的环境更加复杂，任务更加艰巨。如何强化城乡结合部综合治理，构建城乡一体化综治维稳工作体系，加强社会面防控，改善区域环境面貌，创新社会管理服务，扩大社区化管理服务的覆盖面，优化公共资源配置，强化基层组织服务意识，加强农村社会建设，是朝阳区农村面临的重要问题。

在我们对朝阳区 19 个乡的调研座谈中，绝大部分乡的领导干部表示，当前面临的工作压力主要不在经济领域，而是来自社会领域。农村地区作为朝阳区的后发空间和资源腹地，是社会治理任务最繁重的区域，也是城乡反差最明显的区域，多元城市开发造成人口结构复杂、利益诉求多元，大量历史遗留问题尚未解决，农民在生产生活方式等方面与城市居民存在区隔，农村维稳工作面临较大压力。与此同时，区域内流动人口聚集、违法建设总量较大、环境秩序混乱、安全隐患突出等问题导致城市运行风险不断加大，严重阻碍城乡一体化发展。

（二）朝阳区农村发展对社会治理人才的需求

从我们的调查结果来看，朝阳区农村发展形势对实用人才有着急切的需求。在有关“您认为朝阳区农村经济社会发展最重要的因素”的问卷调查中，有 30% 以上的被调查者认为是知识，位居第一位；其次是人才带头作用和政策扶持，各占 27.3% （见图 1）。党的十九大报告指出：“人才是实现民族振兴、赢得国际竞争主动的战略资源。”对此，“要坚持党管人才原则，聚天下英才而用之，加快建设人才强国”。在具体的政策导向上，十九大报告进一步提出要“实行更加积极、更加开放、更加有效的人才政策”。农村作为基层社会，对人才的需求更加迫切。十九大报告对此也提出要“鼓励引导人才向边远贫困地区、边疆民族地区、革命老区和基层一线流动”。可以看出，无论是朝阳区经济社会发展面临的形势，还是十九大报告提出的新的精神，都对进一步加强农村实用人才工作提出了要求。

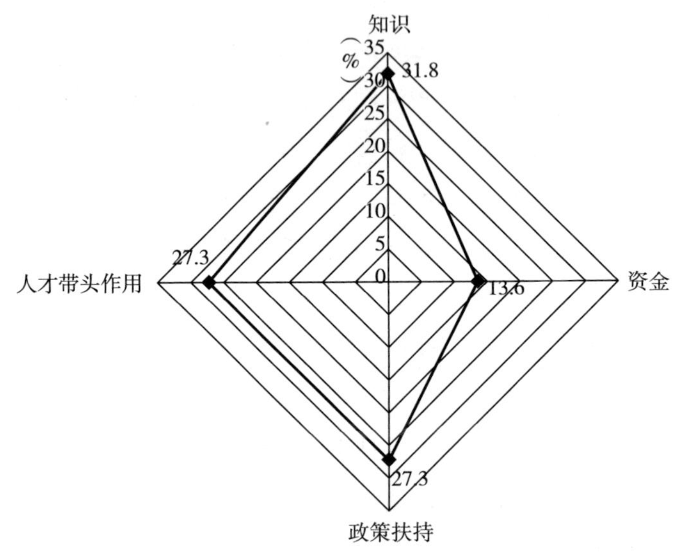

图1　农村经济社会发展最重要的因素

进一步来看，从我们调研的朝阳区19个乡对农村实用人才类型的需求程度来看，各有25%的被调查领导认为行政管理类人才和社区治理类人才是当前最迫切需求的，二者合计占到50%；有21.4%的被调查者认为迫切需求的是经济管理类人才（见图2）。可以看出，目前朝阳区各乡最迫切需要的人才是社会治理领域的人才，需求程度大于经济领域的人才。事实上，当前我国社会面临的诸多矛盾与问题也多集中在社会领域。这主要是经济社会发展不协调、社会发展滞后于经济建设所导致的。对此，党的十九大报告的一个重大判断是我国进入社会主义新时代，社会主要矛盾已经转化为人民日益增长的美好生活需要和不平衡不充分的发展之间的矛盾。解决发展不平衡的一个重要方向就是加强社会发展，改变经济社会发展不平衡不协调的问题，这也使得社会建设被摆到了更加重要的位置，社会治理人才的需要也显得更加迫切。

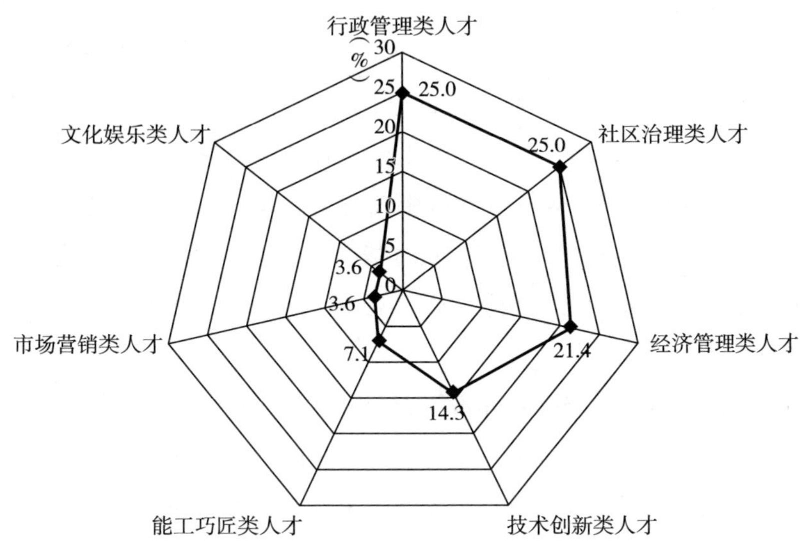

图 2　朝阳区农村实用人才类型需求

二　朝阳区农村社会治理人才建设现状及面临的问题

我们在调研中，调查了朝阳区农村社会治理人才建设工作开展现状以及面临的问题。从目前的工作状况来看，朝阳区农村社会治理人才建设工作是纳入农村实用人才工作体系中的。根据朝阳区农村实用人才系统的统计，目前农村实用人才数量已经达到上万名，这其中既包括经济建设领域的实用人才，也包括社会治理领域的实用人才。实用人才在农村经济社会发展中发挥了较好的作用。根据我们的问卷调查统计，有 53% 的被调查者认为本乡实用人才发挥着积极的作用，当然也有 47% 的被调查者认为作用还没有较好地体现出来，这也表明当前朝阳区农村实用人才的作用还有很大的发挥空间。通过调查来看，有 53.3% 的被调查者认为实用人才能力有待提升。根据

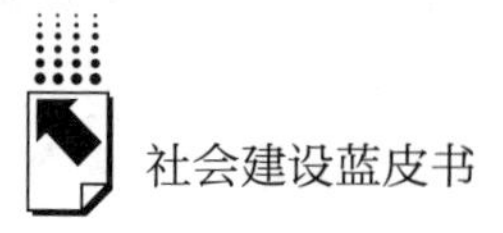

调研，我们发现朝阳区农村实用人才管理工作状况主要有以下几方面特征。

第一，农村实用人才队伍建设工作有待强化。在调研中我们发现，农村实用人才建设工作社会认可度低，管理滞后，作用发挥不完全充分。具体到各乡，农村实用人才队伍建设工作一定程度上存在边缘化的困境。虽然目前各乡实用人才的主管部门是组织人事科，但是组织人事科并没有专门的定岗定编，都是兼职开展此项工作。在问卷调查中，有23.5%的被调查者认为“缺乏政策的支持”（见图3）。事实上，从顶层设计来看，《北京市朝阳区“十三五”时期人才发展规划》没有将农村实用人才纳入规划范围。这导致实际工作中缺乏政策的有力支持。农村基层部门也不同程度地认为政府对农村实用人才工作的关注程度不够，往往更倾向于关注高端人才和经济领域人才，忽视基层人才队伍的建设。

第二，业务碎片化与平台建设不充分。在调研中我们发现，针对农村实用人才的管理工作，在实际运行中存在碎片化的现象。例如针对实用人才的培训，往往不同部门重复地进行，导致效率与效果均存在问题。另外，农村实用人才管理在实际运行中存在多口管理的现象，例如社区、文化站与农业人才就业服务指导中心在业务上不同程度地发生重叠，都在对群众文化和传统文化实用人才进行相关业务指导工作。另外调研还发现，当前农村实用人才的平台建设还是不充分的，这限制了实用人才作用的进一步充分发挥。虽然近年来也建立了一些基地，但与现实需要还是相差甚远。这也导致农村实用人才虽然被评上了人才的称号，但是没有后续支持的跟进，导致实用人才工作在一定程度上存在“只评不建”的情况。

第三，人才界定不清晰。对于朝阳区各乡的问卷调查结果来看（见图3），有41.2%的被调查者认为当前农村实用人才队伍建设面临的主要问题是人才标准不清晰、没有掌握人才的具体情况。根据中央和北京市相关规定，农村实用人才通常是指具有一定的知识或技能，为农村经济和科技、教育、卫生、文化等各项社会事业发展提供服务、做出贡献，起到示范或带动作用的农村劳动者，其中主要是农村种植养殖能手、加工和捕捞能手、农村经纪人、各类能工巧匠和科技带头人等。但是，由于朝阳区情况特殊，目前绝大多数村庄已经没有农业，沿用传统农村实用人才的概念，已经不能适应当前发展的形势。虽然社会治理人才的需求迫切，但是这与以往主要将农村实用人才界定为经济领域又不相符，导致实际工作的困惑。

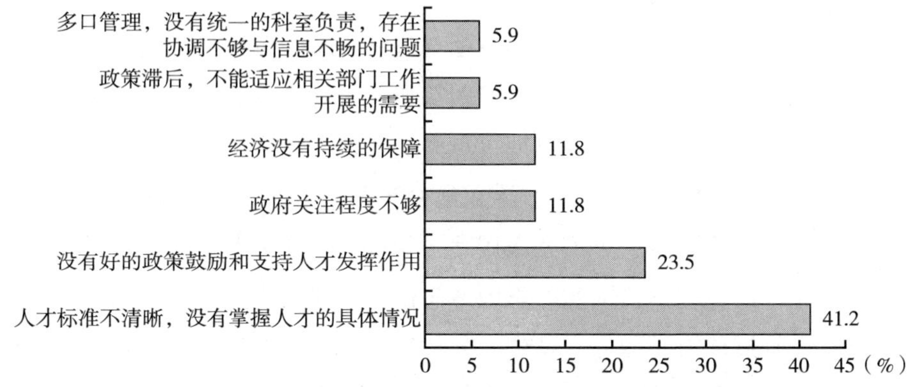

图3　农村实用人才队伍建设面临的主要问题（多选题）

三　政策建议

根据调研发现，我们提出如下政策建议。

第一，明确农村实用人才标准。虽然北京市制定有农村实用人才评定的标准，但这是针对全市农村基本情况而制定的，朝阳区农村有自己的特殊性，已经不是纯农村地区，农业在产业结构中的占比已经极小。绝大多数村民生产生活方式已经实现向非农转变。通过调研我们发现，各乡当前实用人才基本上与农业没有任何关系。因此，朝阳区农村实用人才认定标准需立足朝阳区实际情况，跳出北京市相关规定，事实上，在调研中，各乡领导干部也普遍认为，应结合朝阳区农村的实际，确立实用人才的标准，合理选择人才。我们认为，朝阳区农村实用人才的界定应不拘泥于户籍与行业领域，凡是能够适应朝阳区农村经济、社会、文化等领域发展并做出贡献的就是实用人才。

第二，根据发展需要，明确农村实用人才工作重点。根据我们的调研结

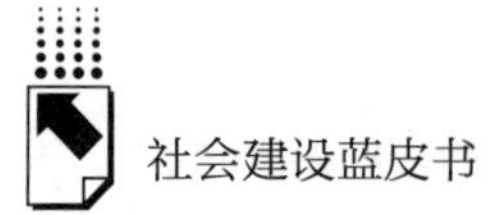

果，朝阳区各乡目前最急需的实用人才主要是行政管理类人才和社区治理类人才。由于朝阳区农村处于快速转型的时期，加强社会治理、维护社会安定成为工作的重心。因此各乡对处于基层治理一线的社区和乡村干部都普遍重视。他们当中有不少属于优秀的人才，但是难以像编制内人员那样有稳定的职业保障与流动渠道；同时他们的待遇与经济组织管理人员相比，又明显偏低。如何解决他们的发展和改善他们的待遇，更好地发挥他们的作用，实用人才工作可在当前和未来一段时期重点聚焦在他们的身上。

第三，将农村实用人才纳入党的人才工作。党的十九大报告提出“要坚持党管人才原则，聚天下英才而用之”，农村实用人才工作的开展，也应坚持党管人才的原则。目前党的组织部门设有人才工作办公室，但是主要关注经济社会发展前沿领域的高精尖人才。比较而言，农村实用人才的被关注度不高，这与当前我国进入社会主义新时代面临的形势也是不相适应的。当前经济社会发展不协调，社会发展滞后，这种发展不平衡不充分与人民群众对美好生活的需求之间的矛盾，已经成为社会主要矛盾。因此，加强社会建设与社会治理意义重要。对此，党的十九大报告提出要“加强和创新社会治理，维护社会和谐稳定，确保国家长治久安、人民安居乐业”。其中，要“加强社区治理体系建设，推动社会治理重心向基层下移”。因此，将农村实用人才工作的重点定位于社会治理人才，同时纳入党管人才工作中来，不仅符合朝阳区农村发展形势，而且符合党的十九大的要求。

四　加强朝阳区农村实用人才队伍建设的举措

根据朝阳区农村实用人才工作状况及提出的政策建议，在当前进一步推进农村实用人才中，我们提出以下工作举措作为落实政策建议的抓手。

第一，区农委组织人事科下设农村实用人才工作办公室，与朝阳区农业人才就业服务指导中心实行“一套人马两块牌子”，构建将农村实用人才纳入党管人才的工作机构。区农委组织人事科下设农村实用人才工作办公室，可不增加编制，具体业务还是朝阳区农业人才就业服务指导中心负责。在调研中我们也发现，现在基层党建工作压力大，人少活多任务重，当时间与精力发生冲突时，往往没有太多的时间与精力顾及农村实用人才工作。如果将农村实用人才队伍建设纳入党的人才工作中来，将农村实用人才建设与基层党建工作整合，形成合力，相互促进，即可以提高农村实用人才工作的地位与重要性，可以在相当程度上缓解基层党建工作人手紧张的问题。

第二，将农村基层社会治理人才作为农村实用人才工作的抓手。在具体工作对象上，当前和未来一段时期可集中关注以下五支人才队伍：一是村干部队伍，二是社区管理人员队伍，三是社会工作者队伍，四是社会组织负责人队伍，五是群众文化骨干和传统文化传承人队伍。这五支队伍主要是行政管理人才和社会治理人才，是当前朝阳区农村急需的实用人才类型。农村实用人才往往扎根于群众中，接地气，具有较高的声望，在维护社会安定有序、化解社会矛盾与问题的工作中，具有较高的影响力与公信力，充分利用实用人才做好群众工作，对于推进工作是有积极意义的。

第三，构建农村实用人才工作体系。目前朝阳区农村实用人才工作主要还是评选与认定，对此，需要加强评选与认定后的后续工作，构建完整的工作体系，这对于实用人才本身的发展和成长很重要，同时也可以充分发挥他们的带动作用，促进经济社会发展。在工作体系中，可重点关注实用人才的能力提升、工作支持以及待遇问题。其中，尤其是能力提升问题，根据我们的调研，有42.1%的被调查者认为“能力有待提升”是当前实用人才队伍存在的主要问题（见图4）。在具体举措上，建议设立朝阳区农村实用人才建设项目，对入选人才给予资源平台的扶持。例如，对于村干部和社区管理人员，鼓励其接受学历教育和职能培训以提升能力，设立专项业务经费对其工作开展给予支持；对于社会组织人才，设立专项业务经费购买其服务以支持其开展工作，发挥其作用；对于群众文化和传统文化人才，设立专项业务经费对其开展活动给予支持。这些专项业务不是针对单位与社区，而是针对实用人才本人，但是必须用于实用人才所在单位、组织和社区的发展，既扩大实用人才的影响力，又能够以点带面地促进农村地区的发展。

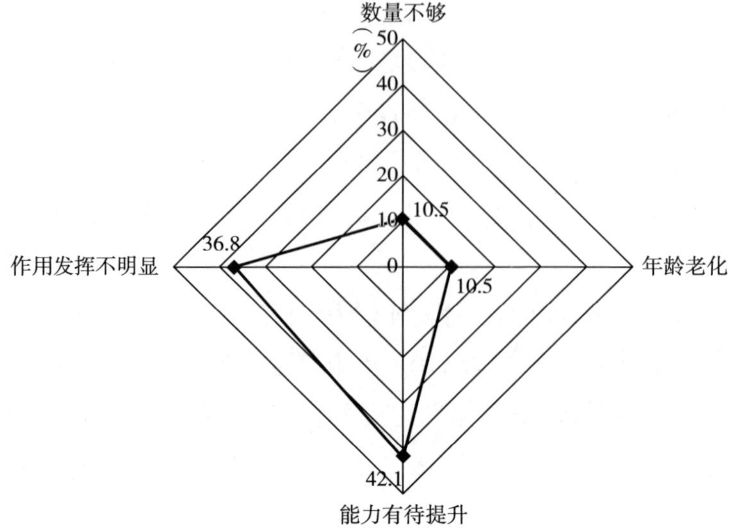

图 4　当前朝阳区农村实用人才队伍存在的主要问题

B.6

京津冀地区流动人口健康状况分析报告*

李 升 苏润原**

摘 要： 本文采用2016年国家卫生计生委流动人口动态监测数据，以京津冀流动人口为样本，重点研究京津冀地区流动人口的健康教育状况、健康保障状况以及健康自评状况。研究发现：①在健康教育方面，京津冀地区流动人口的健康教育总体普及情况较好，但教育内容尚不够全面，精神障碍防治、职业病防治等的健康教育内容较少；不同年龄层次的流动人口对获取健康知识的方式选择不同，流动人口的健康知识获得与受教育程度及职业地位呈正向关联。②在健康保障方面，京津冀地区流动人口在流入地本地参保率较低且三地流入地参保率存在较大差异，北京地区流动人口流入地本地参保率最高，河北最低；流动人口参与的险种主要集中在新农合和城镇职工医疗保险上，参与不同险种的流动人口在人口学特征上有所差别。③在健康自评方面，京津冀流动人口的健康自评状况总体较好，受教育程度、职业地位及流动时间等因素会影响流动人口的健康自评。整体而言，在京津冀地区，在社会经济方面整合度较高的流动人口群体可能拥有更丰富的健康知识且获得更多的健康保障，进而维持良好的健康状况，在此方面北京地区具有较为明显的优势呈现。

* 本文为国家社科基金项目“社会流动视角下的农民阶层分化与社会关系构建研究”（项目编号14CSH012）的阶段性成果。

** 李升，北京工业大学首都社会建设与社会管理协同创新中心，文法学部社会学系副教授；苏润原，北京工业大学首都社会建设与社会管理协同创新中心，文法学部社会学系学生。

关键词： 京津冀　流动人口　健康教育　健康保障　健康自评

流动人口是我国经济社会转型时期出现的重要社会群体，其健康问题已不容忽视，党的十九大报告提出的“实施健康中国战略”中，就包含了要加强流动人口等重点人群的健康工作。《中国流动人口发展报告（2017）》指出，2016 年我国流动人口规模为 2.45 亿人，而京津冀、长三角及珠三角地区则成为流动人口的主要集中区域。当前，在京津冀协同发展的背景下，持续增长的流动人口为京津冀地区发展带来挑战，由于其健康状况关联了医疗保障、资源配给及管理服务等诸多方面，因而成为区域发展必须面对的重要问题。本报告基于国家卫计委 2016 年全国流动人口动态监测调查数据，以京津冀地区的流动人口为样本，主要从健康教育、健康保障及健康自评的三个维度分析京津冀地区流动人口的健康状况。全国流动人口动态监测调查是采用分层、多阶段、与规模成比例的 PPS 抽样方法，对全国 31 个省区市进行抽样调查，调查对象为在本地居住一个月及以上，非本区（县、市）户口且年龄在 15 岁及以上的流动人口。研究的数据设计权数，加权由设计权数、无回答权数以及事后调整权数构成，使最终样本比例与总体比例保持一致，根据研究分析需要，经筛选得到数据加权后的有效样本为 14345 份，其中北京地区 10377 份，天津地区 2476 份，河北地区 1493 份。

一　调查对象的基本特征分析

从调查数据的整体结果来看，受访的京津冀地区流动人口年龄大部分在 30～39 岁之间，男女比例大致均等，农业户籍流动人口比例相对较高，大部分流动人口处于非单身的状态。三地流动人口的受教育程度总体趋于高水平化，有相当一部分的流动人口受教育程度达到大专及以上。三地流动人口的个人月收入在个体层面呈现较大差异，过半流动人口从事的职业为工人、农民或商业服务性人员。从北京、天津和河北三地情况比较来看，北京地区的非农业户籍流动人口占比较高，且受教育程度与月平均收入水平最高，其次是天津，河北则最低（见图1）。

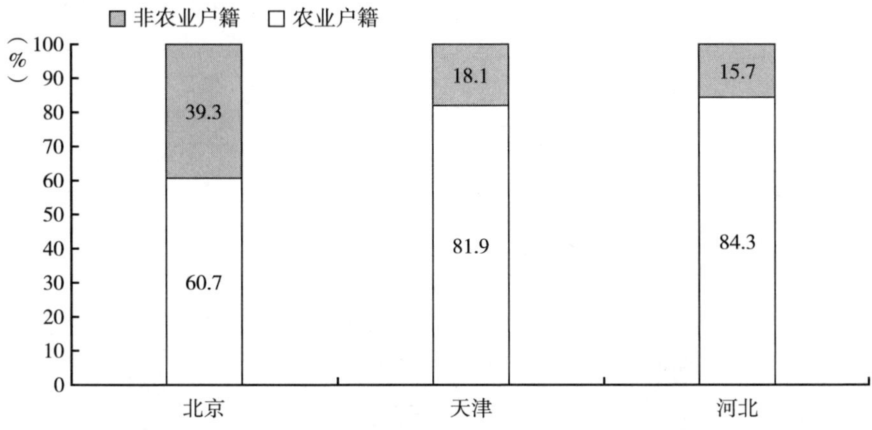

图1　不同地区流动人口户籍类型分布

在基本个体特征方面，调查的京津冀流动人口的年龄总体趋于“年轻化”，仅有5.5%的流动人口处于60岁及以上，超过85%的京津冀流动人口不到50岁。其中，30～39岁年龄段的流动人口占比最大，达到近40%。在性别方面，男性流动人口略多，占比为51.7%。在户籍类型方面，农业户籍京津冀流动人口所占比例为66.9%，较非农业户籍流动人口的比例要高。京津冀三地农业户籍与非农业户籍流动人口的比率存在差异，北京地区“非农”流动人口所占比例更大，天津和河北地区则是农业户籍流动人口所占比例更大。如图1所示，在北京、天津和河北地区，农业户籍流动人口所占比例依次升高，北京农业户籍流动人口所占比例最小（60.7%），河北农业户籍流动人口所占比例最大（84.3%）。

在婚姻状况和流动原因方面，调查的京津冀流动人口目前处于单身（未婚、离婚或丧偶）状态的所占比例为14.9%，目前处于非单身（初婚、再婚或同居）状态的占比较大，为85.1%。在流动原因方面，务工或工作所占比例最大，为71.1%。经商、婚姻嫁娶、家属随迁成为紧随其后的流动人口流动原因，占比分别为13.5%、6.1%和3.9%。另外，照顾自家老人或小孩也是流动人口发生本次流动的一大原因，所占比例为 2. 9% 。

在受教育程度方面，调查的京津冀流动人口的受教育程度总体趋于高水平，仅有 9. 5% 的流动人口处于小学及以下的受教育程度，受教育程度在高中/中专及以上的比例高达 52. 2% ，有 31. 2% 的流动人口受教育程度达到大专及以上。如图 2 所示，比较北京、天津以及河北三地流动人口的受教育程度可以发现，北京地区流动人口在大专及以上水平受教育程度的比例要明显大于天津和河北两个地区，而天津地区这一受教育程度占比又大于河北地区。

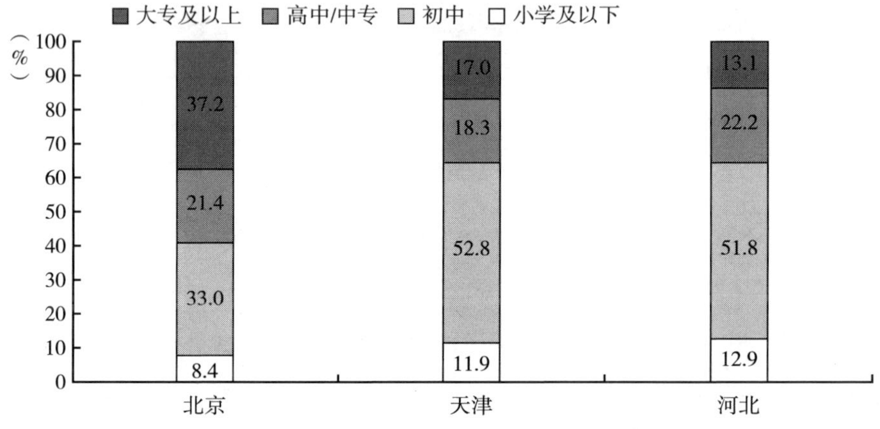

图 2　不同地区流动人口受教育程度分布

在个人月收入以及所从事职业方面，调查的京津冀流动人口平均月收入为 5654 元，收入差异不仅在个体层面呈现较大差异，在地域分布上也呈现较大差异。从个体层面来看，月收入 2000 元以下的流动人口占比为 13. 4% ，月收入 10000 元以上的流动人口占比为 8% ；从地域分布来看，北京地区个人月平均收入最高，为 6321 元，天津地区其次，为 4298 元，而河北地区仅为 3536 元。在所从事职业身份方面，京津冀流动人口中工人、农民及服务性人员的职业身份所占比例为 66. 8% ，专业技术人员和商业从业人员所占比例分别为 15. 7% 与 12. 8% ，办事员、职员所占比例为 3. 4% ，领导干部所占比例为 1. 3% （见图 3）。总体而言，京津冀流动人口所从事的职业层次并不高。

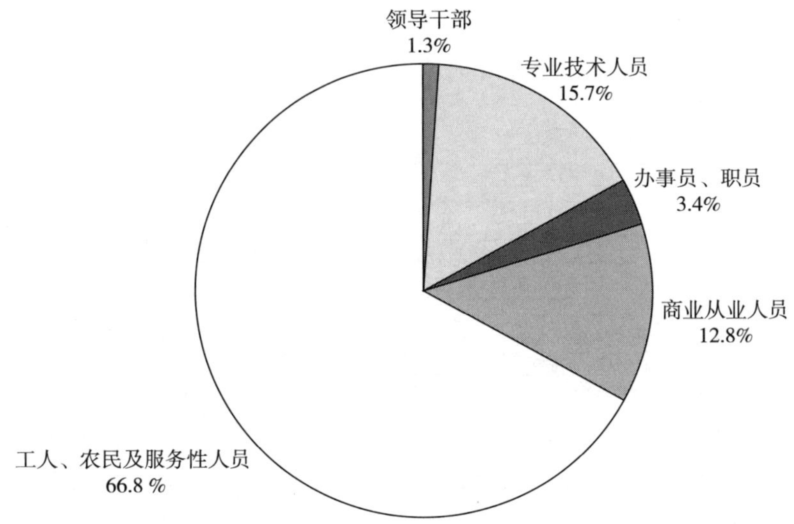

图 3　京津冀流动人口职业身份分布

二　京津冀流动人口健康教育分析

（一）北京、天津流动人口健康教育问题更为严峻，流动人口接受健康教育内容不够全面

调查数据显示，有 84.5% 的京津冀流动人口在现居住社区接受过至少一方面的健康教育。在北京、天津以及河北，在现居住社区接受过至少一方面健康教育的流动人口比例分别为 83.9%、84.4% 和 88.5%，公共卫生服务条件相对落后的河北地区的流动人口的健康教育情况较天津和北京反而较高，这可能是由于三地所面临的流动人口问题的严峻性和压力大小的差异造成的。

就三地流动人口所接受的健康教育的内容来看，反映出的问题不够全面。在三地流动人口所接受的所有健康教育项目中，生殖和避孕的生育教育所占的比例最大，其次是控制吸烟、营养健康教育、性病防治教育以及防雾霾教育，接受过这五项健康教育的流动人口比例均超过 40%，说明这五项健康教育项目在京津冀地区开展得相对顺利，覆盖的流动人口范围较广。但是，流动人口在接受精神障碍防治、结核病防治、职业病防治以及慢性病防治等健康教育内容上的占比却比较有限（见图4）。

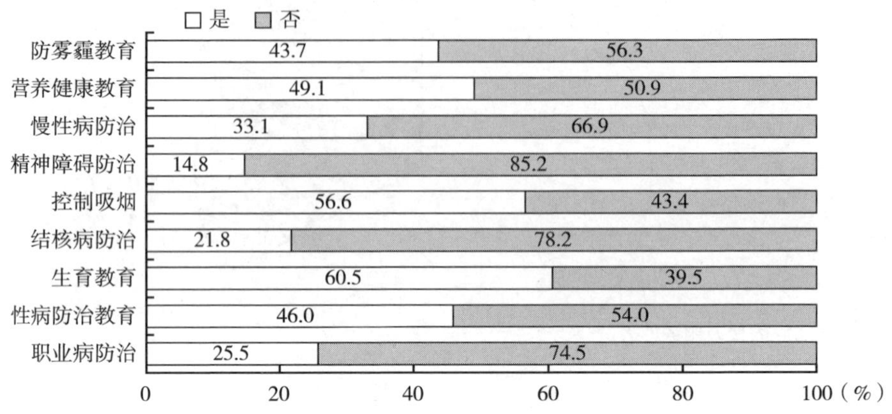

图4　京津冀流动人口接受健康教育的情况

（二）流动人口接受健康教育的方式呈现多层次、多样化等特点，不同年龄层群体获取健康知识的方式存在差异

如图5所示，京津冀流动人口接受健康教育的方式呈现多层次、多样化、线上与线下相结合以及与时俱进的特点。其中，宣传栏（91.0%）和宣传资料（87.5%）是目前流动人口获得健康教育知识的最主要方式。这两种宣传渠道都具备大众化、简单方便、易于操作的特点。健康知识讲座（55.3%）、面对面咨询（23.6%）以及社区医生传授（19.7%）也是流动人口获得健康教育知识的重要渠道。同时，流动人口接受健康教育的方式也逐渐走向技术信息化，电子显示屏（34.5%）、社区短信/微信（14.9%）以及社区网站（10.8%）的宣传渠道依托科技进步以及新媒体平台产生，逐渐在流动人口的健康教育知识的传播中发挥重要作用。

分属不同特征群体的流动人口对于获取健康知识的方式选择也存在差异，如表1所示，年龄层次相对较低的流动人口在使用社区短信/微信、社区网站的方式获取健康知识的占比中较大，年龄层次相对较高的流动人口则

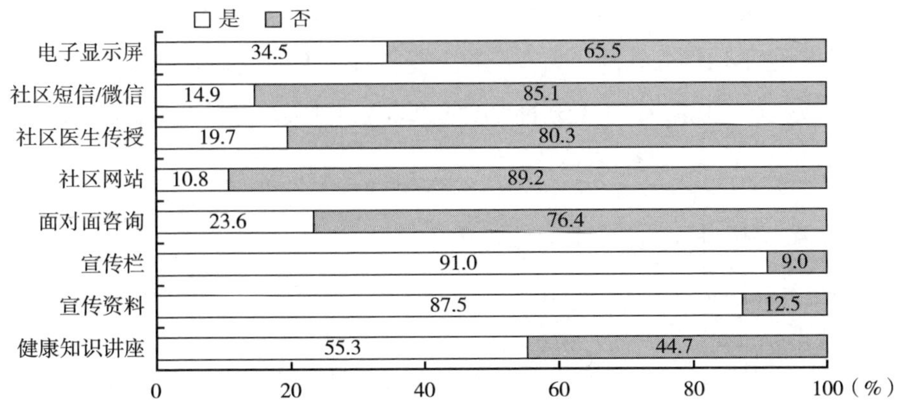

图5　京津冀流动人口目前接受健康教育的方式

在使用社区医生传授、面对面咨询、健康知识讲座、宣传栏、电子显示屏的方式获取健康知识的占比中较大。

表1　不同年龄特征流动人口获取健康知识方式比例（N＝14345）

单位：%

年龄分组	是/否	电子显示屏	社区短信/微信	社区医生传授	社区网站	健康知识讲座	宣传栏	宣传资料	面对面咨询
16～29岁	是	32.0	15.7	17.0	11.2	50.7	90.2	87.1	22.1
	否	68.0	84.3	83.0	88.8	49.3	9.8	12.9	77.9
30～39岁	是	35.5	15.0	19.7	11.2	54.4	91.3	86.9	23.5
	否	64.5	85.0	80.3	88.8	45.6	8.7	13.1	76.5
40～49岁	是	32.5	13.9	19.3	9.9	56.3	90.8	87.6	22.8
	否	67.5	86.1	80.7	90.1	43.7	9.2	12.4	77.2
50～65岁	是	40.2	14.2	25.9	10.6	66.2	92.5	89.9	28.9
	否	59.8	85.8	74.1	89.4	33.8	7.5	10.1	71.1

（三）京津冀流动人口的受教育程度、职业地位与其社区健康教育参与呈正向关系

对社区健康教育的参与情况按照“每参与一项社区健康教育赋值1分”的方式进行赋分，满分9分。如图6所示，不同受教育程度的京津冀流动人口在社

区健康教育得分上呈现较明显的差异，即受教育程度越高的流动人口在社区健康教育方面的平均得分越高，大专及以上受教育程度的流动人口健康教育平均得分为3.77分，小学及以下受教育程度的流动人口健康教育平均得分为3.25分。

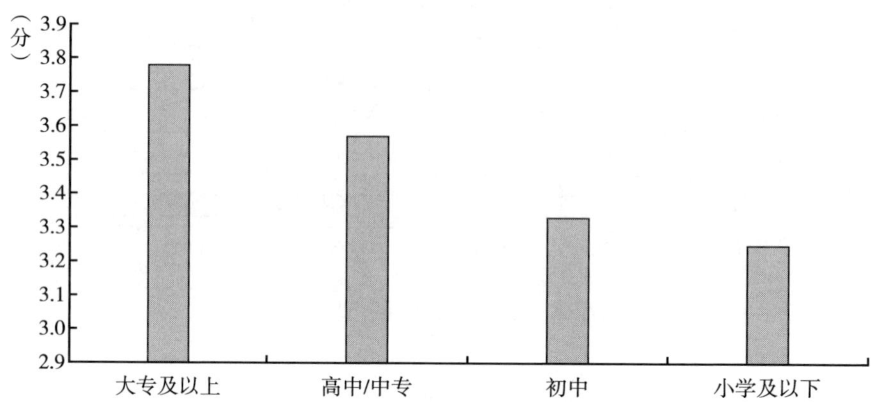

图6　不同受教育程度的京津冀流动人口社区健康教育得分

如图7所示，考察不同职业地位的京津冀流动人口的社区健康教育得分，可以发现与受教育程度相似的结果，即总体上，职业地位越高的流

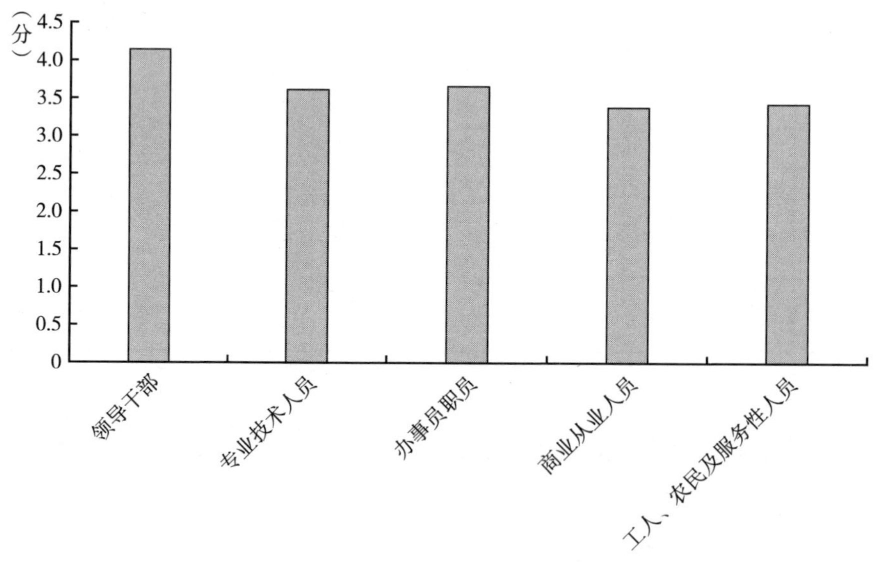

图7　不同职业地位的京津冀流动人口社区健康教育得分

动人口在社区健康教育方面的得分越高。职业身份为领导干部的流动人口在社区健康教育方面的得分为4.15分，职业身份为工人、农民及服务性人员的流动人口在社区健康教育方面的得分为3.42分，表现出较大的差异性。

三　京津冀流动人口健康保障分析

（一）京津冀流动人口在流入地本地参保率较低，各地医保参与状况存在差异，参加医疗保险种类较为集中

从调查数据来看，京津冀三地流动人口中参加了至少一种医疗保险的人数约占85.8%，没有参加过任何医疗保险的约占14.2%，分地区医疗保险参保水平呈现差异性，河北地区为92.3%，北京地区为86.0%，天津地区为81.3%。但就流动人口医保本地参保率来看，差异更为明显，北京地区流动人口本地医保参保率为45.1%，天津地区为29.7%，河北地区为10.9%。由此可见，京津冀三地流动人口的医疗保险总体参保率相对较高，但流动人口在流入地的医疗保险参保率相对较低。京津冀流动人口在流入地本地的医疗保险参保率低下，成为影响三地流动人口在流入地保持健康状况的重要因素。

就参与的医疗保险类型来看，流动人口参加医疗相关保险的种类较为集中，主要为新型农村合作医疗以及城镇职工医疗保险。北京地区的流动人口主要参加的是新型农村合作医疗保险和城镇职工医疗保险，而天津和河北地区的流动人口参加新型农村合作医疗保险的比重显著高于其他类型的医疗保险（见表2）。

如表3所示，京津冀流动人口在流入地的主要医保参保类型为城镇职工医疗保险，所占比例在三地均达到75%以上，其次为新型农村合作医疗保险，所占比例在三地均达到10%以上。这一结果符合流动人口在流入地就业的相关特征。

表 2　京津冀流动人口分险种医疗保险参保情况（N = 14345）

单位：%

地区	新农合	城乡居民医保	城镇居民医保	城镇职工医保	公费医疗
北京市	44.4	1.7	5.0	38.4	0.9
天津市	56.4	3.6	2.2	22.4	1.9
河北省	75.6	1.6	5.3	10.2	0.8

表 3　京津冀流动人口流入地医疗保险参保情况（N = 4770）

单位：%

地区	新农合	城乡居民医保	城镇居民医保	城镇职工医保	公费医疗
北京市	13.7	1.6	5.9	88.3	1.1
天津市	20.4	5.7	4.8	83.1	3.8
河北省	11.3	0.7	14.7	76.7	6.0

（二）京津冀流动人口参加医保情况存在人口学特征上的差异

从性别上看，男性流动人口参保率高于女性，男、女参保率分别为87.0%和84.6%。从年龄构成上看，年龄低（16～29岁）的流动人口参保率最低（84.1%），年龄高（50～69岁）的流动人口参保率最高（87%）。调查数据显示，参保率随着年龄的增长而逐渐增加。从婚姻状况上看，非单身（初婚、再婚或同居）流动人口参保率较高（86.7%），单身（离婚、未婚或丧偶）流动人口参保率较低（80.8%）。从受教育程度上看，小学及以下流动人口的参保率为87%，大专及以上流动人口的参保率为84.8%，不同受教育水平的京津冀流动人口的参保率相差不大。

从职业地位上看，专业技术人员、管理人员、办事人员和有关人员的参保率最高，均在90%以上；商业从业人员以及工人、农民及服务性人员的参保率相对较低，分别为83.5%和86.6%。从就业身份上看，就业身份为雇主的流动人口参保率最低，为78.6%；就业身份为雇员、自营劳动者的流动人口参保率较高，均达到87%以上。

从户籍类型上看，农业户籍流动人口的参保率为87.7%，略高于非农业户籍流动人口（82.1%）。但不管是农业户籍流动人口还是非农业户籍流动人口的医保参保率，均远低于2013年全国第五次国家卫生服务调查的参保率（城市92.8%，农村97.3%）。

（三）流动人口医保参保存在跨地域与跨险种的二次参保现象

关于流动人口医保二次参保情况主要分为跨地域参保和跨险种参保两种。调查数据显示，单纯属于跨地域参保或跨险种参保的情况较少，大多数情况是两者兼有。如表4所示，京津冀三地跨地域二次参保率分别为3.4%、3.5%、0.7%；三地跨险种二次参保率分别为4.3%、5.0%、1.1%。北京和天津两地的跨地域和跨险种二次参保率均高于河北地区，原因可能是北京和天津两地的社会经济及政策环境相对较好，流动人口在流入地的本地参保率更高，从而使得三地流动人口的二次参保状况呈现明显的地区差异。

根据实际情况和问卷的设计，跨险种二次参保主要可分为“新农合+城镇职工医保”、“新农合+城镇居民医保”、“城乡居民医保+城镇职工医保”和“新农合+公费医疗”四种类型。其中，分别有88.5%和86.8%的流动人口选择了“新农合与城镇职工医保”，可见三地流动人口二次参保情况主要发生在新农合和城镇职工医保当中。原因可能是在流动人口群体中，农业户籍人口和因工作流动的人口比重大，同时由于城镇职工医保的报销比例最高，三地流动人群都倾向于在流入地参加城镇职工医保。

表4　京津冀流动人口二次参保情况（N=14345）

单位：%

地区	二次参保类别	
	跨地域参保	跨险种参保
北京市	3.4	4.3
天津市	3.5	5.0
河北省	0.7	1.1

（四）城镇职工医疗保险成为农业户籍流动人口替代性选择，受教育程度越高、年龄层次越低的流动人口选择城镇职工医疗保险的比例越大

调查数据中农业户籍流动人口占比为66.9%，其中参加新型农村合作医疗保险的流动人口占比为70.7%，没有参加新农合的农业户籍流动人口参加城镇职工基本医疗保险的比例为50.2%，参加城乡居民合作医疗保险的比例为4.2%，参加城镇居民医疗保险的比例为2.7%，参加公费医疗的比例为0.6%。

从调查数据可以看出，京津冀农业户籍流动人口参加新农合情况与受教育程度有关，受教育程度越高参加比例越低。如图8所示，小学及以下受教育程度的农业户籍流动人口参加新农合的比例为82.7%，受教育程度为初中的农业户籍流动人口参加新农合的比例为78.3%，高中/中专的农业户籍流动人口参加新农合的比例为66.0%，大专及以上的农业户籍流动人口参加新农合的比例仅为39.4%，随着受教育程度的提高，京津冀农业户籍流动人口的新农合参加比例越低。

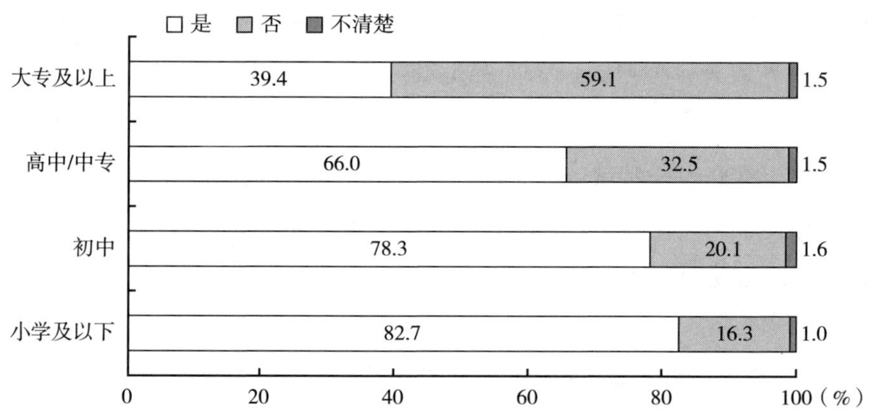

图8　不同受教育程度的农业户籍流动人口对新农合的选择

参加城镇职工医疗保险的比例与参加新农合的比例正好相反，如图9所示，随着受教育程度的提高，京津冀农业户籍流动人口选择参加城镇职工医疗保险的比例不断增加，小学及以下的农业户籍流动人口选择城镇职工医疗

保险的比例仅为5.7%，而大专及以上受教育程度的农业户籍流动人口选择城镇职工医疗保险的比例则高达50.9%。

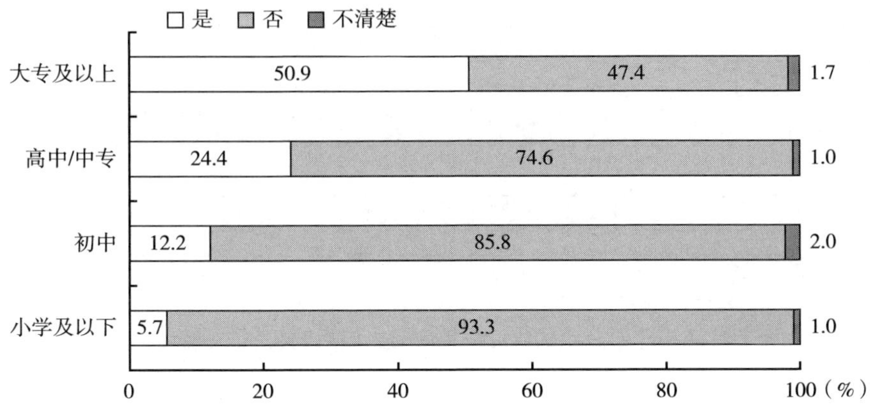

图9　不同受教育程度的农业户籍流动人口对城镇职工医疗保险的选择

此外，京津冀农业户籍流动人口参加新农合情况与年龄有关，中老年流动人口参加新农合的比例高于中年人和青少年。年龄层次越高的农业户籍流动人口选择新农合的比例越大，年龄层次越低的农业户籍流动人口选择新农合的比例越小（见图10）。而对于城镇职工医疗保险的选择恰恰相反，年龄层次越低的农业户籍流动人口选择参与的比例越大，年龄层次越高的农业户籍流动人口选择参与的比例越小（见图11）。

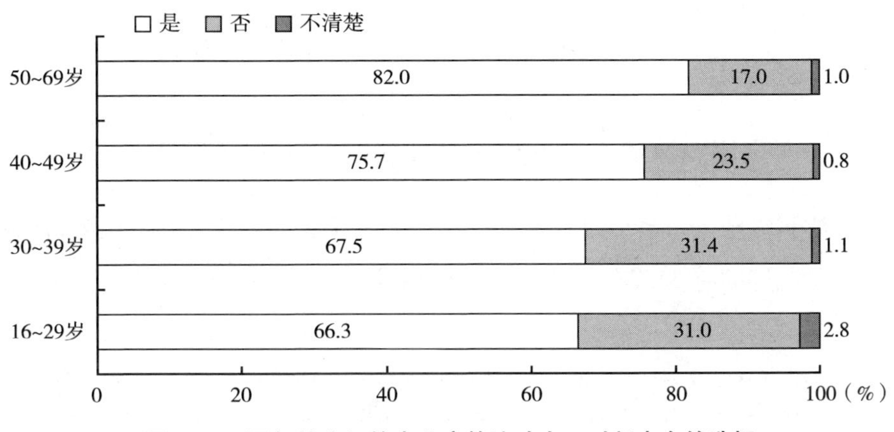

图10　不同年龄分组的农业户籍流动人口对新农合的选择

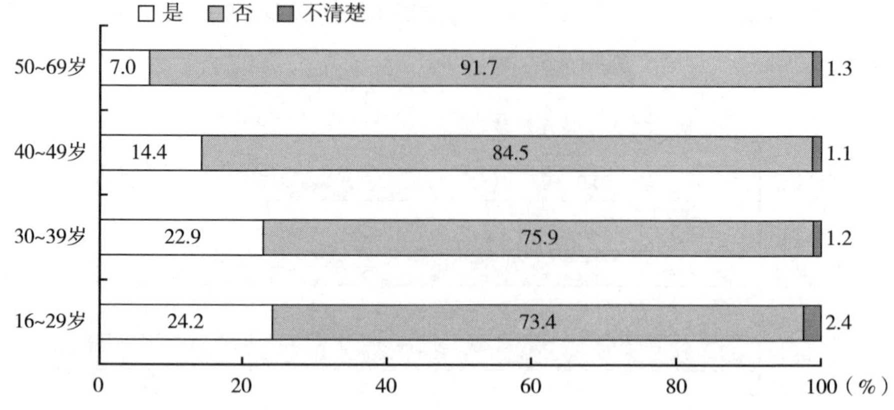

图 11　不同年龄分组的农业户籍流动人口对城镇职工医保的选择

上述现象的出现，可能是因为京津冀农业户籍的青年流动人口往往受教育程度较高，流动到城市务工、就业的可能性越大，获得一份有保障的工作的机会越大，大部分能够获得参加职工基本医疗保险的机会。因此，对于京津冀地区农业户籍流动人口而言，呈现出一种以城镇职工医疗保险替代新型农村合作医疗保险的趋势，但这一趋势多呈现在青年流动人口的群体当中，参加新农合的重点人群应该是受教育程度较低、年龄层次相对较高的流动人口群体。

四　京津冀流动人口健康自评①分析

（一）京津冀流动人口的健康自评状况总体较好

京津冀流动人口自评过去一年的身体健康状况如表 5 所示，认为自己身体健康状况好的有 34.7%，认为自己健康状况比较好的有 44.6%，认为自

① 该部分的数据主要来源于 2016 年全国流动人口卫生计生动态监测调查流动人口问卷 B 卷，研究样本只筛选其中填写过问卷 B 卷第五部分健康自评部分的流动人口数据，删除数据中部分缺失值和奇异值，最终样本数为 740。

己身体健康状况一般的有 19.7%，认为自己身体健康状况比较差的有 0.7%，有 0.3% 的流动人口认为自己的身体健康状况差。

表 5　京津冀流动人口自评健康状况（N =740）

单位：个，%

自评健康状况	频数	频率
好	257	34.7
比较好	330	44.6
一般	146	19.7
比较差	5	0.7
差	2	0.3

整体上看，京津冀流动人口的健康自评状况较好，仅有 1% 的流动人口认为自己过去一年的身体健康状况不良，绝大部分的流动人口认为自己过去一年的身体健康状况良好（79.3%）。出现这一情况的原因，可能在于流动的特殊性，例如流动主要原因为务工/工作、经商或照顾家人时往往要求流动人口自身保持较好的健康状况，所以流动原因为务工/工作与经商的京津冀地区的流动人口的健康状况则相对较好，而流动原因为家属随迁与投亲靠友的京津冀地区流动人口则可能因为看病、丧失独立生活能力等不确定性原因而有着相对来说比例较高的身体健康不良情况（见图 12）。

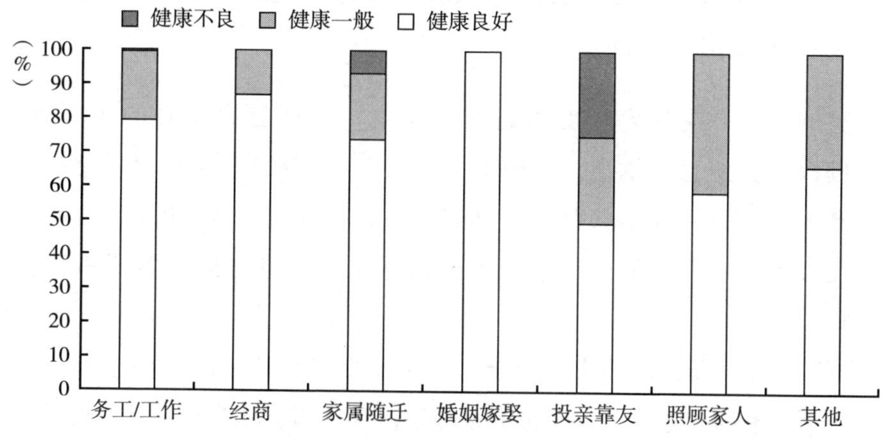

图 12　不同流动原因的京津冀流动人口的健康状况

调查数据显示，有91.2%的流动人口没有患任何慢性病，有8.8%的流动人口现在正患有慢性病。在患有慢性病的流动人口当中，有76.9%患有高血压，有24.6%患有心脏病，有7.7%患有中风、脑梗塞、脑血栓等脑血管疾病，有9.2%患有糖尿病。高血压成为京津冀流动人口易高发的慢性病。年龄越高的京津冀流动人口患有慢性病的比例越大，慢性病的患病率随着流动人口年龄的增加而逐渐升高（见图13）。

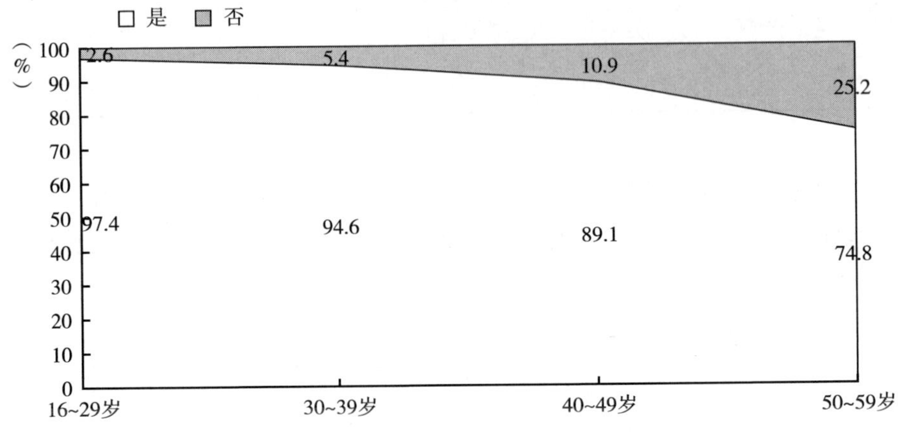

图13　不同年龄分组的流动人口健康自评状况

（二）流动人口的健康自评状况在受教育程度、职业地位及流动时间方面表现出差异性

整体上看，受教育程度越高的流动人口自评健康良好的比例越大，自评健康不良的比例越小。如图14所示，大专及以上受教育程度的京津冀流动人口的自评健康状况达到良好的人数所占比例为80.8%，小学及以下受教育程度的流动人口的自评健康状况达到良好的人数所占比例为79.1%。

不同职业身份的流动人口健康自评状况存在差异。如图15所示，职业地位为领导干部和办事员、职员的京津冀流动人口健康自评状况良好的占比为100%，职业地位为专业技术人员和商业从业人员的京津冀流动人口健康自评状况良好的比例相较于前者降低，分别为 81.4% 和 86.9%，职业地位为工人、农民及服务性人员的京津冀流动人口健康自评状况良好的所占比例最低，为 78.5%。

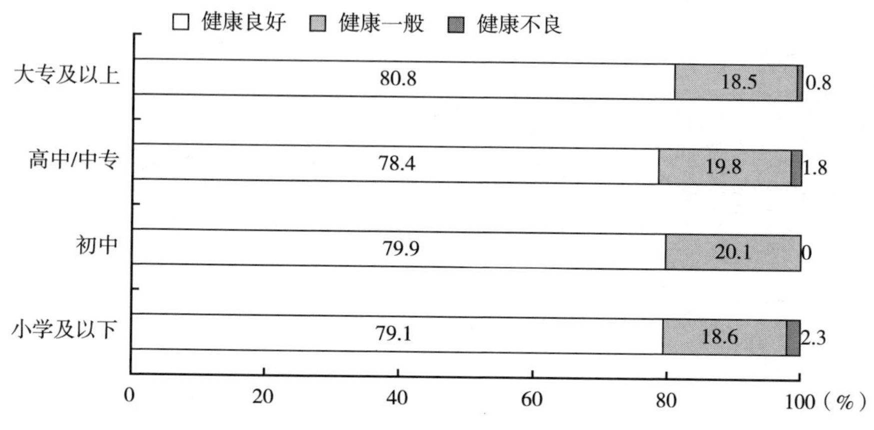

图 14　不同受教育程度流动人口健康自评状况

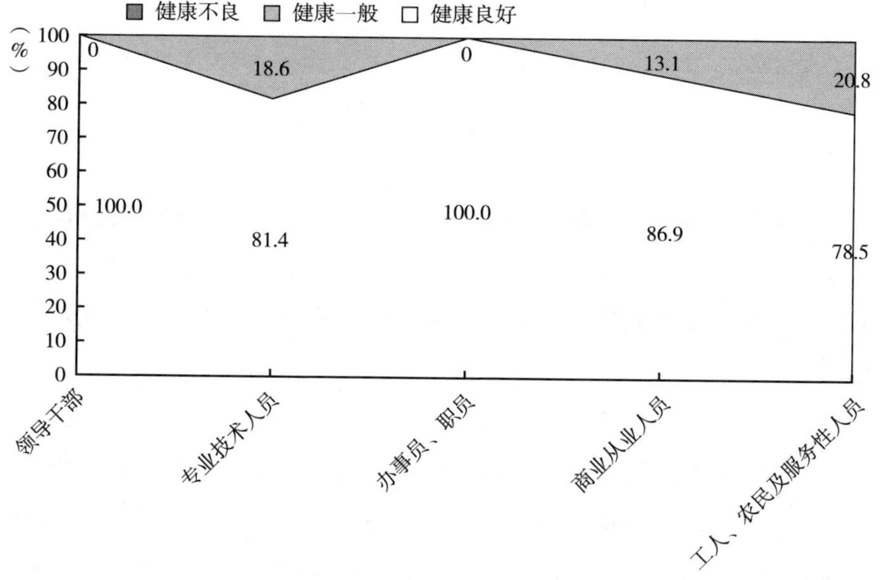

图 15　不同职业身份的流动人口健康自评状况

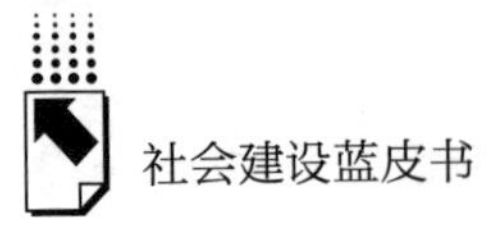

此外，流动人口的健康自评与流动时间也存在关联性，整体上表现为外出流动累计时间越长，流动人口自评健康状况越差。如图 16 所示，累计流动时间不到一年的流动人口，自评健康状况为良好的比例达到 88.6%，而累计流动时间 20 年以上的流动人口自评健康状况为良好的比例仅有 68%。

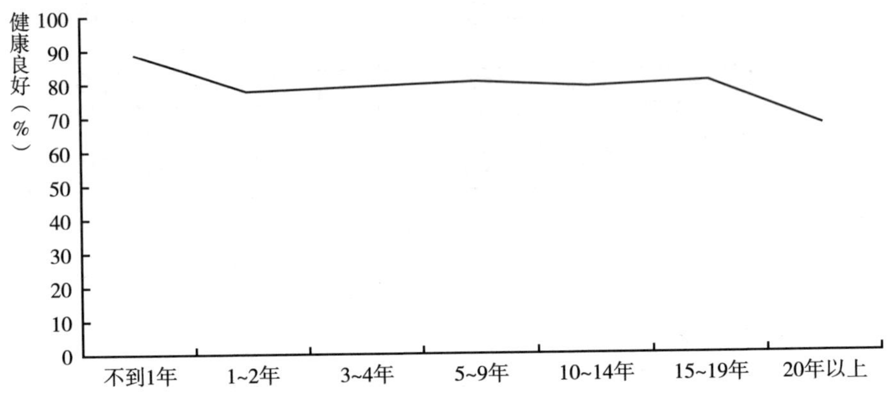

图 16　不同累计流动时长的流动人口健康自评状况

五　结论与讨论

通过对国家卫计委 2016 年全国流动人口动态监测调查数据的分析，本文在描述流动人口基本特征的基础上，重点从健康教育、健康保障以及健康自评三个维度对京津冀地区流动人口的健康状况进行了分析。研究的主要结论如下。

第一，在健康教育方面，京津冀地区流动人口的健康教育状况总体较好，但教育内容尚不够全面，不同年龄层次的流动人口对获得健康知识的方式选择不同，流动人口的健康知识获得与受教育程度及职业地位呈正向关联。调查数据表现出，绝大多数的流动人口接受过至少一方面的健康教育，相较于河北地区，北京、天津由于更大的人口流入压力，流动人口健康教育问题相对严峻。就健康教育的内容来看，尚显得不够全面，生殖和避孕的生育教育所占比例最大，但其他内容的健康有限，如精神障碍防治、职业病防治等。就健康教育的传播渠道来看，呈现多层次、多样化等特点，年龄较大的流动人口倾向于选择面对面咨询传授、宣传栏、讲座等传统型传播渠道，年轻的流动人口倾向于选择微信、网站等新型的传播渠道。此外，受教育程度与职业地位越高的流动人口，健康知识的获得渠道更多，也就更容易具备较为丰富的健康知识。

第二，在健康保障方面，京津冀地区流动人口在流入地本地参保率较低且三地流入地参保率存在较大差异，流动人口参与的险种主要集中在新农合和城镇职工医疗保险上，参与不同险种的流动人口在人口学特征上有所差别。调查数据显示，绝大多数京津冀流动人口至少参与一种医疗保险，但就流动人口在流入地的医保参保情况来看，参保率明显较低且存在地区差异，北京地区流动人口流入地参保率最高，河北地区最低。流动人口参加医疗相关保险的种类较为集中，主要为新型农村合作医疗保险和城镇职工医疗保险，在流入地参加医疗保险的流动人口主要参加的保险为城镇职工医疗保险，占比在三地均达到3/4以上。流动人口在医疗保险参保时还存在跨地域与跨险种的二次参保情况，这一情况主要发生在新农合和城镇职工医疗保险当中。从不同人口学特征来看，年龄层次相对较高的流动人口参保率较高，单身（离婚、未婚或丧偶）的流动人口参保率较低，职业地位较高的流动人口参保率相对较高。此外，农业户籍京津冀流动人口新农合参与率较低，主要原因是城镇职工医疗保险成为新农合的替代性选择，受教育程度越高、年龄越年轻的流动人口选择城镇职工医疗保险的比例越大。

第三，在健康自评方面，京津冀流动人口的健康自评状况总体较好，受教育程度、职业地位及流动时间等因素会影响流动人口的健康自评。调查数据显示，因工流动的流动人口相较于随迁、投亲靠友的流动人口对自身健康状况的评价较好。从所患慢性病种类来看，高血压成为流动人口易高发的慢性病，年龄越大的流动人口患有慢性病的可能性越大。同时，受教育程度越高、职业地位越高的流动人口健康自评相对较好，流动累计时间较长的流动人口健康自评状况相对较差。联系上文受教育程度较高与职业地位较高的流动人口在健康教育知识方面得分较高的情况，可以发现，社会经济地位较高的流动人口群体会拥有更丰富的健康知识，并通过健康知识抑制健康风险行为，增强健康促进行为，进而保证良好的健康状况。

整体而言，在京津冀地区，在社会经济方面整合度较高的流动人口群体可能拥有更丰富的健康知识且获得更多的健康保障，进而维持良好的健康状况，在此方面北京地区具有较为明显的优势呈现。结合调查的流动人口基本个体特征可以看出，京津冀地区的流动人口年龄相对年轻化，北京地区的流动人口无论是受教育水平，还是职业地位及收入水平等，都明显高于天津与河北地区。加之北京作为首都，已具备优越的医疗保障条件及健康教育条件，流动人口的健康状况呈现出相对较好的状态。然而，仍需注意的是，流动人口的健康状况与其社会经济地位之间存在紧密的关联性，因此，既需要在医疗健康制度保障上予以持续推进与完善，也需要在教育及就业等方面推进流动人口自身的发展，从而全方位地助推流动人口这一庞大社会群体的健康发展，更好地实现健康中国战略。

B.7 北京市流动人口租房及其影响因素分析报告

李晓壮*

摘 要： 本文通过构建流动人口租房影响因素分析框架，分析了在京流动人口租房选择的影响因素。主要研究发现有：第一，个人因素方面，随着年龄的增长、受教育程度的提高，其选择租房的比例逐渐降低，尤其是大学及以上学历与高中/中专及以下学历具有明显区分度；第二，经济因素方面，收入和消费在最低档和最高档两个层级选择租房的比例均较低，并未呈现收入越低、选择租房的比例越高的状况；第三，制度因素方面，非农业户口相比于农业户口的在京流动人口而言，更不倾向于选择租房；第四，社会因素方面，总体上呈现社会阶层地位越高，其越不倾向于选择租房，但经商人员阶层、商业服务业人员阶层除外；第五，随着流动时长的年限增加，尤其在京居留5年以上的，其选择租房比例下降。

关键词： 流动人口　租房　影响因素　分析框架

一　引言

《北京市国民经济和社会发展统计公报》数据显示，2017年，北京市常

* 李晓壮，北京市社会科学院社会学所副研究员，中国社会科学院社会学所博士后，主要从事社会结构、流动人口、城市社区治理等领域研究。

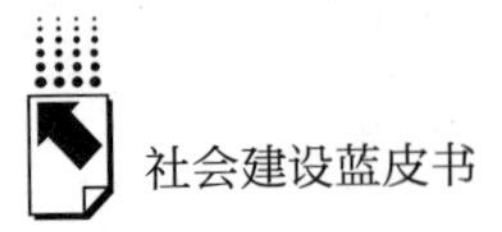

住人口2170.7万人，比上年末减少2.2万人，下降0.1%，北京市常住人口自2000年以来首次出现负增长。其中，常住外来人口794.3万人，占常住人口的36.6%，比2016年（807.5万人）减少13.2万人，下降0.6%，继2016年之后，继续走低，而这与疏解非首都功能而实施的“人口政策群”密切相关。尽管常住外来人口出现“稳中有降”的趋势，但不容忽视的是，2017年，常住外来人口仍占北京市常住人口的36.6%。在某种程度上，这些常住外来人口多是流动人口，成为京城中“漂泊的社会结构”。2017年，北京市大兴区发生的“11·18火灾事故”，教训惨痛，让我们不得不再度关注这一庞大群体，关注其居住状况。

流动人口进入城市，首先需要解决的就是居住问题，住房是其在流入地生活就业的逻辑起点。从政策层面看，北京市解决进城务工人员住房问题的颁布和实施处于滞后状态。例如，保障性住房政策对务工人员而言，具有较高门槛，往往可望而不可即。从实践层面看，受收入和经济限制，北京的很多流动人口常居住在城市棚户区以及城乡结合部的各类地上、地下公寓，而这些区域的居住环境通常较差。从调查数据看，2016年国家卫生计生委流动人口动态监测调查数据显示，在京流动人口住房属性中，选择政府提供廉租房的占0.1%，选择政府提供公租房的占0.2%，而选择租住私房、租住单位/雇主房的占67%左右（以下简称“租房”）。由此可见，相互交织的诸多因素，使得在京流动人口享有政策性住房的机会较低，接近七成的在京流动人口选择市场途径租房来解决住房问题。在此背景下，探讨在京流动人口“租房”及其影响因素，对于优化在京流动人口住房政策与城市治理工作，具有重要的实践意义。

二　流动人口住房问题的文献分析与问题提出

关于流动人口住房问题的影响因素，相关研究文献较多，主要包括以下三个方面。第一，对流动人口住房选择的总体性因素研究。有研究者探讨特大城市流动人口住房选择，研究发现特大城市流动人口以租住私房为主，住房基础设施较差且住房支出压力较大。有研究者从分析流入地流动人口住房性质和住房公积金情况，研究发现流动人口总体住房支付能力低，多数选择租住低价房，但也表现出新趋势，即家庭文化程度高、规模大、流动范围广的流动人口，更倾向于选择自有住房或租住高价房。有研究者以重庆市为例，研究发现流动人口的个人因素、流动因素、就业因素、社会融入因素都对流动人口住房选择影响显著。第二，对流动人口住房选择的个别因素探讨。有研究者根据《国务院关于进一步推进户籍制度改革的意见》，探讨中等及以上城市不同类型流动人口住房问题，研究结论是，准落户和无望落户的流动人口，其在住房质量、周边环境、居住稳定性等方面存在问题。有研究者从住房公积金角度，探讨新生代农民工留城意愿，研究发现缴存住房公积金，会使新生代农民工留城意愿显著提升。有研究者探讨了非正规就业的流动人口住房选择问题，研究发现非正规就业的流动人口存在住房整体质量较差、居住权利无法保障、住房支付能力较差、住房稳定性较差等特点。第三，对流动人口住房保障政策的研究。有研究认为，要解决城市流动人口的住房问题，必须从其本身、政府和房地产市场三个方面入手。有学者研究公共租赁住房制度，探讨城市化进程中流动人口的住房保障问题，认为现行的住房保障只关注城市中的户籍人口，忽视了人口流动性带来的住房保障问题。从既有研究可以发现，其一，涉及流动人口住房问题的研究都有共同指向，即流动人口住房条件差这一共性特征。其二，流动人口住房条件的改善受其个人因素、流动因素、就业因素、家庭因素等影响，但影响因素的选择均缺乏合理的分析框架。其三，均认为流动人口住房保障政策滞后，学界对政策研究文献也少。其四，无论是对流动人口住房的总体性因素研究，还是对流动人口住房的个别性因素探讨，都是对流动人口住房问题的总体性研究，而未对某一类型住房的内部结构差异做细致研究。

根据2016年国家卫生计生委流动人口动态监测调查数据，在京流动人口住房属性共有十种类型，包括租住单位/雇主房、租住私房、政府提供廉租房、政府提供公租房、单位/雇主提供免费住房、自购住房、借住房、就业场所、自建房、其他非正规居所。在这十种流动人口住房类型中，政府提

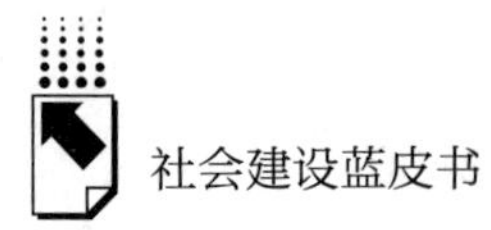

供廉租房、政府提供公租房合计比例占 0.3%；借住房、就业场所合计占 4.0%；自建房、其他非正规居所合计占 2.0%；单位/雇主提供免费住房约占 8.4%；自购住房约占 18.3%；租住单位/雇主房、租住私房合计约占 67.0%。故此，我们选择在京流动人口近七成的租房群体作为研究对象，这更具研究价值。

故此，本文在既往研究基础上，以流动人口租房为研究对象，构建流动人口租房影响因素分析框架，以此来分析在京流动人口租房的人口内部生态，进而对在京流动人口住房提出一些政策思考。

三　流动人口租房影响因素分析框架与数据来源

（一）流动人口租房影响因素分析框架

根据上文文献所述，我们认为个人综合能力、经济能力、户籍制度、社会阶层地位、流动时限与原因都会直接或间接影响流动人口的租房行为。因此，我们假定个人因素、经济因素、制度因素、社会因素、流动因素及其内部具体指标在影响流动人口租房中都会发挥一定作用（见图 1）。其中，影响流动人口租房的个人因素包括性别、年龄、婚姻状况、受教育程度；影响流动人口租房的经济因素包括家庭月平均收入、家庭月平均消费；影响流动人口租房的制度因素包括流动人口的户籍性质（农业户口和非农业户口）；影响流动人口租房的社会因素包括社会阶层地位和缴纳住房公积金状况；影响流动人口租房的流动因素包括流动时长、流动原因以及居留意愿。

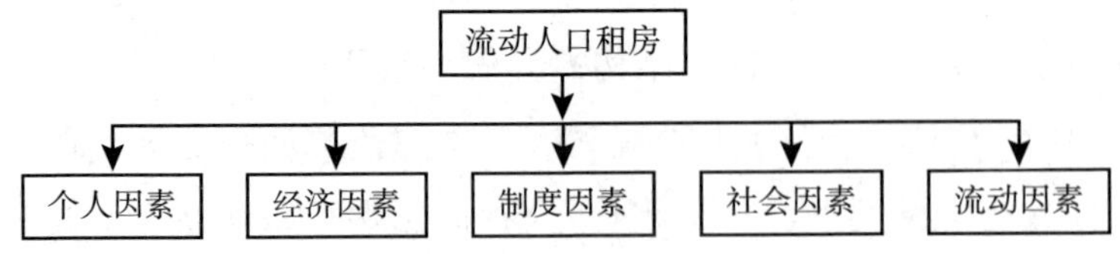

图 1　流动人口租房影响因素分析框架

（二）数据来源

本文所使用的数据来源于国家卫生计生委流动人口动态监测 2016 年北京地区的调查数据。2016 年北京流动人口动态监测调查数据涉及除北京市门头沟区外的其他 15 个区，样本数量 7000 份，调查方法采取分层、多阶段与规模成比例的 PPS 方法，从流动人口较为集中的流入地抽取样本点，进行抽样调查。根据本研究需要，将流动人口界定为在京居住半年以上的群体作为研究对象，并进行数据筛选，剔除那些在京居住不到半年和那些存在缺失值等问题的调查数据，得到有效样本 4893 份。在此基础上展开下述分析，样本基本情况如表 1 所示。

表 1　2016 年在京流动人口租房特征

单位：%

类别		影响因素	占比	类别		影响因素	占比
个人因素	性别	男	53.7	社会因素	社会阶层状况	国家与社会管理者	1.8
		女	46.3			专业技术人员	19.9
	年龄	“90 后”	14.7			办事人员	4.6
		“80 后”	46.7			经商人员	13.0
		“70 后”	27.8			商业服务业人员	51.5
		“60 后”	10.8			产业工人	0.5
	婚姻状况	已婚	83.8			农业劳动者	8.7
		未婚	16.2		住房公积金	拥有住房公积金	31.2
	受教育程度	初中及以下	39.3				
		高中/中专	20.9	流动因素	流动时长	不到 1 年	3.6
		大学及以上	39.8			1～2 年	17.4
经济因素	家庭月平均收入	2000 元以下	0.9			3～4 年	17.3
		2001～4000 元	12.4			5～9 年	29.6
		4001～5000 元	12.2			10～14 年	17.6
		5001～7000 元	18.0			15 年以上	14.4
		7001 元以上	56.4		流动原因	务工/工作	80.6
	家庭月平均消费	2000 元以下	22.7			经商	13.8
		2001～4000 元	31.9			家属随迁	2.3
		4001～5000 元	13.0			婚姻嫁娶	2.9
		5001～7000 元	11.5			拆迁搬家	0.1
		7001 元以上	20.9			投亲靠友	0.4
制度因素	户籍	农业户口	63.4		居留意愿	在京居留 5 年以上	68.6
		非农户口	36.6				

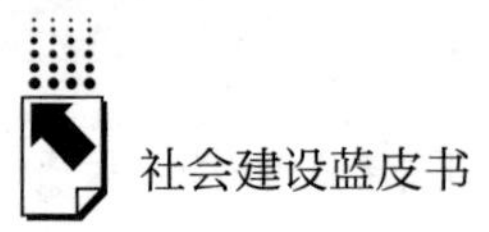

四　北京市流动人口租房及其影响因素分析

（一）个人因素与流动人口租房选择

在影响在京流动人口租房行为的个人因素中（见表2），①受访者在性别上存在一定的差异，男性选择租房高于女性4.7个百分点。②从年龄来看，不同年龄段的受访者选择租房的比例存在一定差异，随着年龄的增长选择租房的比例呈现下降趋势。其中，“90后”选择租房的比例最高，达到72.5%。③从婚姻来看，已婚与未婚受访者选择租房的差异不大，仅相差1.1个百分点。④从受教育程度来看，随着受教育程度的提高，选择租房的受访者比例呈现下降趋势，即受教育程度越低越倾向于选择租房。

表2　个人因素与流动人口租房选择

单位：%

个人因素		选择租房	
		是	否
性别	男	69.9	30.1
	女	65.2	34.8
年龄	“90后”	72.5	27.5
	“80后”	68.2	31.8
	“70后”	64.3	35.7
	“60后”	67.9	32.1
婚姻状况	已婚	67.9	32.1
	未婚	66.8	33.2
受教育程度	初中及以下	76.4	23.6
	高中/中专	71.6	28.4
	大学及以上	57.1	42.9

（二）经济因素与流动人口租房选择

在影响在京流动人口租房的经济因素中（见表3），①从家庭月平均收入来看，家庭月平均收入最低档和最高档，选择租房的受访者比例相对较低；而随着家庭月平均收入从低档2000元以下到次高档5001～7000元时，选择租房的受访者比例逐渐上升。②从家庭月平均消费方面来看，家庭月平均消费最低档和最高档，选择租房的比例相对较低；家庭月平均消费2001～4000元档选择租房的受访者比例最高。

表3　经济因素与流动人口租房选择

单位：%

经济因素		选择租房	
		是	否
家庭月平均收入	2000元以下	52.2	47.8
	2001～4000元	57.6	42.4
	4001～5000元	78.1	21.9
	5001～7000元	80.4	19.6
	7001元以上	63.9	36.1
家庭月平均消费	2000元以下	63.4	36.6
	2001～4000元	78.2	21.8
	4001～5000元	69.8	30.2
	5001～7000元	72.5	27.5
	7001元以上	52.6	47.4

（三）制度因素与流动人口租房选择

在影响在京流动人口租房的制度因素中（见表4），具有农业户口的在京流动人口选择租房的比例达到76.5%，不选择租房的只有23.5%；而非农业户口的在京流动人口选择租房的比例是52.5%，不选择租房的占47.5%。由此可见，户口性质对在京流动人口租房选择的影响较大，农业户口在京流动人口选择租房的比例比非农业户口在京流动人口高24个百分点。

表 4　制度因素与流动人口租房选择

单位：%

制度因素		选择租房	
		是	否
户籍	农业户口	76.5	23.5
	非农业户口	52.5	47.5

（四）社会因素与流动人口租房选择

在影响在京流动人口租房的社会因素中（见表5），①从社会阶层来看，在京流动人口总体上社会阶层地位越高，越不倾向于选择租房。其中，经商人员阶层、商业服务业人员阶层选择租房的比例最高。②拥有住房公积金的在京流动人口选择租房的占 55.6%，没有住房公积金的选择租房的占 73.3%，两者相差 17.7 个百分点。

表 5　社会因素与流动人口租房选择

单位：%

制度因素		选择租房	
		是	否
社会阶层	国家与社会管理者	47.7	52.3
	专业技术人员	60.7	39.3
	办事人员	45.6	54.4
	经商人员	73.4	26.6
	商业服务业人员	72.6	27.4
	产业工人	62.5	37.5
	农业劳动者	62.5	37.5
是否拥有住房公积金	是	55.6	44.4
	否	73.3	26.7

（五）流动因素与流动人口租房选择

在影响在京流动人口租房的流动因素中（见表6），①在流动时长方面，在京流动人口随着流动时长的递增，其选择租房的比例总体上逐渐下降，其中，流动时长在1～2年的流动人口选择租房的比例最高，达到77.2%，流动时长在15年以上的流动人口选择租房的比例最低，只有58.4%。②在流动原因方面，在京流动人口因经商而选择租房的比例最高，达到81.6%；因投亲靠友而选择租房的比例次之，达到72.2%；因务工/工作而选择租房的比例再次之，有67.6%；因拆迁搬家的受访者所占比例较低，基本为0。③从是否愿意在京居留5年以上这一变量来看，选择愿意在京居留的在京流动人口倾向于租房的比例占62.3%，而选择不愿意在京居留的在京流动人口倾向于租房的比例有79.6%，两者相差17.3个百分点。

表6　流动因素与流动人口租房选择

单位：%

流动因素		选择租房	
		是	否
流动时长	不到1年	75.3	24.7
	1～2年	77.2	22.8
	3～4年	75.2	24.8
	5～9年	66.8	33.2
	10～14年	58.7	41.3
	15年以上	58.4	41.6
流动原因	务工/工作	67.6	32.4
	经商	81.6	18.4
	家属随迁	57.7	42.3
	婚姻嫁娶	15.7	84.3
	拆迁搬家	0.0	100.0
	投亲靠友	72.2	27.8
居留意愿（是否愿意在京居留5年以上）	是	62.3	37.7
	否	79.6	20.4

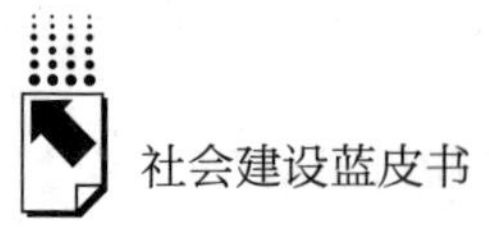

五　研究结论与政策思考

（一）主要研究结论

综上所述，本文从个人因素、经济因素、制度因素、社会因素、流动因素等五个维度，对北京市流动人口租房行为的影响因素进行分析。同时，考虑到在京流动人口住房类型这一前提（在京流动人口住房类型主要包括8.4%的居住免费房，18.3%的自购住房，67.0%的选择租房，其余几种住房类型可忽略不计。相比较租房而言，自购住房条件最优，免费住房尚不能确定其优劣，但通常居住条件可能相对较差），得出以下结论。

从个人因素方面看，性别、年龄、受教育程度对在京流动人口租房选择具有较为显著的影响，而婚姻状况对租房选择基本没有影响。尤其在年龄和受教育程度上，随着年龄的增长，受访者选择租房的比例逐渐降低；随着受教育程度的提高（尤其是大专及以上学历），受访者选择租房的比例迅速下降（与高中/中专及以下相比，具有明显区别）。由此可以推断，在京流动人口中的年轻人由于经济基础比较薄弱，其更倾向于租房；而随着年龄的增长，其改善居住条件能力增强，而逐渐转向其他住房形式。受教育程度越高的流动人口，更会选择其他住房类型。有研究表明，随着年龄增长，其过客心理减弱，会更倾向于选择自有住房，而受教育程度提高可以改善流动人口居住条件。

从经济因素方面看，家庭月平均收入和家庭月平均消费对租房行为具有相同的影响，即收入和消费在个体经济状况的两端（最低档和最高档）更少选择租房居住。这与以往的研究结论并不一致，以往研究认为收入越低，选择租房的比例越高。对此，我们认为，收入低的受访者更倾向于选择单位/雇主提供的免费房；而高收入受访者选择租房的比例低，是因为其更有能力改善居住条件，倾向于自购住房。家庭月平均消费对流动人口租房行为的影响亦如此。

从制度因素方面看，户籍因素对在京流动人口租房行为具有较为显著的影响。非农业户口与农业户口在租房选择上呈现出较大的差异，后者要比前者更倾向于选择租房居住。这同以往研究发现类似。有学者认为，户籍对流动人口住房有一定影响，非农业户口住房条件要好于农业户口，前者更有能力改善居住条件，而选择自购住房。

从社会因素方面看，在京流动人口在租房行为方面，存在内部阶层分化。总体上呈现社会阶层地位越高，其租房选择越低。这与以往的研究结论基本一致，即不论是再分配体制还是市场体制，社会上层都有获得好住房的支配权力，从而更有机会改善居住条件。不过需要说明的是，在理论上经商人员阶层、商业服务业人员阶层属于中间阶层，但由于北京市的第三产业以低端商业服务业为主，这使得这两个阶层并不是实质意义上的社会中间阶层，而是低层，因此其选择租房的比例也较高。此外，住房公积金也会影响租房行为，拥有住房公积金的在京流动人口选择租房的比例，显著低于没有住房公积金的流动人口比例。

从流动因素方面看，随着流动时长的年限增加，流动人口选择租房比例下降。这一特征与在京居留时长所呈现的租房特征基本一致。这说明，流动人口在流入地工作时间越长，选择租房的比例越低，越希望稳定居住（通常租房居住的稳定性较差）。这一点在以往研究中也得到了相关验证，即在本地工作时间越短，选择租房的比例越高。从流动原因看，经商、务工/工作以及投亲靠友的在京流动人口更倾向于租房居住。

（二）政策思考

在实践中，在京流动人口受户籍制度的影响，常常无法获得城市住房保障体系资格，即不能依靠保障性住房来解决住房问题，而只能通过市场化手段来解决，或是租，或是购买。进一步的数据分析表明，更多的在京流动人口通常选择租房居住。反过来，在京流动人口的强大租房需求，助推一个庞大租房市场的形成。如果这个庞大的租房市场缺乏严格的限定和规划，就必然“寄生”于“城中村”或城乡结合部这种城市边缘区域。这些区域的居住成本低，环境差，社会管理薄弱，私搭乱建突出，治安问题频发，存在很大的安全隐患。而这也是大兴区“11·18 火灾事故”等安全问题发生的社会原因。由此，引发的思考是，如果将流动人口纳入住房保障体系，建立较为完善的保障房进入和退出机制，是否还会形成一个“寄生”而又无序的租房市场？是否会改善城中村或城乡结合部的治理呢？

总之，通过上述分析，本文实质上是为了回答在京流动人口中选择租房的都是哪些群体，以及他们具有什么样的结构性特征。结合政策思考，本文也许会为北京流动人口住房政策优化以及城市治理提供参考。

参考文献：

刘厚莲：《我国特大城市流动人口住房状况分析》，《人口学刊》2016 年第 5 期。

石智雷、薛文玲：《流动人口的住房选择及其影响因素研究——基于 2012 年湖北省流动人口动态监测数据的分析》，《西部论坛》2014 年第 3 期。

姜凯、侯明喜、龚海婷：《流动人口住房选择及其影响因素研究——以重庆市为例》，《调研世界》2017 年第 1 期。

张晓琼、任兰兰：《户籍制度改革背景下流动人口住房问题个案研究》，《黑河学刊》2015 年第 11 期。

祝仲坤：《住房公积金与新生代农民工留城意愿——基于流动人口动态监测调查的实证研究》，《中国农村观察》2017 年第 1 期。

仉楠楠、周利兵：《非正规就业流动人口住房问题及对策研究》，《当代经济管理》2015 年第 1 期。

王丽梅、张宗坪：《城市流动人口住房保障问题的现状及对策》，《工业技术经济》2010 年第 4 期。

吴海瑾：《城市化进程中流动人口的住房保障问题研究——兼谈推行公共租赁住房制度》，《城市发展研究》2009 年第 12 期。

杨菊华：《安居还是寄居？不同户籍身份流动人口居住状况研究》，《人口研究》2013 年第 6 期。

Jiang Leiwen. Living Conditions of the Floating Population in Urban China, *Housing Studies*, 2016 (21).

边燕杰、刘勇力：《社会分层、住房产权与居住质量——对中国“五普”数据的分析》，《社会学研究》2005 年第 3 期。

B.8
北京流动人口子女早期教育状况分析报告

王 敏　赵秋婷*

摘　要： 本文基于2016年国家卫生计生委流动人口动态监测数据，从流动人口子女家庭照顾和托育方式两个角度，展示北京市流动人口子女早期教育状况；从流动人口家庭经济资本、人力资本和社会资本三个角度出发，对北京流动人口子女早期教育存在的问题及影响因素进行简要分析。研究得出，流动人口家庭经济资本、人力资本和社会资本对子女早期教育影响显著，流动人口家庭社会经济地位的弱势状态，影响了子女获取教育资源的机会，不同的职业、收入、居住地、受教育程度、工作时长状态、社会关系网络连接状态，形成了家庭对子女照料的不同方式和托育方式。综合供给侧的数据，北京市流动人口子女早期教育存在缺失和不足，有待进一步改善和提高。建议进一步明确儿童早期教育的政府责任；通过制定相关政策措施，从提高"三种资本"出发，增进北京流动人口家庭社会经济地位；进一步强调家庭在子女早期教育中的功能定位，形成政府、社会、家庭和个人的协同合作。

关键词： 北京　流动人口　儿童早期教育

---

* 王敏，管理学博士，北京工业大学文法学部社会学系助理研究员，首都社会建设与社会管理协同创新中心研究人员，研究方向为社会保障、住房政策；赵秋婷，北京工业大学文法学部社会学系本科生。

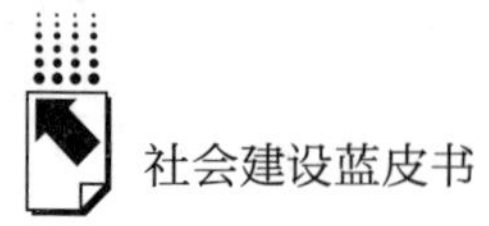

一 引言

孩子是祖国未来的花朵，儿童的发展和健康成长应该引起每个人的关注。0~6岁学龄前儿童的照顾与教育，是儿童成长的第一步，也是至关重要的一步。早期教育是人一生教育的起点和开端，教育经济学和教育社会学的诸多研究表明，早期教育对孩子毕生的全面发展有重要影响，良好的早期教育能够促进婴幼儿脑发育、开发早期智力、塑造性格、提高学习能力；能够促进个人发展，打破“贫穷循环”；有利于提高国民素质、消除贫困、减少犯罪、促进社会稳定。因此，无论从国家、社会还是个人角度看，早期教育都具有极高的回报价值。

广义的早期教育指从人出生到小学以前阶段的教育，包括儿童在家得到亲人的照顾与哺育，以及在合适的时间入托、入园，初步接触社会环境。近年来，人们普遍认识到早期教育的重要性，并越来越重视子女的早期教育，然而，北京市户籍人口和非户籍人口子女早期教育的冲突越来越大，据北京市相关部门预测分析，到2020年户籍适龄儿童45.5万人，非户籍适龄儿童28万人，全市学前教育面临约17万个学位缺口。与其他群体相比，流动人口居住和从业不稳定，经济和社会地位处于相对弱势，其子女的生存条件与教育环境也与城市中其他常住人口有很大不同，他们的早期教育更可能处境不利。本研究通过对2016年北京市流动人口0~6岁子女早期教育现状的分析，提出改善流动人口子女早期教育不良处境的合理化建议，既是寻求在既定资源约束下户籍人口与流动人口子女早期教育资源分配的优化方案，也是对首都弱势群体救助的根本性、发展性和提升性途径的反思。

二 数据来源及说明

本文数据来源于国家卫生计生委2016年流动人口动态监测调查数据。此项调查，自2009年开始至2016年已经连续开展了八次，2016年调查以中国大陆31个省（区、市）和新疆生产建设兵团2015年全员流动人口年报数据为基本抽样框，采取分层、多阶段、与规模成比例的 PPS 方法进行抽样。调查总样本量约为 16.9 万人，涉及流动人口家庭成员共约 45 万人，其中，北京样本量 7000 人，包括东城、西城、海淀、朝阳、石景山、昌平、丰台、大兴等 16 个区。

三　北京流动人口子女早期教育现状及影响因素分析

本文利用 2016 年国家卫生计生委流动人口动态监测调查北京的样本数据，筛选 0～6 岁子女相关数据，从流动人口子女家庭照顾和托育方式两个角度，展示北京市流动人口子女早期教育状况；从流动人口家庭经济资本、人力资本和社会资本三个角度出发，对北京流动人口子女早期教育存在的问题及影响因素进行简要分析。

（一）北京流动人口子女基本情况

1. 北京流动人口子女数量、年龄与居住地

表 1　北京流动人口拥有子女数量分布

子女数(个)	频数(人)	有效百分比(%)
0	1173	19.5
1	3259	54.3
2	1386	23.1
3	155	2.6
4	24	0.4
5	5	0.1
合计	6002	100

表 2　北京流动人口子女不同年龄段数量分布（6 岁及以下儿童，N＝2393）

出生年份	年龄(岁)	频数(人)	有效百分比(%)
2010	0	341	14.2
2011	1	264	11.1
2012	2	334	14.0
2013	3	326	13.6

续表

出生年份	年龄(岁)	频数(人)	有效百分比(%)
2014	4	427	17.8
2015	5	456	19.1
2016	6	245	10.2

表3　北京流动人口子女居住地（6岁及以下）

居住地	频数(人)	有效百分比(%)
本地	1681	70.2
户籍地	704	29.4
其他	8	0.4
合计	2393	100

数据反映，有54.3%的被调查北京市流动人口有1个孩子，23.1%的流动人口有2个孩子，只有19.5%的北京市流动人口没有孩子，有1个孩子或2个孩子的流动人口占受访者中的大多数。在全部的流动人口子女中，0~6岁的儿童约占36.2%，学龄前儿童占比较大；从流动人口子女居住地来看，70.2%的6岁及以下的子女在北京抚养，占比绝大多数。因此，北京针对流动人口入托入园的政策，以及早期教育相关机构的服务数量和质量，对于流动人口子女的早期教育有很大影响，对这一问题的关注具有重要的现实意义。

2. 北京流动人口子女早期教育基本情况

从表4可以看出，北京市流动人口子女的照顾情况中，无人照管这种最差的情况极少出现，然而，由父母双方共同照顾的儿童也只占不到一半。

表4　北京流动人口子女主要照料人情况（6岁及以下）

主要照料人	频数(人)	有效百分比(%)
父亲	47	1.9
母亲	688	28.8
父母双方	1049	43.9
祖辈	534	22.3

续表

主要照料人	频数(人)	有效百分比(%)
其他亲属	29	1.2
邻居朋友	6	0.3
老师托管	36	1.5
无人照管	3	0.1
合计	2392	100

家庭作为一个复杂的相互作用的系统，在儿童成长过程中的作用和影响显著，其中亲子关系又处于核心地位。长期以来，亲子关系都被看作一种由父母抚养孩子并塑造孩子行为的过程。婴幼儿通过与父母的良性互动，发展安全性的依恋关系，从而更好地认识自我、发展自我、探索世界。在子女成长过程中，父母的价值观、信念和态度等都会以一种高度个人化、内生选择的方式对儿童产生影响。

从流动人口子女主要照料者分布来看，流动人口中父母不能共同抚养孩子的原因有很多，包括家庭的经济状况、生存条件、父母的工作压力、夫妻双方是否同时流动到同一地点、孩子在何处抚养、夫妻双方的情感状况等。在北京流动人口家庭中，由于父亲承担更多的家庭经济重担，大量的时间用于工作，母亲为子女主要照料人的比例也相对较高。

按照儿童的发展规律和北京学前教育的要求，儿童0～3岁在家接受照顾或进入托儿所，成长至3岁时进入幼儿园接受教育，6岁以后进入小学学习。表5至表7反映了北京流动人口子女托育状况，可以看到，0～2岁儿童绝大多数是在家抚养，3～6岁儿童的托育方式呈现多样化，但是在这个进入幼儿园的最佳年龄段，只有58.1%的儿童接受入园教育。

幼儿园教育作为整个教育体系的基础，对儿童进行性格、行为习惯、自然与社会常识的预备教育。入园后儿童通过游戏和与同辈群体的接触，健康快乐地度过童年时光，不仅可以学到基本知识，而且可以体验集体生活。可以说幼儿园是儿童早期教育不可缺少的一环，显然，北京市流动人口子女的入园率有待提高。

表5　北京流动人口子女托育情况（6岁及以下）

托育情况	频数(人)	有效百分比(%)
在家	1473	61.6
入托	140	5.9
入园	734	30.7
小学	45	1.8
合计	2392	100

注："入托"指孩子进入托儿所，托儿所是用于专门照顾和培养婴幼儿生活能力的地方，由受过训练的服务人员临时照顾孩子。"入园"指孩子进入幼儿园，幼儿园是一种学前教育机构，用于对幼儿集中进行保育和教育，幼儿园的任务为解除家庭在培养儿童时所受时间、空间、环境的制约，让幼儿身体、智力和心情得以健康发展。

表6　北京流动人口家庭0~2岁孩子托育情况

托育情况	频数(人)	有效百分比(%)
在家	1125	99.7
入托	3	0.3
入园	0	0
小学	0	0
合计	1128	100

表7　北京流动人口家庭3~6岁孩子托育情况

托育情况	频数(人)	有效百分比(%)
在家	348	27.5
入托	137	10.8
入园	734	58.1
小学	45	3.6
合计	1264	100

（二）北京流动人口子女早期教育影响因素分析

流动人口，是指常住地与户口所在地分离且在流入地居住时间至少在半年以上的人口。严格意义上说，即包括农村流动人口和城镇流动人口，但目前流动人口主体部分是指农村流动人口，即农民工群体。从教育社会学的角度看，父母拥有的经济资本、人力资本和社会资本在内的三大社会资源对子女教育机会和教育资源的获得具有“不可选择和变更性”的影响，而流动人口家庭处于相对弱势的社会经济地位，必然进一步对作为子女的儿童发展产生相应的影响。

从科尔曼提出的“资本”理论出发，经济资本是家庭为儿童发展提供的物质资源和条件，本研究以父母职业、家庭月收入、家庭居住地为衡量流动人口家庭经济资本的指标；人力资本是父母受教育程度为子女提供的发展资源，本研究以父母受教育程度、一周工作时长来衡量流动人口家庭的人力资本状况；社会资本既包括家庭内社会资本，即家庭成员的关系，也包括家庭外社会资本，即父母自身的社会关系。本研究主要以家庭成员社会联系的范围和影响层次来衡量流动人口家庭的社会资本状况。

1. 流动人口家庭经济资本对子女早期教育的影响

（1）流动人口主要职业状况及影响

表 8 和表 9 反映了北京流动人口主要职业对子女早期受教育情况的影响。在对子女的家庭照顾方面，国家机关、党群组织、企事业单位负责人的子女由父母双方照顾的比例最高，为 63. 2%，无固定职业者的子女由父母双方照顾的比例最低，为 25. 0%。在 3～6 岁子女的社会抚育方面，流动人口中父母为国家机关、党群组织、企事业单位负责人，以及公务员、办事人员和有关人员的，其子女入园率较高，分别为 75. 0% 和 69. 3%，远远高出流动人口子女的平均入园率（58. 4%）。可以看出，虽然流动人口职业类型呈现多样化，但大多数流动人口多从事较低层次的工作，职业地位较低、工作环境较差。数据反映出从事家政、保安和餐饮业的流动人口的子女入园率较低的状况，一定程度上与现实情况具有高度吻合性。从事这些职业的流动人口，往往会将职业场所与子女照料混合在一起，表现出流动人口子女随父母共同出现在经营餐饮、从事保洁、市场安保等工作环境中。

表 8　北京流动人口主要职业与子女照料情况交叉

单位：人，%

现在的主要职业		主要照料人								合计
		父亲	母亲	父母双方	祖辈	其他亲属	邻居朋友	老师托管	无人照管	
国家机关、党群组织、企事业单位负责人	计数	0	5	24	8	1	0	0	0	38
	占比	0.0	13.1	63.2	21.1	2.6	0.0	0.0	0.0	100.0
专业技术人员	计数	9	109	216	122	5	1	9	3	474
	占比	1.9	23.0	45.6	25.7	1.1	0.2	1.9	0.6	100.0
公务员、办事人员和有关人员	计数	1	20	40	29	1	0	1	0	92
	占比	1.1	21.7	43.5	31.5	1.1	0.0	1.1	0.0	100.0
经商	计数	1	54	125	40	4	0	4	0	228
	占比	0.4	23.7	54.8	17.5	1.8	0.0	1.8	0.0	100.0
商贩	计数	1	12	31	24	1	0	1	0	70
	占比	1.4	17.2	44.3	34.3	1.4	0.0	1.4	0.0	100.0
餐饮	计数	2	30	36	60	5	1	1	0	135
	占比	1.5	22.22	26.7	44.4	3.7	0.74	0.74	0.0	100.0
家政	计数	0	0	2	0	0	0	1	0	3
	占比	0.0	0.0	66.7	0.0	0.0	0.0	33.3	0.0	100.0
保洁	计数	1	4	10	7	0	0	1	0	23
	占比	4.35	17.4	43.5	30.4	0.0	0.0	4.35	0.0	100.0
保安	计数	0	4	3	2	0	0	2	0	11
	占比	0.0	36.4	27.2	18.2	0.0	0.0	18.2	0.0	100.0
装修	计数	2	18	25	15	1	0	0	0	61
	占比	3.3	29.5	41.0	24.6	1.6	0.0	0.0	0.0	100.0
快递	计数	0	7	8	5	0	0	0	0	20
	占比	0.0	35.0	40.0	25	0.0	0.0	0.0	0.0	100.0
其他商业服务业人员	计数	13	135	234	121	10	2	7	0	522
	占比	2.5	25.9	44.8	23.2	1.9	0.4	1.3	0.0	100.0
农林牧渔、水利业生产人员	计数	0	1	4	3	0	0	0	0	8
	占比	0.0	12.5	50.0	37.5	0.0	0.0	0.0	0.0	100.0
生产	计数	2	17	12	15	0	0	1	0	47
	占比	4.3	36.2	25.5	31.9	0.0	0.0	2.1	0.0	100.0
运输	计数	2	13	11	2	0	0	0	0	28
	占比	7.14	46.42	39.3	7.14	0.0	0.0	0.0	0.0	100.0
建筑	计数	0	11	24	11	0	0	2	0	48
	占比	0.0	22.9	50.0	22.9	0.0	0.0	4.2	0.0	100.0

续表

现在的主要职业		主要照料人								合计
		父亲	母亲	父母双方	祖辈	其他亲属	邻居朋友	老师托管	无人照管	
其他生产、运输设备操作人员及有关人员	计数	0	5	17	6	0	0	1	0	29
	占比	0.0	17.24	58.62	20.7	0.0	0.0	3.44	0.0	100.0
无固定职业	计数	0	4	2	2	0	0	0	0	8
	占比	0.0	50.0	25.0	25.0	0.0	0.0	0.0	0.0	100.0
其他	计数	1	21	46	17	0	1	1	0	87
	占比	1.15	24.15	52.9	19.5	0.0	1.15	1.15	0.0	100.0
合计	计数	35	470	870	489	28	5	32	3	1932
	占比	1.8	24.3	45.1	25.3	1.4	0.3	1.6	0.2	100.0

表9　北京流动人口主要职业与3~6岁子女托育情况交叉

单位：人，%

现在的主要职业		孩子托育情况				合计
		在家	入托	入园	小学	
国家机关、党群组织、企事业单位负责人	计数	3	1	15	1	20
	占比	15.0	5.0	75.0	5.0	100.0
专业技术人员	计数	69	25	116	4	214
	占比	32.2	11.7	54.2	1.9	100.0
公务员、办事人员和有关人员	计数	7	4	34	4	49
	占比	14.3	8.2	69.3	8.2	100.0
经商	计数	37	17	78	8	140
	占比	26.43	12.14	55.71	5.72	100.0
商贩	计数	14	5	31	2	52
	占比	26.9	9.6	59.6	3.9	100.0
餐饮	计数	35	7	35	1	78
	占比	44.9	9.0	44.9	1.2	100.0
家政	计数	0	1	0	0	1
	占比	0.0	100.0	0.0	0.0	100.0
保洁	计数	4	2	10	1	17
	占比	23.5	11.8	58.8	5.9	100.0
保安	计数	2	0	2	1	5
	占比	40.0	0.0	40.0	20.0	100.0

续表

现在的主要职业		孩子托育情况				合计
		在家	入托	入园	小学	
装修	计数	5	5	23	4	37
	占比	13.5	13.5	62.2	10.8	100.0
快递	计数	4	2	9	0	15
	占比	26.7	13.3	60.0	0.0	100.0
其他商业服务业人员	计数	85	29	171	5	290
	占比	29.31	10.0	58.97	1.72	100.0
农林牧渔、水利业生产人员	计数	2	0	4	1	7
	占比	28.6	0.0	57.1	14.3	100.0
生产	计数	8	2	18	0	28
	占比	28.6	7.1	64.3	0.0	100.0
运输	计数	4	3	12	0	19
	占比	21.05	15.8	63.15	0.0	100.0
建筑	计数	6	2	17	1	26
	占比	23.1	7.7	65.4	3.8	100.0
其他生产、运输设备操作人员及有关人员	计数	2	1	16	0	19
	占比	10.5	5.3	84.2	0.0	100.0
无固定职业	计数	1	0	3	0	4
	占比	25.0	0.0	75.0	0.0	100.0
其他	计数	6	7	25	1	39
	占比	15.4	17.9	64.1	2.6	100.0
合计	计数	294	113	619	34	1060
	占比	27.74	10.66	58.4	3.2	100.0

（2）流动人口家庭月收入状况及影响

表10反映了北京流动人口家庭本地月收入与3～6岁子女托育情况之间的关系，全家本地每月总收入在0～3000元的流动人口家庭其3～6岁子女在家抚养的比率最大，为41.7%，子女进入幼儿园托育的比例最小，为47.2%。全家本地每月总收入在20001元及以上的流动人口家庭其3～6岁子女在家抚养的比率最小，为23.45%，子女进入幼儿园托育的比例

最大，为 63.45%。总体上来看，家庭收入越高，其适龄子女进入幼儿园接受早期教育的可能性越大；流动人口中家庭月收入偏低的群体，在面临因户籍及其他门槛导致的公立幼儿园入园难，且私立幼儿园学费昂贵的情况下，通常选择在家照料子女。统计数据显示，2016 年北京居民人均消费支出为 35416 元，当流动人口家庭每月收入仅能维持基本生存和生活需要时，很难有额外的经济能力支撑子女入园教育，直接影响其在适龄获得早期教育的机会。

表 10　北京流动人口家庭本地月收入与 3～6 岁子女托育情况交叉

单位：人，%

全家本地每月总收入		孩子托育情况				合计
		在家	入托	入园	小学	
0～3000 元	计数	15	3	17	1	36
	占比	41.7	8.3	47.2	2.8	100.0
3001～6000 元	计数	98	41	204	19	362
	占比	27.1	11.3	56.4	5.2	100.0
6001～9000 元	计数	71	27	146	8	252
	占比	28.2	10.7	57.9	3.2	100.0
9001～12000 元	计数	69	24	125	5	223
	占比	30.9	10.8	56.1	2.2	100.0
12001～20000 元	计数	61	28	150	7	246
	占比	24.8	11.4	61.0	2.8	100.0
20001 元及以上	计数	34	14	92	5	145
	占比	23.45	9.7	63.45	3.4	100.0
合计	计数	348	137	734	45	1264
	占比	27.5	10.8	58.1	3.6	100.0

（3）流动人口家庭居住地城乡差异状况及影响

根据 2016 年调查数据很难了解到北京流动人口家庭居住条件对子女早期教育的影响，表 11 主要反映了北京流动人口家庭城乡居住地的差异情况及对 0～6 岁子女照料情况的影响。可以看出，居住在城市由父母双方共同照顾子女的比例高于农村，而居住在农村的由母亲主要照顾子女的比例最大，且比例高于城市。从这一方面看，居住在城市社区的流动人口更能用父母共同照顾这一最好的方式抚养孩子，但是城市中也出现了个别子女无人照顾的情况。

表 11　北京流动人口家庭居住地（城市社区/农村社区）与 0～6 岁子女照顾情况交叉

单位：人，%

类别			主要照料人								合计
			父亲	母亲	父母双方	祖辈	其他亲属	邻居朋友	老师托管	无人照管	
样本点类型	居委会	计数	24	420	785	345	21	4	31	3	1633
		占比	1.5	25.7	48.1	21.1	1.3	0.2	1.9	0.2	100.0
	村委会	计数	23	268	264	189	8	2	5	0	759
		占比	3.0	35.3	34.78	24.9	1.05	0.3	0.67	0.0	100.0
合计		计数	47	688	1049	534	29	6	36	3	2392
		占比	2.0	28.8	43.85	22.3	1.2	0.25	1.5	0.1	100.0

2. 流动人口家庭人力资本对子女早期教育的影响

（1）流动人口受教育程度及影响

从表 12 和表 13 可以看出，流动人口受教育程度对其子女的早期受教育情况有较大影响。从子女家庭照顾方面看，被访者学历水平越高，其子女由父母双方共同照顾的比例越高，从客观上可能是因为学历较高的人可以找到一份作息较为规律的工作，不用长时间进行大量体力劳动，有时间和精力陪伴、照顾子女；从主观上可能是因为受过较高教育的人更清楚父母双方的共同呵护在孩子成长中的重要性。从子女社会托育方面看，流动人口受教育程度的高低对孩子托育状况的影响不显著，从数据上看，未上过学的流动人口子女入园比例在各学历层次父母中占比最高，但因其样本总量有限，并不能充分反映实际群体的一般状况。但总体来看，父母学历越高，其子女入托、入园的比例也相对较高。

表 12　北京流动人口受教育程度与子女主要照顾人交叉

单位：人，%

受教育程度			主要照料人								合计
			父亲	母亲	父母双方	祖辈	其他亲属	邻居朋友	老师托管	无人照管	
受教育程度	未上过学	计数	0	3	1	0	0	0	0	0	4
		占比	0.0	75.0	25.0	0.0	0.0	0.0	0.0	0.0	100.0
	小学	计数	0	13	17	25	1	0	0	0	56
		占比	0.0	23.2	30.5	44.6	1.8	0.0	0.0	0.0	100.0
	初中	计数	17	190	262	155	11	1	4	0	640
		占比	2.7	29.7	40.9	24.2	1.7	0.2	0.6	0.0	100.0
	高中/中专	计数	12	160	195	121	6	2	10	0	506
		占比	2.4	31.6	38.5	23.9	1.2	0.4	2.0	0.0	100.0
	大学专科	计数	11	168	202	91	4	1	13	1	491
		占比	2.2	34.22	41.18	18.53	0.8	0.2	2.65	0.26	100.0
	大学本科	计数	6	137	314	115	3	1	8	2	586
		占比	1.0	23.4	53.6	19.6	0.5	0.2	1.4	0.3	100.0
	研究生	计数	1	17	58	27	4	1	1	0	109
		占比	0.9	15.6	53.2	24.8	3.7	0.9	0.9	0.0	100.0
合计		计数	47	688	1049	534	29	6	36	3	2392
		占比	2.0	28.8	43.9	22.3	1.2	0.3	1.5	0.1	100.0

表 13　北京流动人口受教育程度与 3～6 岁子女托育情况交叉

单位：人，%

受教育程度		孩子托育情况				合计
		在家	入托	入园	小学	
未上过学	计数	1	0	2	0	3
	占比	33.3	0.0	66.7	0.0	100.0
小学	计数	11	3	25	2	41
	占比	26.8	7.3	61.0	4.9	100.0
初中	计数	116	37	251	17	421
	占比	27.6	8.8	59.6	4.0	100.0
高中/中专	计数	69	31	165	13	278
	占比	24.8	11.15	59.35	4.7	100.0
大学专科	计数	66	33	114	6	219
	占比	30.1	15.1	52.1	2.7	100.0

续表

受教育程度		孩子托育情况				合计
		在家	入托	入园	小学	
大学本科	计数	73	30	150	6	259
	占比	28.2	11.6	57.9	2.3	100.0
研究生	计数	12	3	27	1	43
	占比	27.9	7.0	62.8	2.3	100.0
合计	计数	348	137	734	45	1264
	占比	27.5	10.8	58.1	3.6	100.0

（2）流动人口一周工作时长及影响

表 14 和表 15 反映了流动人口一周工作时长对子女早期教育的影响。可以看出，工作时长在每周 36~40 小时的父母，其子女由夫妻双方共同照顾的比例最大，占 48.2%，随着工作时长的增加，这一比例呈下降趋势，并相应由母亲或祖辈照料来补充。父母工作时间的延长，意味着用于子女家庭教育的时间和精力相应减少，对子女早期教育的影响是显著的。

表 14　北京流动人口一周工作时长与子女主要照料人交叉

单位：人，%

一周工作时长		主要照料人								合计
		父亲	母亲	父母双方	祖辈	其他亲属	邻居朋友	老师托管	无人照管	
0~35 小时	计数	7	44	67	42	0	1	8	0	169
	占比	4.1	26.0	39.7	24.9	0.0	0.6	4.7	0.0	100.0
36~40 小时	计数	15	258	514	246	14	2	16	2	1067
	占比	1.4	24.2	48.2	23.23	1.3	0.2	1.5	0.2	100.0
41~50 小时	计数	8	80	114	80	7	2	3	1	295
	占比	2.7	27.1	38.7	27.1	2.4	0.7	1.0	0.3	100.0
51~60 小时	计数	4	54	75	49	1	0	3	0	186
	占比	2.2	29.0	40.3	26.4	0.5	0.0	1.6	0.0	100.0
61 小时及以上	计数	1	33	88	69	6	0	2	0	199
	占比	0.5	16.6	44.2	34.7	3.0	0.0	1.0	0.0	100.0
合计	计数	35	469	858	486	28	5	32	3	1916
	占比	1.8	24.5	44.8	25.3	1.5	0.2	1.7	0.2	100.0

表 15 北京流动人口一周工作时长与 3～6 岁子女托育情况交叉

一周工作时长		孩子托育情况				合计
		在家	入托	入园	小学	
0～35 小时	计数	24	11	55	5	95
	占比	25.2	11.6	57.9	5.3	100.0
36～40 小时	计数	140	57	318	19	534
	占比	26.1	10.7	59.6	3.6	100.0
41～50 小时	计数	51	15	102	3	171
	占比	29.8	8.8	59.6	1.8	100.0
51～60 小时	计数	36	16	65	4	121
	占比	29.8	13.2	53.7	3.3	100.0
61 小时及以上	计数	42	9	79	3	133
	占比	31.6	6.8	59.4	2.2	100.0
合计	计数	293	108	619	34	1054
	占比	27.8	10.3	58.7	3.2	100.0

此外，数据还显示出流动人口子女入托入园比例随父母一周工作时长的增加而递减的趋势，每周工作时长 36～40 小时（每日 8 小时）的流动人口，子女入托、入园的比例最高，达 70.3%。工作时间延长，子女托育的比例并未增加，一定程度上可以反映出流动人口工作时长与社会阶层地位的负相关性，这部分群体相比每日 8 小时工作时间的流动人口，可能面临更不稳定的工作状态，以及与此相关联的经济社会地位，家庭也就面临更高的子女入托入园门槛。

3. 流动人口家庭社会资本对子女早期教育的影响

流动人口家庭社会资本对子女早期教育的影响主要是指流动人口自身的社会关系网络对子女的影响，在相关的调查中发现，北京流动人口家庭，尤其是农民工家庭经历了乡—城的迁移过程，既减少了与农村原有社会关系网络的联系，也较难在城市社区中建立新的关系网络。流动人口家庭社会资本匮乏对子女早期教育的影响，最终形成了教育选择和资源获取的社会分层状态。

4. 供给侧因素对北京流动人口子女早期教育的影响

对北京流动人口子女早期教育问题影响因素的分析，离不开对流动人口子女早期教育供给侧因素的研究。

表 16　2016 年北京市各城区幼儿园教育情况

北京城区	幼儿园数(所)	在园幼儿数(人)	专职教师数(人)
东城区	52	15628	1590
西城区	69	17483	1888
朝阳区	236	72166	7042
丰台区	143	43421	3713
石景山区	54	15238	1245
海淀区	163	62569	5224
房山区	112	27281	2427
通州区	141	30371	2618
顺义区	97	25246	1416
昌平区	132	29707	2835
大兴区	86	32082	2050
门头沟区	32	6302	599
怀柔区	66	10125	909
平谷区	62	10235	711
密云区	71	11762	1137
延庆区	54	7366	667
合计	1570	416985	36071

资料来源：北京市统计局、北京市教育委员会《北京区域统计年鉴 2017 · 幼儿教育情况》，http：//www. bjstats. gov. cn/nj/qxnj/2017/zk/indexch. htm。

基于 2016 动态监测数据，对北京 16 个区 3 ~6 岁子女的托育情况进行分析，发现现居住地在通州区的流动人口子女入园率最高，为 71. 4%，其次为顺义区，入园率为 67. 5%，第三为房山区，入园率为 65. 3%。反过来看，现居住地在东城区的流动人口，其子女的入园率最低，为 32. 3%，入园率倒数第二的为密云区，为 36. 4%，西城区入园率倒数第三，为 40. 0%。

结合表 16 可以看出，流动人口子女入园率较高的区相应有较高的幼儿园数、在园幼儿数和专职教师数。综合来看，现居住地为中心城区的东城区、西城区流动人口子女的入园率普遍较低，这可能是因为中心城区幼儿园总量少，其中私立幼儿园占比较少且学费较高，而流动人口子女通常不能进入公立幼儿园，也不能负担高昂的入园费。当然，也不能排除流动人口子女跨越现居住地所在区上幼儿园的情况。

此外，根据北京统计数据，北京幼儿园生师比从2010年的100∶12.78持续逐年递减，到2016年降到100∶8.65。生师比的持续下降，一定程度反映了北京早期教育中幼儿园专职教师稳定度的下降。供给侧的缺失和不足，进一步加剧流动人口在子女早期教育资源获取方面的弱势状态，同时也加剧和激化了户籍人口与流动人口之间在这一资源分配过程中可能形成的矛盾和冲突风险。

四　改善北京流动人口子女早期教育状况的政策建议

通过对国家卫计委2016年全国流动人口动态监测调查数据的分析，可以发现流动人口家庭经济资本、人力资本和社会资本对子女早期教育影响显著，流动人口家庭社会经济地位的弱势状态，影响了子女获取教育资源的机会，不同的职业、收入、居住地、受教育程度、工作时长状态、社会关系网络连接状态，形成了家庭对子女照料的不同方式和托育方式。综合供给侧的数据，北京市流动人口子女早期教育存在缺失和不足，有待进一步改善和提高。

首先，明确儿童早期教育的政府责任。早期教育具有高边际报酬的特征，对于国家和社会的极高回报价值应当引起足够重视。学前教育不属于义务教育范畴，缺乏稳定的政策机制保障，所以政府更应该出台相关政策保障所有儿童平等享受学前教育。从数据分析中可以看到，北京流动人口子女多数随父母在本地生活。这就使得北京幼儿园的入园政策至关重要。

目前，公立幼儿园因为价廉质优一直受到家长的青睐，但是公立幼儿园实行划片入园政策，进入幼儿园需要本地户口或房产证，如果不满足这两个条件，则属于非地段生，也就意味着入园机会渺茫。虽然有规定外地、无房产人员可使用居住证报名，但入园概率依然很小。私立幼儿园则存在收费贵或办学条件差等问题。据统计，2015～2016学年度，北京市户籍人口千人学位数均值为33，常住人口千人学位数均值为21，上一学年度北京市户籍人口千人学位数均值为31，常住人口千人学位数均值为20，相比于户籍人口，常住人口的学位数少且增长慢，可以看出，入园难是流动人口子女入园比例不高的最主要原因。

因此，政府应坚持公益性和普惠性原则，对幼儿园的发展给予财政支持，增加幼儿园数量并且对幼儿园分布进行科学规划，促进区域间学前教育资源的均衡配置，改善教学环境、降低收费。在现有情况下，民办幼儿园可能是流动人口子女在北京接受社会抚育最好的选择，应当成为满足学前教育需求的重要社会力量。要加强政府与民办学前机构的合作，创新合作模式，建立民间投资、自主经营；政府扶持、依法监管；独立核算、自负盈亏的建设营运机制，提供更多、更优质的入园机会。从长期的发展来看，政府应逐步放开户籍限制，通过专门立法来确认学龄前儿童受教育权利并制定保障措施，让流动人口子女平等享有接受学前教育的权利。

其次，提高流动人口家庭社会经济地位。流动人口家庭弱势的经济资本、人力资本、社会资本状态，对儿童的成长发展产生直接的影响。因此，北京各级政府和相关部门可以从提高流动人口三种资本出发，制定相关政策措施。通过对流动人口进行岗前培训和职业技能培训，提高个体人力资本，增加家庭经济收入；减弱户籍制度的差异，落实公共服务均等化，保障流动人口家庭获得体面有尊严的生活；加强流动人口的城市融入，通过社区治理工具，促进流动人口的社区融合，进一步扩展和积累家庭的社会资本。

最后，强调流动人口家庭抚育的功能。应当明确托儿所和幼儿园教育并非是用来替代家庭教育的，而是用来弥补家庭教育的不足。父母作为孩子的第一任老师，家庭是儿童最早进行社会化的场所。父母的照顾和教导将潜移默化、深远长久地影响儿童的身体发育、心理发展、个性形成和技能掌握。流动人口家庭要充分认识到子女教育问题的必要性和重要性，即使工作占用了大量的时间和精力也应关心孩子的生活、给予足够的关爱。只有树立正确的教育观，才能从家庭和个人角度形成与政府、社会的协同合作，缓和和解决北京流动人口子女早期教育面临的发展困境。

社会治理篇

Social Governance Reports

B.9

互联网背景下北京公益组织募捐模式的变革及对策研究

——以北京益微青年公益组织为例

赵丽琴　庞裕兮*

摘　要： 近年来，互联网技术促进了社会公众的权利意识和责任意识的增强，公益机构利用互联网便捷、高效的特征进行社群连接和资源动员，实现公益组织的创新发展和转型。本文以北京益微青年公益组织为例，探究北京公益组织由传统线下募捐向主要依托互联网平台进行募捐的变革影响因素，及对“互联网+”公益兴起的原因、发展现状和发展过程中存在的问题进行探讨，并提出针对性的建议，为首都的社会建设提供参考。

* 赵丽琴，北京工业大学文法学部社会工作系教授；庞裕兮，北京工业大学文法学部2017级社会工作专业硕士研究生。

关键词： 互联网　公益组织　募捐模式

随着“互联网”时代的到来，“高效”“大数据”“共享”“平台化”等互联网的特点逐渐在各行各业流行起来，已经渗透到政治、经济、社会和文化等多个领域。基于互联网的特点，电子政务和电子商务等迅速兴起并发展。《国务院关于积极推进“互联网 +”行动的指导意见》强调将互联网与经济社会各领域进一步融合，形成以互联网为基础设施和创新要素的社会经济发展新形态①。梁春晓在《互联网时代的社会创新和公益转型》一文中提出，中国的公益组织正是在这样的背景中不断探索，呈现出一片欣欣向荣的景象②。《慈善法》施行以来，通过网络实施的捐赠超过了 10 亿人次，捐赠金额超过 20 亿元。在 2017 年 11 月 23 日举办的中国基金会发展论坛上，百度、腾讯、阿里、新浪等主要互联网公益平台，以及一些 NGO 组织的代表齐聚成都，畅谈中国互联网公益精彩的图景。这正说明，“互联网 +”的思维正在中国公益组织中悄然生长。

一　“互联网 +”公益现状

中国互联网公益事业的起点大致可以追溯到 2007 年。2007 年 6 月，腾讯成立了腾讯基金会，这是第一家由互联网企业发起并注册的全国性非公募基金会。但是由于早期互联网普及度不高以及互联网公益刚刚萌芽，因此并未对公益格局产生重大影响。2008 年，汶川地震成为影响中国互联网公益发展的关键事件。在重大危机面前，互联网发挥了重要的作用，各大门户网站开通专栏，集中发布灾情的实时报道，其次电子支付平台开通线上捐款通道。根据中国社会科学院发布的《中国慈善发展报告（2009）》，2008 年我国个人向社会捐赠首次超过企业捐赠，我国的慈善事业格局发生了重要变化。

---

① 中国政府网，http://www.gov.cn/zhengce/content/2015 - 07/04/content_ 10002.htm。

② 梁春晓：《互联网时代的社会创新和公益转型》，《公益慈善周刊》2017 年第 47 期。

进入互联网时代，人们获得了更大程度的自主权和自由权，越来越多的个人成为经济活动的主体。综观中国互联网的发展，近年来“互联网 +”的兴起标志着互联网的影响进入社会创新阶段，在社会主体、社会组织等多方面都反映出互联网对社会创新的影响，如公益平台、微金融、众筹、电商扶贫等。过去的十年是中国公益爆发的十年，互联网催生了“新公益”形态。所谓“新公益”形态，是指公益平台化发展，实现资源链接、共享发展，并在互联网的基础上跨界整合，公益不再单单依托于社会组织和政府，还纳入企业和公民，释放出社会创新的巨大能量。

根据第 39 次《中国互联网络发展状况统计报告》，截至 2016 年 12 月，有 32.5% 的中国网民通过互联网参与慈善活动，规模达到 2.38 亿人。其中，使用互联网进行扶贫的行为最多，占比为 16.8%，其次为疾病救助，占比为 16.0%（见图 1）。

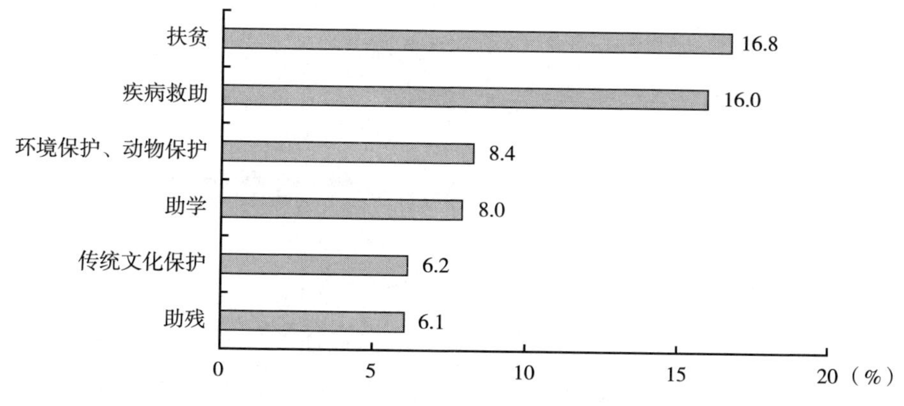

图 1　2016 年互联网慈善使用率

资料来源：中国互联网络信息中心。

互联网公益作为一种新生事物，在助推中国公益事业方面起到不可替代的作用。社会组织在面对互联网潮流下，应利用自身组织协调资源的优势，吸收联合多方力量，将公益的力量惠及更多群体。“北京益微青年公益发展中心”正是处于转型阶段的公益机构，通过互联网实现机构的发展。

北京益微青年公益发展中心，是一家支持大学生在教育公益行动中蓬勃生长的民间公益组织，经过多年的发展，和北京市西部阳光农村发展基金会、三星（中国）投资有限公司等在内的16家资助方合作，并且与包括腾讯公益、蜂巢空间等在内的73家合作方通力协作，在过去的5年内在甘肃、陕西、贵州、四川、安徽、云南、江西等20个省份的200个乡村学校开展了乡村夏令营。益微青年的发展离不开互联网的协助。在互联网时代，线上筹资的方式逐渐成为主流，也是支持社会组织发展的重要来源。益微青年也不例外，第一，通过微信、微博、腾讯等网络平台进行活动筹款满足项目开展的资金需求，并在2017年与爱德基金会、阿里巴巴公益基金会合作，在淘宝网上线公益宝贝计划，在两周内实现280余万元的项目筹款，这也是益微青年第一次将项目放置线上并且完全线上筹款，是互联网影响下公益机构创新转型的一步；第二，益微青年开展“EV月捐伙伴计划”，是面向支持者和社会各界爱心人士推出的新型捐赠方式，通过每个月向益微青年捐助一定额度并且自主选择要捐助的项目来支持机构的发展；第三，益微青年与资助方合作，通过网络投票、公众号推广的方式扩大活动的影响力，让公益事业成为一种产品，使更多的投资方看到公益事业的潜力，提升公益事业的影响力。

二 “互联网+”公益迅速发展的原因

邓国胜曾谈到基金会不再单单采用传统的方式、依靠眼泪指数进行筹款，而是多元化发展，比如通过捐步数、蚂蚁森林等新方式激励公众快乐参与公益，使得个人捐款比例不断提高①。而以腾讯、阿里等为代表的互联网企业也在利用自身优势动员公众和用户捐款。

（一）互联网的发展是促成目前公益组织募捐模式的原动力

民政部社会组织管理局相关负责人表示，网络募捐规范开展，全新慈善生态正在形成，呈现大众化、年轻化、小额化趋势，“人人公益、随手公

① 转引自皮磊《传统优势逐渐消失，未来基金会筹款应该怎么做》，《公益慈善周刊》2017年第47期。

益、扶贫济困”正在成为一种社会生活方式和文明风尚。互联网不仅是可以用来提高效率的工具，还是构建未来生产方式和生活方式的基础设施，无论是顺应时代潮流利用互联网发展还是被动改变接受互联网，互联网时代下的公益组织为了增加自身的潜力，纷纷转向以互联网为平台的组织模式，募捐模式由此也发生了变革。同时因为互联网的特性，公益募捐活动可以被数据化，以“一起捐”活动为例。2017 年，益微青年在腾讯公益平台上上线“村里娃也要夏令营”的公益项目众筹，共筹款 88355 元，其中 366 位伙伴发起“一起捐”，捐款人次达到 3327 人。总的来说，“99 公益日”的社交属性优势在“一起捐”上集中体现，社交属性的注入可以显著地提高项目的筹款能力，同时激励用户参与其中，提升参与人次。

（二）互联网让社群连接更加紧密

线上募捐与线下捐款在一定程度上是不能完全割裂开的。互联网众筹依赖的是线下的社交网络，通过互联网技术将线下的社交网络迅速地辐射开来，形成更大的社群。这也是互联网公益的一大特点，通过互联网技术迅速将无数熟人和陌生人社群连接，扩大公益的影响力和传播速度。正如益微青年的月捐计划，在筹款之初通过微信、QQ、微博等社交平台转发给参与过益微青年活动并且认同益微青年理念的公众，形成忠实的支持者，而这些人也是月捐计划最初的伙伴，随着这些支持者在其线下朋友圈的影响和价值观的传递，会涌入新的月捐计划伙伴，如此循环往复，涓涓细流汇成江河。

（三）电子支付的便捷性

微信支付、支付宝、网上银行等电子支付方式的兴起在技术方面促进了互联网公益的发展。以益微青年月捐计划为例，社会公众可以从官网、公众号、微信群等渠道，选择相应的公益项目，以技术手段为依托通过电子支付方式完成按月捐款。电子支付的便捷打破了传统线下募捐的时间、空间的限制。值得一提的是，电子支付更具有一定的保密性，社会公众通过匿名设定捐助金额，降低了公众参与公益的压力，真正实现了聚少成多、“微公益”的形态。

（四）公益方式的创新

近年来“互联网＋”的兴起，标志着互联网的影响开始进入社会创新的阶段。由于互联网的发展，创新在这个时代更为迫切。传统的公益募捐主要是线下捐衣捐物等，但是随着互联网的发展，公益与商业、企业的结合逐渐进入人们的视线。公益需求方获得捐助，企业通过互联网公益匹配捐助实现品牌传播和宣传。除了捐赠方式的转变，捐赠形式也有一定的创新。比如腾讯公益基于微信平台推出的“一元购画”，通过购买画作实现参与公益，益微青年与嘉实基金在腾讯公益平台上共同众筹等。因此，公益组织的捐赠模式如果不能摒弃以往传统格局下的模式，很有可能彻底沦为形式主义的工具。正是对创新的追求才使得公益组织跟上了时代发展的潮流。公益创新的目的在于越来越多的公众参与，正如上文提到的公益活动形式的创新，本质上是通过互动让公众拥有获得感、参与感从而提升自我效能感，产生对个人意义的认同，以此为持续参与活动的动力。互联网公益不仅是让人们通过网络和社交媒体等进行捐赠，更重要的是与捐赠者群体发展关系。

（五）党和国家对社会公益事业的新认识

2016 年 9 月 1 日，《中华人民共和国慈善法》正式实施。根据《慈善法》授权，民政部指定了首批互联网公开募捐信息平台，为慈善组织提供信息发布服务；同时，采取巡检、约谈等方式，进一步加强事中事后监管；组织制定了《慈善组织互联网公开募捐平台基本技术规范》和《慈善组织互联网公开募捐平台基本管理规范》两项行业标准，要求平台有序引导个人与具有公开募捐资格的慈善组织对接，同时加强审查甄别，设置求助上限，强化信息公开和使用反馈、做好风险防范提示和责任追溯，切实维护捐赠人、受益人和慈善组织等慈善活动参与主体的合法权益。截至 2017 年 10 月 10 日，民政部认定和登记的慈善组织有 2429 个，发给公开募捐资格证书的有 606 个。这些慈善组织在脱贫攻坚、扶老助学、急难救助等方面发挥了重要作用，年受益人群超过 1000 万人次，捐赠金额持续增长。这说明政府和社会组织各自发挥所长，并对社会组织加以培养和管理，所带来的能量和活力将十分可观。

从以上五点的分析和描述中可以看到，社会公益组织募捐模式的变革符合时代发展的需求、对创新模式的追求以及党和政府的要求。在这些因素的推动下，社会公益组织募捐模式的变革是一定的，趋势和方向是相对稳定的，尤其在互联网大背景下，网络募捐一定会更加完善。

三 “互联网+”公益发展趋势

国内公益组织的募捐模式正在发生着变革，而变革的原因正是互联网的发展，包括互联网技术的发展和互联网思想的借鉴。在互联网推动下，公益组织正朝着平台共享、自组织、普惠、精准和跨界融合五个方向①发展。

（一）互联网公益更依托平台化发展

互联网的普及和互联网公益的发展，无疑已经深入渗透在政治、经济、社会等各个方面，并深刻地改变了公益机构的组织结构、运作模式。在互联网时代，平台化成为互联网时代的一大特征，是更重要的经济和社会演化趋势。以支付宝平台为例，到2016年底，支付宝爱心捐赠额超过6亿元，捐赠次数超过1.5亿次。数据显示，“70后”、“80后”和“90后”是网络捐赠的主力军。

图1、图2是两组来自腾讯公益基金会“99公益日”的数据，由此我们不难发现互联网公益对公益慈善行业的影响日渐加深。自2015年腾讯发起“99公益日”，这一活动的社会影响力迅速扩大，每年捐赠人数和总额都至少在翻番增长。2018年的公益日涉及6000多个项目，腾讯基金会及其爱心伙伴的总配捐额超过6亿元，在三天活动日内累计超过1200万人参与捐赠，共筹得善款13亿元以上，被称为中国的“全民公益狂欢”。“99公益日”产生的社会影响是不言而喻的，通过网络平台将更多公益项目引入视野，整合链接社会资源，来众筹项目所需的资金。

---

① 梁春晓：《互联网时代的社会创新和公益转型》，《公益慈善周刊》2017年第47期。

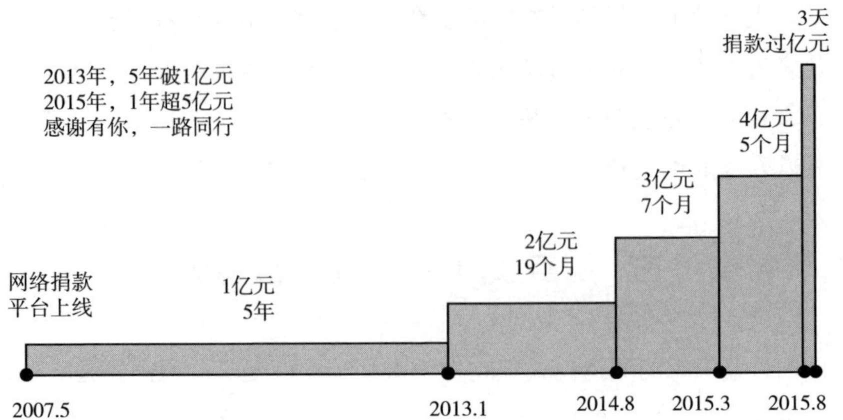

图 2　2007～2015 年腾讯公益平台捐款金额

说明：腾讯公益基金会，http：//gongyi. qq. com/。

资料来源：腾讯基金会。

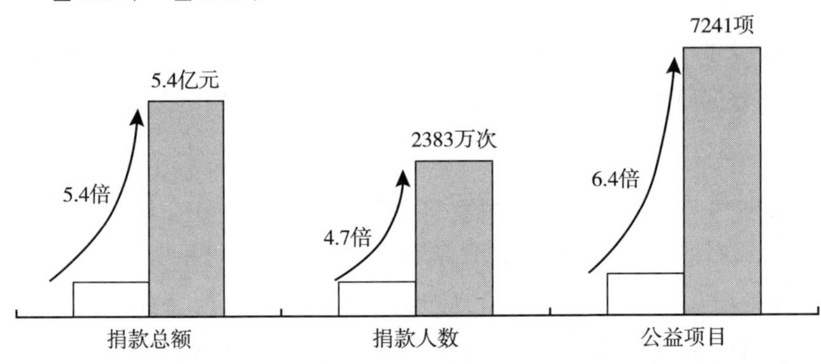

图 3　2014～2015 年捐款总额、捐款人数、公益项目数据对比

图 4 为 2014～2017 年益微青年使用募捐平台的数量，从图中可以清晰地看到，近五年，益微青年募捐平台使用的数量是逐年增多的。2014 年依托灵析平台完成筹款、活动与数据分析；2015 年、2016 年依托灵析、腾讯

公益平台；2017 年依托灵析、腾讯公益、阿里巴巴公益平台。互联网平台为公益组织提供了更加便捷的筹款方式，利用科技的创新降低人们参与公益事业的壁垒，通过“随手捐”的形式轻松利用手机、电脑等移动终端完成捐款，通过平台数据化的分析帮助公益组织用可视化的方式看待发展。

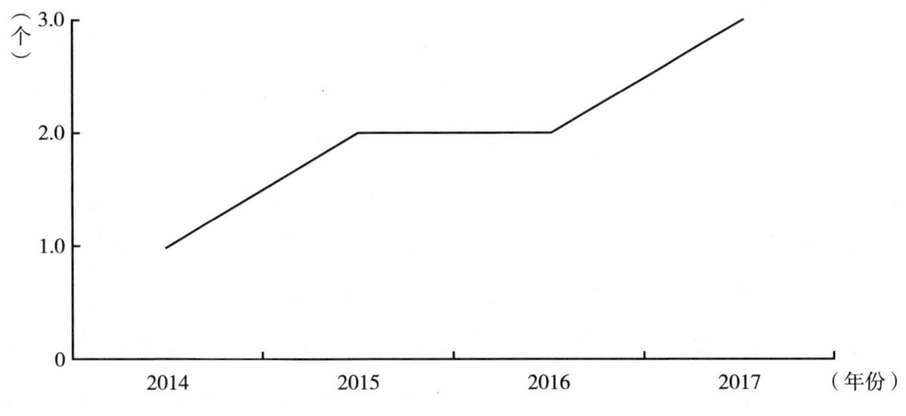

图 4　益微青年使用募捐平台的数量

互联网平台的搭建打破了时空的壁垒，使资源更好地链接和共享。对于像益微青年这样的教育公益组织而言，促进教育资源的公平分配是其愿景和使命。而互联网技术正是促进了教育领域的创新。比如，登上 2015 年网络春晚的“阡陌学堂”，通过网络让来自祖国各地的志愿者解答湖北恩施州建始县官店镇摩峰中心小学同学的问题；“少年派助学计划”通过网络连线，让云南腾冲县界头镇界头中心小学和永安明德中心小学的同学网络参观北京南站、美国华盛顿自然历史博物馆。2017 年，益微青年着力打造“果肉学院”，它是心和公益基金会支持、益微青年研发的乡村夏令营志愿者线上学习平台。“果肉学院”邀请乡村夏令营支持机构（NGO、高校团委等）及其志愿者入驻平台，通过收集、整合和研发线上课程，并辅以游戏化的积分和奖品激励手段，来支持志愿者系统、低成本地学习乡村夏令营操作知识，这是益微青年迈出公益创新的一步，通过搭建互联网平台共享教育公益资源，利用会员付费制培养用户黏性，传播教育公益理念。

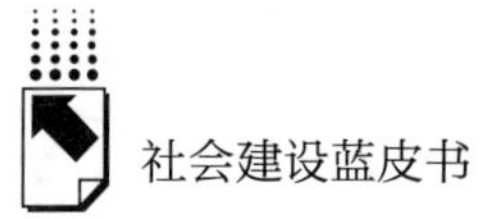

（二）筹款形式更多元

随着互联网和移动终端的发展，公益组织筹款的形式逐渐被更多人选择。在我国，筹款方式大致可分为三类：电子商务筹款、第三方劝募平台、企业捐助。

电子商务筹款，是公益慈善与市场结合的一种形式，是“互联网＋”公益的产物。主要有淘宝网“公益宝贝计划”和京东公益等方式。在2014年淘宝网的“公益宝贝”计划带动了2.13亿网友直接参与公益11.1亿次，实现了全民做公益的目标。公益宝贝计划不同于以往直接捐赠的产品，将公益植根于大众生活中，在不影响买家正常购买、退换等消费行为的情况下顺带参与公益。公益宝贝一方面为捐赠人提供了便利的公益参与方式，另一方面为公益组织提供了一套严格的资金使用审核流程，正如图5所示，益微青年将项目交于具有公募资质的爱德基金会托管，在公益宝贝计划平台上进行募捐，筹款结束后分三次进行拨款并且审核，确保捐赠人的利益不受损。这正是互联网公益发展的一种趋势，更透明、更便捷、更生活化，人人参与公益。

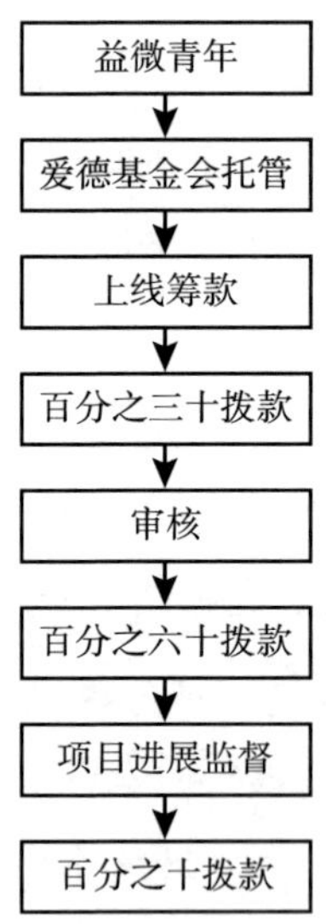

图5　益微青年“公益宝贝计划”筹款流程

第三方劝募平台，由互联网企业发起，利用第三方劝募平台高效地传播求助信息，利用互联网资源和用户群体，使公益需求和供给能够精准匹配。目前，腾讯公益是我国具有代表性的互联网劝募平台。其下的“一起捐”“益行家”“微爱计划”等产品都是互联网与公益相结合的产物。第三方劝募平台是公益组织主要依赖的互联网筹款方式，其便捷的操作流程和依赖社群的特征成为平台使用的优势。公益组织利用成熟的项目和出色的文案转发筹款信息到组织自身的社群中，通过互联网的技术传播，达到一呼百应的效果。正如益微青年参与的腾讯“99 公益日”“村里娃也要夏令营”的项目众筹，将筹款链接通过微信群、公众号、朋友圈的形式转发到参与过益微青年活动的各个群体中，继而通过高校、企业、公益同行的资源扩大影响力。

企业捐助，是指企业自愿将人、财、物赠予与企业没有直接利益关系的受赠者用于慈善公益行为，也是支持公益组织项目开展和机构发展的重要资金来源。企业一方面承担社会责任扩大企业影响力维护社会声誉，一方面借助公益的力量与企业战略相结合发挥公益营销的作用。中国三星连续支持“西部阳光 V 行动”项目 15 年，是益微青年开展该项目的主要资金来源。截至 2017 年，中国三星捐助该项目已达 958 万余元，除捐助资金外，中国三星每年还输送多名志愿者奔赴项目点，与大学生一起开展乡村夏令营。随着互联网技术的发展，企业捐助开始寻求新的发展，中国三星在捐赠人、财、物的同时，还在公众号中开展“最美支教大学生”评比，既为参与益微青年“西部阳光 V 行动”项目的大学生提供经济支持，也借助企业的资源宣传了益微青年的活动，为益微青年开拓了更多资源的渠道。

（三）发展类公益组织逐渐被认同

传统募捐中，社会公众对赚足“泪点”的公益项目关注较多，公益项目之间似乎“谁更惨”谁就能获得更多的捐款。在腾讯公益的首页，“困境儿童关怀”项目自 2009 年上线以来，筹款金额已达到 6300 万元。公众对于更具有“紧迫性”的公益项目更具有捐助期待性。而从图6来看，2016年的“99公益日”，教育类的筹款总额远超救灾、环保、疾病类的项目。随着人们“热公益”的心逐渐冷静下之后，越来越多人开始关注发展类公益。“授人以鱼不如授人以渔”，以益微青年为例，关注乡村教育的同时关注到乡村教师群体，从2017年开始开设乡村夏令营教师成长计划，对乡村教师进行体验式培训，将好玩的乡村夏令营带给乡村的孩子。益微青年将乡村夏令营教师成长计划项目放置公益宝贝平台两周筹款达到280万元，这种模式也受到越来越多人的认同。长期捐款捐物的扶贫容易造成受赠人的长期依赖，而发展类的公益项目更注重为受赠人“赋能”。随着国家经济水平的发展，扶贫政策的推行，在解决贫困群体的温饱问题后，人们更关注“助人自助”，发展类公益组织在这过程中逐渐被公众认同。

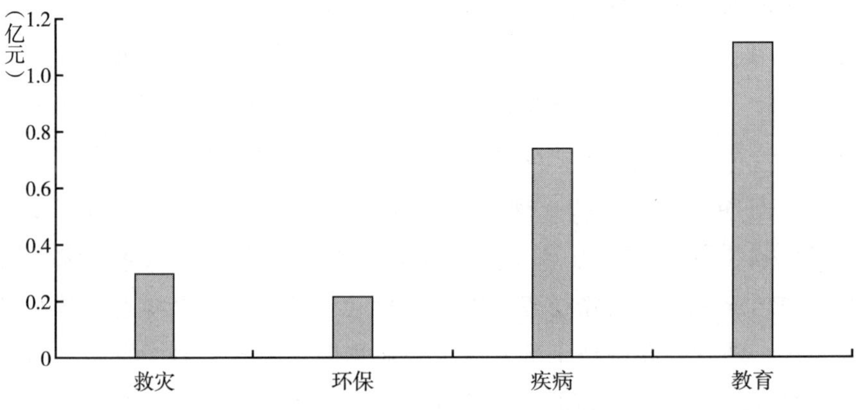

图6　2016年“99公益日”大类筹款总额

（四）互联网创造更多人人公益的机会

“互联网+”公益把公益变得更潮流、形式更多样化。与传统的募捐形式相比，网络募捐受众面更广、影响力更大。很多企业为了依托互联网扩大企业影响力，开展公益新形式，比如通过一元购买自闭症儿童的画作、“骑车捐”、“行走捐”、“淘宝+公益”的形式，培养公众公益兴趣，从而实现反复捐，促进公益事业的发展。

互联网及“互联网 +”的发展使更多机构和个人协同起来参与社会创新成为可能，这正是社会创新的更大意义。公益的发展不应该故步自封，游离在政府和企业之外，也不应该将公益与市场对立起来。而是整合政府、企业、公民等资源，去创造更大的社会价值，解决更多的社会问题。互联网虽然是接触新捐赠者市场、寻找新捐赠者最便捷的方式，但想要长期稳定地发展还需要寻找新的战略要素，这也是互联网背景下公益发展的另一趋势所在。互联网公益的潜能不仅在于为人们提供便利的捐款手段，还在于为公益机构搭建与新捐赠者连接、持续影响的平台。公益机构不应满足于“一元捐”“一日狂欢”等形式，而是要利用互联网平台让人们重复捐、“大额捐”。北京益微青年公益机构正是抓住这种互联网契机，开展“EV 月捐伙伴”项目，让认同机构服务宗旨、欣赏机构服务项目的群体月月捐、反复捐，从而支持机构发展。

四　“互联网 +”公益面临的主要问题

“99 公益日”掀起了互联网公益的浪潮，但在活动过程中也出现了刷单套捐、公益行业内非正当争夺资源等问题，公益资源快速凝聚的同时，“互联网 +”公益也带来了一些挑战。

（一）诈捐、骗捐事件对社会的负面影响

人们对于网络捐款大多是来自情感的回应。网络在一定程度上为求助人开通了一条便利的求助渠道。由于网络虚拟性的特点，捐赠人只能根据描述进行判断，无法对事件真实性进行考核，而公益机构在面对“僧多粥少”的资金面前，一些组织利用规则做出“骗捐套捐”的不法行为，严重影响公众参与公益的信心。如 2017 年“99 公益日”配捐的“刷单套捐问题”，腾讯公益平台在“99 公益日”活动期间的每晚9：09为公益组织开启“惊喜时刻”，即 1（公众捐助）：1（公募机构的企业配捐）：X（腾讯配捐），腾讯公益基金会拿出 1.9999 亿元非定向配比资金

来助力公益组织，空前的配捐力度调动了不少公益组织的参与积极性，益微青年也在活动开展前进行预热，鼓励机构人员和益微青年支持者在9：09进行捐赠，但是当中也有不少组织为了“99公益日”配捐额度提前做出不法的准备。根据报道有甚者卖房卖车将钱投进“99公益日”赚足配额，透支社会信任。似乎“99公益日”变成了这些组织的“抢钱”活动，偏离了做公益的初心。

（二）互联网存在的潜在风险

网络募捐是基于计算机、手机等设备所进行的募捐方式，而移动终端难以避免风险的隐患。如果募捐的范围较广，金额较大，持续时间较长，则对募捐的安全环境有更高的要求。互联网在带来巨大便捷性的同时也带来了两个弊端。一个是传播成本低带来的信息爆炸问题。面对海量的信息，用户想发现自己需要的信息需要花大量的时间和精力进行搜寻。另一个是消息源真实性的问题。互联网上的信息真假难辨，很难确定消息源的真实性，而用户在面对来源不明的信息时难免会心存疑虑，不敢轻信。

（三）大额捐赠更依赖于线下捐款

从腾讯公益2015年的统计数据来看，互联网捐款群体大部分是“90后”（见图7），而拥有一定社会地位和财富积累的“60后”“70后”甚至“80后”一代，多数选择更为熟悉的线下捐款。一方面，中老年群体在“互联网+”思潮的冲击下，因为其生理和心理原因，接受程度较低，所以不愿意选择网络捐款这样的方式，转而将物品和财务通过线下的方式进行捐赠。另一方面，大额捐赠更依赖于品牌效应，社会公众更愿意选择“老字号”“口碑佳”的基金会和组织进行捐赠。网络捐款金额虽然在增加但是并不构成募捐资金的主体。根据美国的调查数据，2016年，1000美元或以上的捐赠占所有网络捐赠的10%，1万美元或以上的捐赠只占3%。捐款金额越高，就越依赖线下的捐赠者与被捐赠者之间的关系。益微青年主要项目的资金和机构发展资金，都来自心和公益基金会和嘉实公

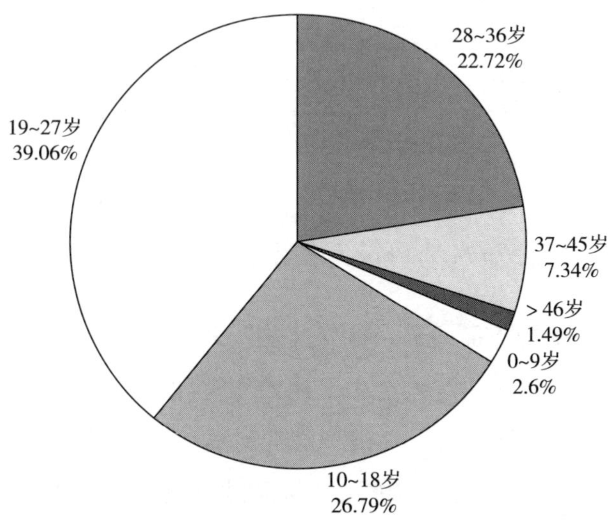

图 7　2015 年腾讯公益各年龄段捐款人数占比

益以及中国三星等基金会和企业捐助，而线上筹款主要是用于项目下的子项目的开展。

（四）互联网劝募平台对资金公示监管力度不严

网络劝募平台是指公益项目自主发布平台，包括发起、捐助、互动、监督等功能。具有低门槛、多样性、依靠大众力量、注重创意等特征，是一种面向群众集资，以支持发起的个人或组织的行为。但正是由于低门槛、大众化，导致资金公示方面监管难度加大。最近，微信朋友圈掀起了一股“救救我”的筹款风潮，内容无一例外附带一个筹款链接，里面包含求助人基本信息、收款方信息、目标金额、已筹金额、已捐人次。以轻松筹平台为例，只需要发布筹款项目、提交资料、平台审核、筹款结束后提现即可，对项目真实性和资金使用缺乏明确的审核流程，这就增加了捐赠的风险，无法保证捐赠人的利益。

（五）互联网公益的发展缺乏健全的法律法规

互联网捐款是近年新兴起的一种捐款形式。与传统捐款相比，具有形

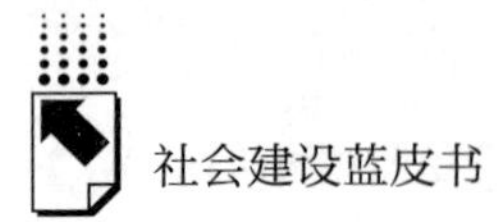

式多样、效率高、成本较低等优势。然而互联网是一把双刃剑，因为其虚拟性、匿名性使得网络空间极易被不法分子利用。而《慈善法》尚未明确对互联网募捐和募捐平台做出明确规定，这也是出现诈捐、骗捐的原因之一。

（六）互联网公益对消费行为和企业产品的依赖程度高

随着互联网公益瞄准“人人参与公益”的特征后，越来越多的公益产品被放置在公众生活化的场景之中。比如淘宝网的“公益宝贝”计划，将公益植入网友消费的行为中，在消费的同时做公益；又如支付宝“蚂蚁森林”，通过日常开支和活动产生能量，从而做公益。对公众而言，这无疑将做公益的门槛变低。但对公益本身而言，公益逐渐融入市场，缺乏一定的独立性。大部分的公益产品更依赖于人们的消费行为，投其所好，往往忽略了对公益价值观的探求和传递。

五　几点建议

（一）提升公益机构的信息管理能力

近年来，北京网信办、首都互联网协会弘扬公益理念、携手打造具有影响力的公益品牌，促进了互联网公益的发展、用户的增多。与此同时，互联网公益平台创建了捐赠者大数据库。公益机构要善于管理捐赠人信息，协助与捐赠者建立联系。益微青年利用灵析平台，处理捐赠人的大数据，每月将EV月报和资金公示以定制化邮件的方式发送给月捐伙伴，并且通过该平台与工作伙伴进行项目交流。公益机构可以利用计算机技术来深入分析捐赠市场的大数据，全面探索社会关注的问题和公益资源的走向，从而了解整个捐赠市场的需求和供应，制定机构的发展战略，促进首都乃至全国公益机构数据安全共享、资源联动。互联网平台链接了千千万万个个人和组织，当有新的社会问题产生和灾难发生时，组织可以随时通过网络动员、链接志愿者，而不依赖于政府，从而提升解决问题的能力。

（二）完善相关法律法规，构建健康透明的募捐环境

《慈善法》的出台弥补了互联网公益法律法规方面的不足，但是随着互联网的快速发展和互联网本身不确定性的特征，使得法律法规在规范互联网公益方面稍显不足。因此，北京市政府应进一步出台相应的法律法规，对互联网公益的活动开展进行规范。一方面对于互联网公益平台的准入进行规范，对于公益机构注册、申请互联网筹款等项目依法严控，确保在根源保证健康的募捐环境；另一方面，对于个人发起募捐要出台多重审核、监督的法规。另外，法律法规的制定不仅要宏观把控，还要具有一定的可操作性，真正做到有法可依、让法律发挥作用。

（三）促进传统与网络募捐形式的融合，树立品牌意识

目前网络募捐主要是小额捐赠，而大额捐赠更依赖于具有品牌效应的项目和机构。由于线下募捐所具有的客观优势，网络募捐在目前仍然无法完全替代线下募捐。中国公益组织的募捐模式也需要“两条腿走路”，既利用网络募捐的优势，门槛低、传播快、影响大、互动强、效率高，以更快更高效的方式帮助到需要帮助的人，也要结合传统募捐的社交网络、安全以及与捐赠人之间的关系连接，从而吸引“大额捐”“多次捐”。而做到这点就需要公益机构树立品牌意识，将机构和项目做到成熟，通过特色项目吸引可持续捐赠的对象来支持机构的发展，通过互联网技术的传播扩大影响力。政府部门也应对新兴的公益机构加以政策扶持和鼓励，对大额捐赠在技术和法律方面提供安全保证。

（四）合理利用互联网的平台，打造功能多样的互联网平台

首先，公益组织要完善平台的功能，比如公益项目的分类、志愿者征

集、客户服务、捐赠信息公示等，通过官网、微信公众号、APP 等多渠道多途径推广，提升公众参与公益的便捷性。其次，根据互联网数据，为用户推送关注的公益项目，根据受众用户做出分类，有针对性地进行传播。再者，公益组织更应注重价值观的传播，通过互联网平台不断传播公益的价值和影响力，用生命影响生命，让互联网公益真正落在实处，深入社会、深入人们的生活，为首都公益建设做出贡献。

B.10 青年志愿服务的北京经验

曹仕涛*

摘　要： 北京青年志愿服务发展迅速，借助首都的区位优势，走在全国志愿服务的发展前列，当中有很多可以借鉴和探讨的地方。本文通过梳理北京青年志愿服务的发展历程，提炼出北京青年志愿服务的发展特点，总结出北京青年志愿服务的发展经验，并对未来北京青年志愿服务的发展提出了几点思考。以期对其他地区青年志愿服务发展给予借鉴，促进我国志愿服务事业健康发展。

关键词： 青年　志愿服务　北京经验

习近平同志在北京奥运会、残奥会誓师大会上曾深刻指出："中国青年志愿者事业是我们党领导的共青团在新的历史条件下创新工作领域、服务社会需求的一大创举。"北京的青年志愿服务有着较早的历史。志愿服务的传统与中国传统文化一脉相承[①]。作为有着3000余年的建城史和850余年的建都史的北京，有关志愿服务的理念及其发展上，应该走在同时期其他地域的前列。20世纪80年代初，北京市宣武区[②]大栅栏街道团组织开展学雷锋活动，可以看成北京青年志愿服务的最初形式，也被公认为我国现代意义志愿

* 曹仕涛，北京志愿服务发展研究会副秘书长，研究方向为志愿服务。

① 丁元竹等编《北京志愿服务发展报告（2014）》，国家行政学院出版社，2014。

② 宣武团区委："2010年7月，按照中央关于北京市行政区划调整的文件，撤销西城区、宣武区，成立新的西城区，原宣武团区委工作划入新西城团区委工作。"

服务的开端。随着北京奥运会等重大事件的推动，北京青年志愿服务凭借得天独厚的区位优势，逐渐形成了“北京特色”，为各地推进青年乃至各个领域志愿服务提供了重要借鉴。

一 北京青年志愿服务的发展历程

北京青年志愿服务发展主要经历了萌芽初创、大型事件推动、社会建设带动和制度化建设驱动四个阶段。

萌芽初创阶段是北京青年志愿服务发展的早期发展阶段，从20世纪80年代初到90年代末。这一时期，伴随着改革开放的春风，1981年，中央提出建设精神文明，在社会上掀起“五讲四美三热爱”之风，因“文化大革命”等原因而一度停顿下来的学雷锋活动逐步恢复。同年，我国政府与联合国志愿人员组织在北京签约，互派联合国志愿人员，并开始了长期的联合国志愿人员项目的合作[①]。这些人员在通过技术服务我国经济和社会发展的同时，也通过各种活动把志愿服务的理念带入中国、带进北京。1982年，北京市团委响应中央号召，提出“学雷锋树新风”的口号。次年的2月27日，临近3月5日学雷锋日，大栅栏街道团组织举行了学雷锋“综合包户”协议书签字仪式，标志着这一经常性的学雷锋志愿服务活动在全区乃至全市推广开来，也由此催生了传统意义的学雷锋活动向现代意义志愿服务的转型。1993年12月，北京市团委引领时代之风，在全国范围内率先成立了第一个省级志愿者协会——北京志愿者协会。北京志愿者协会的成立为志愿服务工作注入了新的活力，标志着北京志愿服务工作进入社会化运行阶段[②]。随后，北京志愿者协会组织青年志愿者开展了扶贫接力计划、社区关爱工程、大学生文化、科技、卫生“三下乡”和到公益机构去等志愿项目。这些活动极大地激发了青年志愿者的参与热情，增强了社会责任感，为青年志

① 丁元竹等编《北京志愿服务发展报告（2014）》，国家行政学院出版社，2014。

② 党秀云编著《志愿服务制度化——北京经验与反思》，国家行政学院出版社，2013。

愿者充当志愿服务主力奠定了基础[1]。

大型事件推动阶段是北京青年志愿服务发展的第二个阶段，从2001年北京申奥成功开始，经过2008年北京奥运会，到2009年北京市志愿者工作大会召开，这段时期被称为北京青年志愿服务发展的“奥运周期”。其间经历了第21届世界大学生运动会、北京奥运会、上海世博会、广州亚运会、国庆60周年群众运行等大型赛会和重大社会活动。北京团市委、北京志愿者协会抓住服务保障这些大型事件的契机，积极引导以青年志愿者为主的社会各界参与志愿服务，志愿者的微笑成为北京最好的名片。北京青年志愿服务工作由此得到各方高度重视，顺势形成了较为完善的组织架构和政策体系。组织架构方面，北京市团委志愿服务指导中心成立并经过两次扩编，于2010年更名为北京市志愿服务指导中心；北京志愿者协会改造提升为北京市志愿者联合会；北京志愿服务基金会于2009年12月成立，政府每年注资1000万元支持志愿服务工作。同时，着手筹备北京志愿服务发展研究会，并于2011年4月成立，有力推进了志愿服务理论研究和培训。至此，市级层面的“三会一中心”工作格局形成。政策法规方面，全市志愿服务工作“基本法”《北京市志愿服务促进条例》于2007年12月正式施行；志愿服务基本政策《关于进一步加强和改进志愿者工作的意见》于2009年2月通过；志愿者工作行为规范《北京市志愿者管理办法（试行）》于2010年10月颁布。至此，志愿服务“一条例、一意见、一办法”顺利实施，为全市志愿服务长足发展创造了有利条件。

社会建设带动阶段是北京青年志愿服务发展的第三个阶段，从2010年开始至党的十九大召开前。2008年9月25日，北京市社会建设大会隆重召开，青年志愿服务迅速踏上加强社会建设的起跑线。2011年6月29日至30日，中共北京市委十届九次全会审议通过的《关于加强和创新社会管理全面推进社会建设的意见》指出“完善志愿服务长效机制，健全社会协同机制，拓宽公众参与渠道，使社会创造活力竞相迸发”，“加强志愿者

① 党秀云编著《志愿服务制度化——北京经验与反思》，国家行政学院出版社，2013。

管理体系建设，充分发挥志愿者联合会‘枢纽型’社会组织作用，加快推进志愿服务常态化和规范化”。得益于“奥运周期”，北京青年志愿者发挥了重要而独特的作用。市志愿者联合会被认定为第二批市级“枢纽型”社会组织，青年志愿者成为社会建设的生力军和先锋队。北京市团委、市志愿者联合会①以“让志愿服务走进生活”为着力点，重点抓好“三大平台”建设。一是推动志愿者实名注册、计时和星级评定工作，建立完善了一个全市志愿服务资源统筹、信息对接平台——“志愿北京”信息平台。二是围绕公共空间、特殊人群，在社区青年汇等地开展志愿服务终端平台建设，推动志愿服务末梢“微循环”。三是巩固志愿服务理论研究平台。依托北京志愿服务发展研究会，翻译国外从社会学视角研究志愿服务的译著《志愿者》；国内相继出版了《中国志愿服务大辞典》《北京志愿服务发展报告（2014）》等课题成果，系统总结推广了社会建设背景下的青年志愿服务经验。

制度化建设驱动阶段是北京青年志愿服务发展的第四个阶段，从党的十九大胜利召开至今。党的十九大报告提出“中国特色社会主义进入了新时代”，这是我国发展新的历史方位，这一重大政治论断是一项关系全局的战略考量。要“把人民对美好生活的向往作为奋斗目标”，“推进诚信建设和志愿服务制度化，强化社会责任意识、规则意识、奉献意识”，这是对志愿服务发展的新要求、新期望。国务院《志愿服务条例》等一系列的政策文件出台，有力推动了青年志愿服务制度化发展。北京青年志愿服务经过30多年的迅猛发展，各领域、各系统、各单位志愿服务工作已经从扩面布点发展到提质增效上来，更加关注志愿服务事业内在价值。市政府法制办于2017年启动了实施十年的《北京市志愿服务促进条例》修订工作，探索新时代北京志愿服务工作的新战略。其中，根据《中共中央关于深化党和国家机构改革的决定》要求，包括北京青年志愿服务在内的志愿服务管理机制、运行制度等治理体系必将进行新一

① 2014年4月30日，北京市志愿者联合会更名为北京市志愿服务联合会。

轮改革，必将进一步明确具有时代特征、中国特色、首都特点的志愿服务工作模式，进而通过制度化建设增强志愿服务内生动力，推动青年志愿服务健康可持续发展。

二 北京青年志愿服务的发展特点

北京市在发展早期就不片面强调单独的青年志愿服务工作，而是将青年志愿服务工作作为全市志愿服务工作的重要组成部分来谋划、部署，逐步形成了党政推动、青年带动、社会联动的工作格局。

1. 青年志愿服务管理机制突出联合

在1993年成立全市首个市级志愿服务组织时，北京市团委就将名称界定为“北京志愿者协会”，其主要职能是负责规划、指导、组织、协调北京志愿服务行动。随后变更成立的北京市志愿者联合会（北京市志愿服务联合会）都承接了这一职能，《北京市志愿服务促进条例》更是将这一职能作为立法条文列出，也使北京成为首个赋予志愿服务组织行政管理职责的城市。2014年4月，为顺应中央体制，北京市志愿服务联合会成立，其接受首都文明办业务指导和市民政局的监督管理，业务主管单位为团市委，其他与志愿服务相关的市委社工委、首都综治办以及市总工会、市残联、市妇联等单位也通过副会长或理事席位参与全市志愿服务管理。在北京市志愿服务联合会第一次会员代表大会上，理事222席，其中，市属委办局74个，约占1/3，可见党政机关的覆盖之广，组织化程度之高。回顾北京青年志愿服务管理体制建立与发展过程，团市委从一开始就以“全市一盘棋”和“你中有我、我中有你”的积极定位来规划、设计、组织青年志愿服务，既发挥了青年志愿者群体的积极性，又通过广泛吸收其他群体来弥补青年志愿者自身发展短板。

2. 青年志愿服务项目运行突出示范

服务保障大型活动是青年志愿服务的重要内容。2008年北京奥运会推出的“6+1”项目体系，即赛会志愿者、城市志愿者、社会志愿者、“迎奥运”志愿服务、奥组委前期志愿者、奥运会志愿者工作成果转化等六个项目和“微笑北京”主题活动。该项目体系的持续推进为北京青年志愿服务项目化发展积累了宝贵经验。后奥运时代，在全面总结包括北京奥运会、国庆60周年等大型活动志愿服务基础上，北京市推出了《大型活动志愿服务管理规范》，以地方标准的形式为后续大型活动乃至其他志愿服务活动提供了参考。同时，提炼总结了调、设、宣，注、招、培，管、保、激，评、记、转等4个阶段12个字的项目运行流程，进一步规范了志愿服务项目管理。同时，北京市团委、市志愿服务联合会围绕党政要求和民生所需，本着需求出发、弱势优先的原则，推出了西部计划、博物馆行动、公园之友、春风行动、阳光助残、青春伴夕阳、白衣天使等19个志愿服务市级示范项目，通过资金支出、政策引导、宣传发动等方式，有效动员了广大青年志愿者持续、长久开展服务，发挥了青年志愿服务项目的示范引领作用。

3. 青年志愿服务队伍建设突出孕育

随着志愿精神和志愿理念的传播和普及，北京市民参与志愿服务的愿望越来越强。为强化市民对志愿者身份的认同，2010年北京开始试点实名注册，当时注册人数为64.4万，2011年到159.8万，2012年到170.2万，2013年到231.3万，2014年到247.7万，2015年到329.9万，2016年到371.6万，2017年到413.7万。到2017年，实名注册志愿者占常住人口的19.06%，其中，青年志愿者占比超过一半。吸引专业人员加入是提升志愿服务队伍整体水平切实有效的方式。目前，北京市采取“成熟一支、建设一支、保障一支”的方式，已建立了城市管理、文化教育、医疗卫生、普法宣传、环境保护、应急救援、助老助残等23类专业志愿服务队伍，涵盖了社会生活的方方面面。其中比较有代表性的有：北京市应急志愿者服务总队、首都医疗卫生志愿服务联合会、首都文艺志愿服务联盟。这些队伍在立足北京的同时，还把服务范围拓展到京外和境外。例如，应急总队先后参与了汶川地震、雅安地震、鲁甸地震和尼泊尔地震等重大灾害救援工作。针对专业队伍发展初期人员不稳定、经费短缺等问题，专门推出了志愿服务

“四师五员”培养计划、“小微”志愿服务项目支持计划，为专业青年志愿服务队伍长足发展补充动力。

4. 青年志愿服务保障激励突出促进

充足的资金支持为北京青年志愿服务发展提供了强大动力。据不完全统计，市级财政每年直接投入志愿服务资金在3000万元以上。在政府强大资金的支持下，为青年志愿者建立了网络统一的信息平台，为志愿者提供了商业保险，并开展了五星级志愿者认定等保障激励措施，促进了青年志愿服务更加系统化、规范化。“志愿北京信息平台”于2010年12月在京正式启动。该平台既是全市志愿者互动交流的平台，又是志愿者活动的支持平台，还是全面的志愿服务记录平台。2014年，“北京市实名注册志愿者团体人身意外伤害保险”正式生效以来，通过政府财政资金引导以及整合市场和社会资源，志愿者保障范围逐年拓展、保障力度逐年增强。至2017年，注册志愿者保险内容包括团体意外伤害险（身故、残疾）、附加意外伤害医疗险、附加意外伤害住院津贴险、附加意外伤害紧急救援险、猝死责任险、应急志愿服务第三者责任险等10项，其中，附加意外伤害医疗保险额度最高达200万元。为更好地激励公众参与志愿服务，市志愿服务联合会联合相关单位启动了五星级志愿者认定工作，出台优秀志愿者激励计划，推动更多公共机构、商业机构为志愿者提供各种各样的奖励、福利。同时将五星级志愿者数据与市经信委社会信用记录共享，今后将逐步把所有志愿者纳入公民信用记录，让志愿者在日常生活诸多方面受益。

5. 青年志愿服务交流合作突出国际

北京是我国的首都，特殊的政治地位使其国际化是应有之义。从2007年开始，北京市团委、北京志愿者协会就与联合国志愿人员组织建立了紧密合作关系，目前已经开展了三期合作项目。项目主要内容包括巩固志愿服务国际多边合作机制、提升志愿服务组织的国际交往能力、探索建立国际志愿服务项目、加强志愿服务理论研究和对外传播四个方面。2016年9月签署的第三期合作项目的主题是“通过南南合作与‘一带一路’倡议促进中国参与国际志愿服务发展”。依据第三期项目计划，“一带一路”志愿服务论坛暨第二届国际志愿者交流营在北京举行，来自38个国家和地区的126个志愿服务组织共计230余名代表参加。同时，“一带一路”国际志愿服务联盟宣布成立，联盟将为青年志愿者走出国门、参与国际志愿服务搭建平台。在项目落地方面，2018年选派中国内地首批联合国青年志愿者赴UNV相关机构开展6个月的志愿服务。与中国扶贫基金会联合选派10名“中国商务部援外志愿者”赴缅甸和尼泊尔从事12个月的志愿服务，探索出社会组织多方协作支持青年志愿者“走出去”的新机制。除此之外，以青年志愿服务工作为纽带，北京市与美国、英国、德国、巴西等50多个国家和地区的志愿服务组织建立了合作关系，定期通过合作举办论坛、互派访团等形式，促进不同领域不同层级的志愿服务交流。由此可见，北京发挥自身地域优势，加强与不同国家不同地区的国际志愿服务交流合作，使其自身能够及时学习、吸收国际志愿服务最新成果，同时因其作为国际交流的重要通道，对于其学习、了解国内志愿服务发展动态也有得天独厚的优势。

三 北京青年志愿服务的发展经验

经过30多年的发展，北京青年志愿服务已经粗具规模，取得了一系列丰硕成果，志愿服务被逐渐提升为首都发展的城市名片。回顾北京青年志愿服务发展历程，其定位与出发点值得肯定与深思。

1. 坚持以为求位、以位促为，赢得党政的鼎力支持

作为青年人热衷的一种高尚的社会行为和一项重要的社会公益事业，实践证明，志愿服务在服务大型活动、弥补社会保障、维护社会安全稳定、加强精神文明建设、促进公民社会参与等方面发挥了积极作用，成为党政做好上述工作可以依靠的重要力量。鉴于此，多年来，北京市委、市政府积极支持青年志愿服务工作，出台了《条例》《意见》《办法》等一系列志愿服务地方政策法规，在团市委成立了支持志愿服务工作的事业单位和社会团体，市领导担任市级志愿服务机构的负责人，还建立了志愿服务支持基金等。这

些举措为北京青年志愿服务蓬勃发展奠定了基础，也为青年志愿服务承担更大责任、做出更大贡献提供了支撑。

2. 坚持需求出发、基层导向，推动志愿进生活进社区

需求导向，弱势优先。这是国际通用的志愿领域基本原则。基层社区是志愿服务的最大需求阵地。北京青年志愿服务发端伊始，就与需求挂钩，就与基层贴近，把创造、满足基层服务对象的实际需求作为青年志愿服务工作的出发点。30 年间，“综合包户”志愿服务项目没有因为人员更替和实践推移而减弱，而是持续不断地坚持，形式内容不断丰富，核心价值不断传承，整个项目得到了壮大、发展和社会的广泛认可。①此外，在志愿服务市级示范项目中，阳光助残项目以服务残疾人需求为主，青春伴夕阳项目以服务老年人需求为主，白衣天使项目以服务病患者为主，这些项目的共同特点就是与基层老百姓的民生和日常生活息息相关，接地气故而能持久开展。

3. 坚持育人为本、形式创新，延展志愿人生命周期

青年的价值取向决定了未来整个社会的价值取向，青年又处在价值观形成和确立的时期，抓好这一时期的价值观养成十分重要。志愿服务倡导服务他人、奉献社会，是培育和践行社会主义核心价值观的有效载体。北京青年志愿服务工作把培养青年作为首位，让广大青年在参与志愿服务过程中，既增强了青年的自身本领，也磨炼了青年的品德意志，帮助其形成正确的人生观、世界观、价值观。同时，由于青年志愿者群体天然的创新性，更加促发了志愿服务动员形式的创新。比如，近年来，北京市开展以“家庭”为单元的志愿服务，让中小学生成为“志愿家庭”的小户主，与家长以及相识的大朋友一起参与志愿服务活动，既丰富了家庭教育内涵，又打破了志愿服务年龄的限制，吸引了不同年龄群体的市民选择志愿服务、参与志愿服务。

① 《泉源——大栅栏街道“综合包户”志愿服务 30 年》，人民出版社，2015。

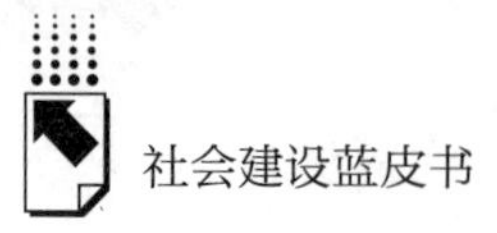

四　面向未来的北京青年志愿服务发展思考

北京，作为迈向中华民族伟大复兴的大国首都，面对着“建设一个什么样的首都，怎样建设首都”这一重大课题。实践已经证明，青年志愿服务在强化“四个中心”功能建设和提升首都“四个服务”水平方面具有重要而独特的优势。站在新的起点，服务首都新的伟大时代，如何更好地引领庞大的青年志愿者大军，如何保持北京青年志愿服务迅猛发展的态势，应该把握好如下几点。

1. 新时代的北京为青年志愿服务发展创造了新机遇

中央对北京城市发展提出了新的任务和要求，“大城市病”等现实问题依然困扰北京发展。青年志愿者以及青年志愿服务组织是首都城市建设的重要力量，是政府治理的重要补充。在自身发展上，要主动顺应首都城市发展新要求，主动承接政府转移给社会组织的公共服务职能。在管理运行上，要主动凝聚更多青年力量和社会资金，在党政要求、民心所盼上，加强项目设计和长远规划，不断改革创新，以新的作为赢得新的地位，更好地推进新时代的北京各项事业发展。

2. 青年的新变化为青年志愿服务发展提出了新要求

青年是青年志愿服务的主体，也是客体。当代青年伴随着改革开放而成长起来，利益诉求更加多元、群体结构更加分化、网络聚集更多频繁。这些新变化与传统意义上开展志愿服务所面临的对象已有所不同，传统的动员方式已经遇到严重挑战。北京青年志愿服务工作要更加主动地走进青年，通过新媒体手段的互联网技术的运用，升级改造志愿服务内容，增强志愿服务的内在吸引力，使志愿精神成为青年追求的精神时尚。

3. 志愿的新动态为青年志愿服务发展打开了新篇章

不可否认，志愿服务已经进入新的发展阶段。上至中央下至地方，随着国务院《志愿服务条例》出台和党政机构改革，志愿服务的工作格局出现新的动向，首都各相关部门推动志愿服务的力度越来越强，新的管理机制需要重新进行磨合。青年志愿服务要发挥先发优势，争取党政更大的支持，充分激发各相关部门和自身的两个积极性，对外服务对接，对内改革创新，在青年能为、青年应为、青年善为上抓住机遇，创出品牌。

B.11

协商共治视角下的社区治理分析

——基于左安浦园社区“公益认领模式”的分析*

韩秀记　杜　鹏**

摘　要：　本文选取东城区左安浦园社区进行个案研究，详细阐述了该社区“公益认领”社区治理模式的具体内容。研究发现，社区形成了一套能够广泛动员社区多元主体积极、有序参与社区治理的模式——“公益认领”模式。该模式动员了社区的内生力量，提高了社区多元主体的服务意识和自治能力，整合了社区资源，实现了“减负增效”的治理目标，营造了共建、共享、共治的社区氛围。

关键词：　社区治理　协商共治　公益认领

社区治理是一项系统性、基础性、微观性的工程，以往学者从不同角度阐释社区治理的内涵。有学者从社区治理的主体出发，认为新时代背景下的社区治理主张形成地方政府、市场组织、社会组织及社区居民共同参与的局面，治理过程中注重搭建多主体共同参与的社区治理平台，提高社区主体参与社区治理的积极性和参与能力，社区治理是社区多元主体通过交流互动的

* 本研究的调研受到了北京市教委项目“基层社区协商共治关系研究”的资助。

** 韩秀记，社会学博士，北京工业大学社会工作系副教授，研究方向为社区治理；杜鹏，北京工业大学社会工作系学生，研究方向为社区协商治理。

方式共同参与社区公共事务的管理，为社区提供公共产品，增强社区自治能力，实现社区可持续发展的过程。

近年来，强调多主体参与的社区协商共治悄然兴起，发展迅速，日益成为当下社区建设和社区治理的重要方式。建立在国家－市场－社会三元分析框架下的社会治理理论成为分析社区基本治理结构的直接来源。社区善治的核心要素有小政府、合作治理、善治和自组织网络，具体包括自下而上的公民参与、公民社会是治理的基础、自组织的多中心治理、社会合作网络体系的构建、社会资本是治理的手段和目的，这些内容正好对应了社区治理的本质特点。因此，本研究选取北京市东城区左安浦园社区，对其开展的“公益认领”项目及其模式进行个案研究，以期增强对社区协商共治的认识。

一　左安浦园社区基本情况介绍

左安浦园社区是东城区龙潭街道11个社区之一，成立于2002年，属于危改回迁小区，辖区面积0.42平方千米。交通方面，乘车线路有12路、750路、802路等公交路线经过，社区距离地铁口1.5千米，交通较为便捷。人口方面，左安浦园社区人口密度大，人员居住情况复杂，管辖3003户7606人，社区内60周岁以上老人有1759人，儿童920名，残疾人308人，少数民族331人，外籍5人，流动人口920人，退休513人。社区内有成套楼房13栋，平房院5所，既有老的居民楼，又有新建的回迁楼和商品楼，属于典型的“新旧”交叉社区。辖区内共有单位59家，市、区属驻区单位10家。当前社区领导班子构成状况为：社区党委7人，居委会9人，服务站网格8人，共17人交叉任职，退休返聘人员4人，平均年龄35岁，已经有7人取得助理社会工作师证书，4人取得社会工作师证。当前社区内共有居民代表95人，居民小组长51人。

左安浦园社区在治理进程中已经取得了丰硕的治理成果：在治理主体方面，社区实现了社区治理主体的进一步多元化和优质化，具备了一支专业能力强、治理经验足的社区自治队伍；在治理能力方面，社区在开展社区治理工作过程中提高了各个自治主体的参与能力与治理能力，同时还实现了社区的“减负增效”目标，社区资源不断被挖掘并加以利用。社区在社区志愿者队伍建设方面成果尤为突出，社区现有志愿者人数为1200余人，占比为15.41%，社区每年开展各类活动百余场，社区居民参与社区活动的积极性和主动性不断提高。社区内现有13个社区自组织（合唱队、舞蹈队、编织队、太极队、京剧队、治安巡逻队、摄影班、书画班、绿色生活服务队、夕阳天使志愿服务队、580心理疏导队、模特队、爱大联盟），其中10支队伍的成立时间在6年以上，按照组织属性分为三类（自娱自乐型、自助互助型、助人公益型），通过社区治理工作的持续推进和不断优化，三类社区自组织在占比上发生巨大转变，自娱自乐型由原来的占比最高（61%）转变为0，助人公益型由原来的24%转变为85%，自助互助型占比保持不变。组织属性的优化和转变是社区实现以兴趣爱好引导社区成员积极参与社区活动、提供社区服务、满足社区需求、解决社区问题等发展目标和治理任务的展现，是社区项目化管理手段取得治理成效的体现，也是社区走向共建、共享、共治的奠基石。

二　社区“公益认领”模式的基本内容

“公益认领”模式本质上是一种对社区治理体制的改革和探索，是左安浦园社区以社区居委会和服务站为出发点的进行社区治理工作的改革和创新。该模式有三大指导思想，分别兼顾了“公益认领”模式运行的三个侧重点：第一个侧重点为推动社区多元主体参与意识和参与观念的转变；第二个侧重点为提升社区多元主体的参与感和社区“主人翁”意识；第三个侧重点为推动社区“共建、共享、共治”意识的形成。

（一）公益认领模式的指导思想

1. 参与式协商

社区以“广泛的参与”和“协商共治”为核心，以居民议事厅为载体，以参与式协商为方法，在社区内开展居民参与社区事务的建设，推行表、议、决、选、做、评“六字工作法”和社区的多种信息交流平台，积极推动居民共治（见图 1）。左安浦园社区建立 QQ 群、微博、微信、APP 等新型议事平台，当前已有 1490 人次关注。信息渠道的建立让居民足不出户就能更加便利地进行政策咨询，获取社区信息，参与社区活动、反应各类诉求等问题。社区还通过 QQ 群和楼门组长反映，及时了解到学校周转扰民问题及居民诉求，在进行正面回应与引导的同时，也能保证问题的解决。

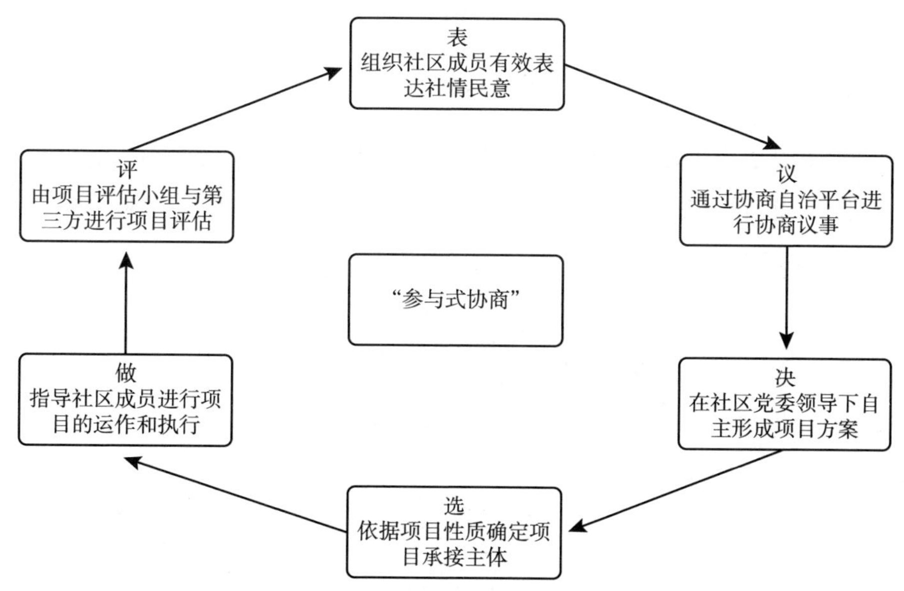

图 1　左安浦园社区“参与式协商”流程

2. 创益大赛

创益大赛是社区居民就辖区内关注的问题，通过个人或者团队提出解决该问题的办法，并参与实施，以达到预期目标的一个解决辖区问题的方式，也是一个收集社区治理“金点子”的有效方式。创益大赛强化了居民对社区的认识，增进了居民对社区的了解，打开了居民参与社区服务活动的思路，让居民有了体验社区治理的机会和途径。参与到创益大赛中的居民有了社区人力、物力、财力的支持，解决了居民的实际问题，得到了居民的认可，也吸引了更多的居民参与社区事务。从简单的“参加”，转变为“我计划”“我实施”的“参与”。

3. 公益认领

左安浦园社区当前处于社区居委会、社会工作者、社区居民和社区团队共同治理阶段，社区以文艺团队转型为抓手，以“公益认领”的方式培育服务型社区社会组织。让居民主动参与到社区治理中来，逐步培养社区居民的公益意识和服务意识，为社区治理营造奉献服务精神，树立公益理念，促使社区治理工作向“共建、共享、共治”方向发展。

（二）“公益认领”模式的目标

“公益认领”模式作为一种居民自治建设的新尝试，目标在于打造以社区为平台、以社会组织和社区自组织为载体、以社会工作者专业人才为支撑、以社区志愿者队伍为补充力量的“四社联动”新格局（见图2）。

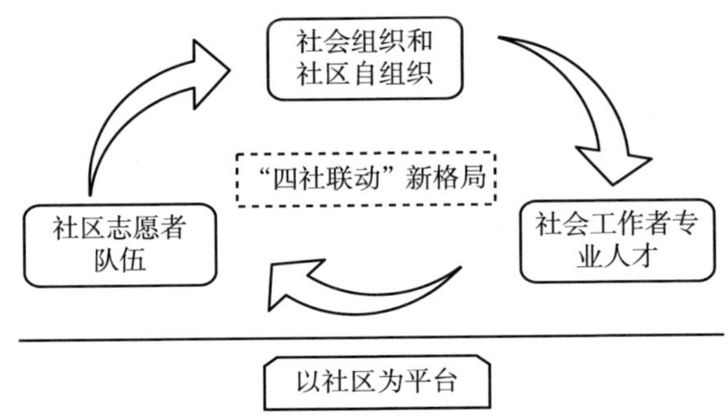

图2　左安浦园社区“公益认领”社区治理模式治理目标

同时，左安浦园社区的社区党委、社区居委会和社区服务站作为公益认领模式的提出者和践行者，还有以下七点长远的考虑。

第一步，推销“自己”，即动员辖区居民认识居委会和服务站；

第二步，建立机制，即建立居民需求评估及处理机制；

第三步，服务活动化，即以活动为主要形式开展社区服务；

第四步，活动项目化，即相同类的活动以项目运作与管理的思路来设计实施；

第五步，项目组织化，即通过项目化运作方式培育社区社会组织；

第六步，组织公益化，即引导社区社会组织从常规的自我服务组织向公益组织转型；

第七步，公益社会化，即社区社会组织的公益服务立足社区但又走向社会。

截至 2013 年，左安浦园社区顺利完成前四步，截至 2017 年 12 月，左安浦园社区成功实现了从第四步到第六步的跨越，并开始探索和规划第七步的发展。2018 年将是社区对于第七步的全面尝试和实践，社区已经开始积极着手为服务走出社区、走向社会做准备工作。

（三）“公益认领”模式的设计

基于相关顶层制度①设计的要求和社区居民自下而上的需求以及社区问题的解决，左安浦园社区为了更加深入地探索社区居民参与社区建设的路径和模式，社区居委会和服务站探索出了一条以满足居民需求和解决社区治理难题为目标，以参与式协商为主要方法，引导社区居民有序、有效参与社区建设的新模式，即“公益认领”模式。

“公益认领”模式就是社区党委、居委会或服务站基于社区及其居民的实际问题和需求，使用社区公益资金或社区服务相关费用，将社区问题或需求转化为若干基本服务内容（活动或项目），在辖区范围内面向社会组织、社区社会组织、社区单位和社区居民开放认领申请，并采取项目化方式进行运作管理的一种广泛动员社区力量参与公共事务的社区自治模式。

“公益认领”模式旨在逐步推动居民从简单的“参加”，转变为“我计划”“我实施”的“参与”，并进一步迈向有序自治。居民通过“参与”，

① 2015 年 7 月，民政部和中组部联合发布的《关于进一步开展社区减负工作的通知》，2016 年 3 月，北京市民政局和北京市委组织部联合印发《关于进一步开展社区减负工作的意见》，北京市委、市政府办公厅印发《关于深化街道、社区管理体制改革的意见》。

在寻找共识的过程中，学会尊重、退让、妥协，在采取“共同行动”中学会责任、友爱和互助。居民参与平台的搭建，不仅默默地改变着邻里关系，而且强化了居民对社区的认识和了解，打开了社区建设的发展思路。社区居委会主动鼓励、支持和引导一部分居民个体和社区自组织领袖参与其中，这不仅促进了社区社会组织的发展，还丰富了社区服务内容，而且逐步形成了居民有序参与社区建设的内生力量。

（四）“公益认领”模式的运作流程

左安浦园社区“公益认领”模式的运作流程从成立项目管理小组到项目总结与汇报共计 5 个阶段，详见图 3。

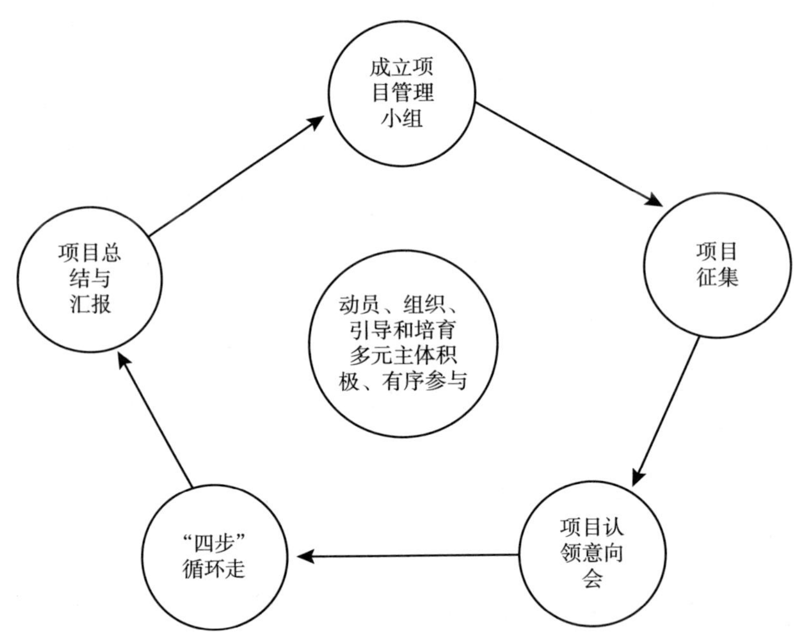

图 3　左安浦园社区“公益认领”社区治理模式运作流程

在成立项目管理小组阶段，项目管理小组主要由社区居委会和服务站主要成员组成 5 人项目管理小组。其中设置总负责人 1 名，负责对项目的全局把控；策划督导专员 2 名，负责项目的策划、跟进；综合事务 1 名，负责项目宣传、外联、筹备道具等相关事宜；财务专员1名，主要负责项目财务相关事宜。

在项目征集阶段，社区通过召开居民代表座谈会、居民组长会、驻街单位座谈会等，让社区的不同利益代表表达各自的社区需求并分享自己的社区资源。在平时日常工作中，社区注重广泛收集、听取居民提出的“金点子”，策划人员对收集到的社区需求进行分类汇总，将需求转化为项目方向，为认领做准备。

在项目认领意向会阶段，社区会召开“项目认领意向会”，面向社区进行项目整体需求公示，并联系社区骨干、居民自组织负责人，召开项目发布会，提出项目方向和执行要求，参与认领的社区单位、居民组织或个人需要表达自己的认领意向，并签订意向书，项目认领完毕后，在社区宣传栏进行公示。

在“四步”循环走阶段，社区主要聚焦于“培训、答疑、督导和执行”这四个步骤来保证社区项目的高效运行。其一，从思想认识层面培养团队成员和居民骨干的社区服务意识和公共精神，与社会组织或高校合作，邀请专业人士为社区骨干、团队进行项目培训，包括项目书的撰写和策划、实施方案优化指导以及具体执行指导、沟通技巧等专题培训。其二，基于培训采取集中式和分散式相结合的方式解答相关疑惑和问题，给大家以具体支持和鼓励。其三，督导专员对项目执行进行跟进和督导，这包括服务意识和服务方式两方面的督导，当然对不同团队的引导方法和方向都有所区别，并评估项目进度以及监督是否达到各阶段目标。同时也需协助团队解决活动场地、资料收集及社区宣传等问题。

在项目总结与汇报阶段，社区项目评估小组以及项目策划、督导人员会对参与活动的居民进行满意度调查或者电话回访，同时审核公益认领的团队的项目总结材料以及项目负责人、项目团队成员的个人总结材料，还会在材料审核的基础上继续召开项目汇报总结会，公益认领的团队和个人对承接的项目进行分享汇报，项目小组及外聘专家对项目进行评估并就项目的发展方向做出指导并提出建议。

三　社区“公益认领”模式的效果及挑战

作为协商共治的一种表现形式，左安浦园社区的“公益认领模式”强调多主体的参与，尤其是居民群体的参与，极大地改善了社区治理效果，整合了社区资源，促进了社区发展。不过，在发展过程中，也面临一些问题。

（一）该模式的效果

1. 动员内生力量，壮大治理队伍

“公益认领”模式下社区居民、自组织以及驻区单位等多元主体被有效地动员、引导和组织。具体而言，“公益认领”模式提升了居民及其自组织参与社区事务的意识和能力。居民骨干在带领志愿者做服务的过程中激发出了自身的领导力和责任感，通过集体活动增加了团队凝聚力也增进了社区居民的邻里互动，使得社区更加具有人情味。居民自组织积极参与到公益认领之中，并以此带动了更多社区居民参与到公益活动中来，公益文化渐渐得以形成，截至2017年，左安浦园社区志愿者队伍建设实现了飞跃式发展，已经由2013年的300余人增加至1200余人，占比为15.41%。

2. 提升服务意识，增强服务能力

“公益认领”模式在创造社区发展内生力量的同时，还提升了社区共治主体的服务意识和服务能力。“参与式协商”的方法使得社区多元主体的参与意识和参与积极性被充分地调动；“创益大赛”使得社区多元主体有了较多参与社区治理的机会，并且在实际参与过程中得到了较好的锻炼，提升了多元主体的服务能力；“公益认领”的参与方式为社区营造了积极参与的氛围并能够不断培育新的社区治理主体。

3. 整合社区资源，优化使用方式

“公益认领”模式在激活和利用社区资源方面能够发挥积极作用，不仅充分地挖掘了社区治理“能人”、社区党员、社区志愿者以及社区场地等诸多内部资源，还极大地吸引了基金会、商会、专业社会组织等外部资源的流入，社区内的各项资源逐一在项目化运作过程中被挖掘和利用，使用方式和途径也随着项目的运作被多元化。最具代表性的案例就是社区公益金的使用，“公益认领”模式为社区公益金的有效使用提供了新思路和新方法，使得社区公益金能够在项目化运作过程中真正地落在社区难题和社区实际需求上。

4. 实现减负增效，推动创新治理

“公益认领”模式有效实现了“减负增效”的社区治理目标。左安浦园社区每年的常规活动和项目共计36项左右，公益认领解决了60%的常规性社区活动，减少了社区工作者的工作负担和工作量，社区居民的服务意愿更加强烈，服务的主动性进一步增强，服务效果也普遍得到了社区居民的认可和称赞。

5. 实现共建共享，营造共治氛围

“公益认领”模式解决了居民的实际问题，居民从简单的“参加”，转变为“我计划”“我实施”的“社区参与”。居民通过“社区参与”，在寻找共识的过程中，学会尊重、退让、妥协，在采取“共同行动”中学会责任、友爱和互助。建立了和谐的邻里关系，强化了居民对社区的认识，增进了居民对社区的了解，打开了参与社区服务活动的思路。“公益认领”模式的运行，帮助社区构建了良好的社区共治氛围，推动了社区共治意识的形成和发展，加深了社区内多元主体的“共建、共享、共治”意识。

（二）该模式面临的挑战

1. 多元主体积极、有序参与社区共治需进一步提高

通过访谈得知，在社区居民层面，左安浦园社区当前因时间冲突、工作压力、个人喜好和个人需求不能满足等原因不参与社区活动的居民占社区总人数的60%左右，并且参与活动的社区居民中也以退休后的老年人和中小学生为主，虽然近年来年轻人参与社区活动的人数在缓慢增加，但是数量依旧较少。在社区自组织层面，当前社区诸多自组织已经成立5～7年不等，

它们已经基本形成了相对成熟的运行体系和管理机制，团队领导人具有较高的威信，团队成员也具有较高的参与积极性，在社区范围内也具有较高的声誉度，但是如何在现有发展基础上实现由自娱自乐型社区自组织向服务型社区自组织的转变是社区自组织面临的重要问题。在社区驻区单位层面，当前能够积极参与社区治理并发挥重要作用的驻区单位数量依旧较少，虽然社区内驻区单位参与了较多的社区治理活动，但多数情况下仍旧以参与者的身份出现，未能以主导者的身份参与社区治理活动。此外，当前社区需求的收集过程存在个性化明显、普遍性不足的问题，多数需求的提供者仅仅以满足自身需求为出发点，未能从社区治理与服务的层面进行考虑，因此，如何组织、引导社区多元主体从社区治理和社区服务方向提出与自身需求契合度较高的要求也是社区当前需要解决的重要问题。

2. 模式有待完善，缺乏政策性支持

基于当前社区的治理状况，虽然“公益认领”模式在经历了较长时间的沉淀和发展后已经粗具规模，具备了清晰的发展思路和全面的发展格局，但是随着社会经济的发展、社区实际状况的改变以及社区需求的复杂化和多元化，当前左安浦园社区“公益认领”社区治理模式基本由社区层面独自运行和管理，模式的完整度和政策的支持力度还有待进一步提升。在模式完善方面，左安浦园社区当前缺少对社区工作者、社区居民骨干、社区自组织以及社区志愿者等多元主体的成长、鼓励和关爱平台。在政策支持方面，左安浦园社区“公益认领”模式当前所能享受到的政策较少，模式的运营和整合主要依靠社区自己去完成，政府对于模式发展和完善的关注度相对较少，社区在不断推动“公益认领”模式创新和发展的过程中还要投放很多精力于社区建设、社区组织以及各类评比活动中，因此社区在推动社区治理、完善“公益认领”模式过程中有时略显精力不足，陷入发展思路受阻等问题，此外，社区在资金使用等方面也缺少相关的政策引导和支持。

3. 模式的创新及规范化运作需进一步提升

当前左安浦园社区在“公益认领”模式运作过程中面临模式的创新度及规范化运作不足的状况。就模式的创新而言，随着社区治理工作的快速推进，社区治理成效显著，虽然“公益认领”模式在当前阶段依旧能够为社区治理工作的推进提供持续的动力，但是也逐渐由于模式下项目运作的重复性而导致参与积极性不足等问题，因此，社区在模式的创新方面需要继续依据社区治理现状做出进一步创新，不断应对社区发展新状况。在模式的规范化运作方面，当前社区“公益认领”模式之所以能够在社区治理工作中保持稳定的运作状态，很大原因在于原班人马的参与运营和维护，就实质而言，社区“公益认领”模式有待进一步将运作方法和运作历程标准化、专业化，保证社区治理模式在社区共治主体更替过程中不会出现模式运营的困境。

四　简单结论

“公益认领”社区治理模式对社区治理工作的开展具有重要启发。在社区多元共治队伍建设方面，“公益认领”社区治理模式动员了社区内生力量，实现了社区多元共治队伍的壮大，同时还提升了各个社区共治主体的服务意识与公益精神，增强了共治主体的服务能力，协助其更好地参与社区共治活动；在社区资源的利用和挖掘方面，“公益认领”社区治理模式盘活了社区资源，实现了社区资源的整合，提高了社区资源的利用效率，丰富了社区资源的使用方式，优化了社区资源的利用方式；在社区规划方面，“公益认领”社区治理模式协助社区实现了“减负增效”，推动社区不断创新社区治理思路和社区治理方法，让社区在面对发展问题的过程中能够更加灵活地做出反应和决策；在社区共治氛围方面，“公益认领”社区治理模式营造了“共建、共享、共治”的社区发展氛围，推动了更多的社区居民参与到社区共治实践活动中。

B.12

社会组织参与北京城市副中心基层社会治理的调查与思考

李翕然*

摘　要： 北京城市副中心建设是千年大计的国家战略，是首都北京可持续发展的两翼之一，在基层社会治理方面面临诸多挑战，对基层社会治理提出了更高的要求。通州区需要把引导推动社会组织参与基层社会治理工作，并置身于事关副中心建设成败的大局中去考量和定位。多措并举，推动社会组织参与基层社会治理，将北京城市副中心建设成为善治之区。

关键词： 城市副中心　社会组织　基层社会治理

党的十八大以来，党和政府倡导用“治理”思维代替以往的“管控”思维，强调“多元主体”系统参与国家治理，而基层社会治理是国家治理的重要内容。社会组织是基层社会治理的重要力量，而基层社会治理迫切需要社会组织参与其中。北京城市副中心建设是千年大计的国家战略，是首都北京可持续发展的两翼之一，在基层社会治理方面面临诸多挑战，对基层社会治理提出了更高的要求，如何有效推进社会组织参与副中心基层社会治理，是通州区社会治理面临的重要课题。

---

* 李翕然，博士，副教授，北京工业大学文法学部社会工作系教师，研究方向为社区治理、社会组织发展。

一　通州区社会组织参与基层社会治理的现状

截至 2018 年 5 月，通州区共有社会组织 3009 家，其中登记注册社会组织 397 家，备案社区社会组织 2612 家。在登记注册社会组织中，专业社工服务机构、养老、助残心理服务等机构 89 家。通过认证的区级“枢纽型”社会组织 14 家，街道（乡镇）级的“枢纽型”社会组织 6 家。形成了区、街道（乡镇）、社区三级社会组织孵化培育体系，已经建成和在建的街道（乡镇）社会组织孵化基地达到 7 家，社区级孵化基地 2 家，在促进基层社会治理中发挥了积极作用。

（一）影响力在扩大，通州区市民普遍支持社会组织参与基层社会治理

1. 营造良好氛围，提升社会组织的影响力

近几年来，通州区民政局、社工委、各街道乡镇，通过多种形式的活动和品牌建设来宣传推广社会组织，引导社会组织参与基层社会治理。这极大地提高了社会组织在人民群众中的影响力。比如，2017 年，区民政局在万达广场组织了“志愿在创城，服务你我他——通州区社会组织助力创城活动”；社工委组织了“益汇通州，志愿同行——2017 通州社会组织公益同享汇活动”；玉桥街道连续 5 年组织“社区社会组织风采展”；北苑街道连续 3 年开展了“公益创投大赛”。调查显示，社会组织在市民中的知晓率非常高，只有 2.06% 的受访者没有听说过社会组织，或不知道什么叫社会组织，（见图 1）。如图 2 所示，受访者了解社会组织的途径包括参与相关活动（65.43%）、通过网络了解（60.08%）。

2. 发展土壤良好，市民支持社会组织参与基层社会治理

调查显示，通州区市民普遍支持社会组织参与基层社会治理，为社会组织参与基层社会治理提供了良好的土壤。

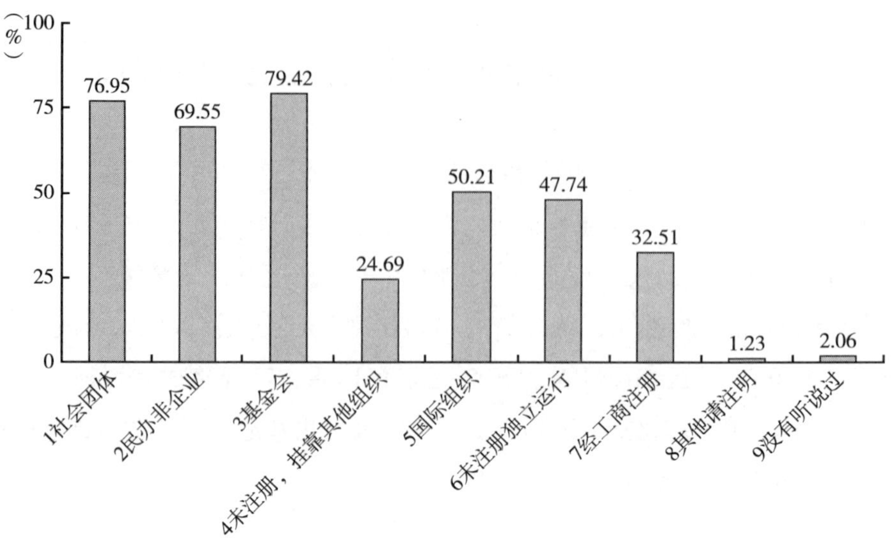

图 1　您听说过哪些社会组织

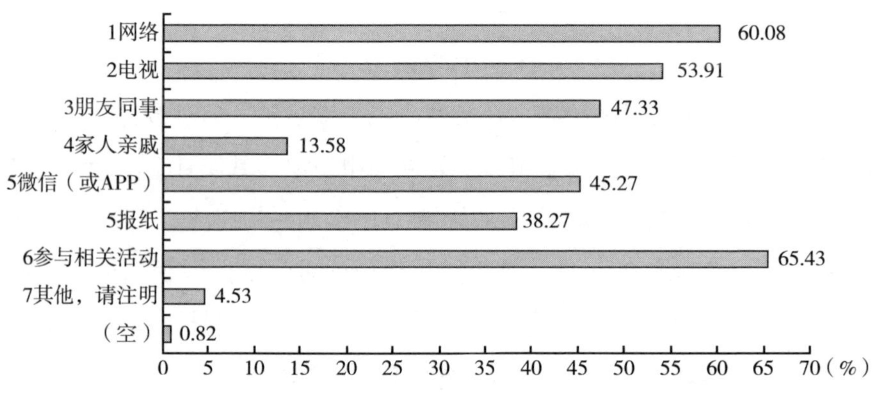

图 2　如果您知道社会组织，是通过何种途径了解的

（1）96.30%的受访者对社会组织参与基层社会治理的重要性持肯定态度，认为不太重要的占0.82%，很不重要的占2.88%。

（2）94.24%的受访者认为社会组织参与社会治理非常必要，认为没必要的仅占0.41%，基本没有必要的为1.65%，不关心的为3.7%。

（3）有71.6%的受访者关注社会组织参与基层社会治理，完全不关注的仅占0.82%。

（4）85.19%的受访者赞同政府通过购买服务让社会组织参与基层社会治理，不太赞同和完全不赞同的仅占3.7%。

（5）受访者认为，社会组织可以通过多种途径和方式参与到基层社会治理中。调查发现，可选择的第一类途径有：提供公益服务，提高居民幸福感，占70.94%；推进城市精神文明建设，创建文明城市，占62.82%；治理交通拥堵，养成文明出行习惯，占61.97%；开展社会动员，组织志愿服务，占61.54%；完善城市基本公共服务（教育/医疗/就业/住房），推进基本公共服务均等化，占60.26%；推进社区建设，参与基层社会治理，占58.97%。第二类途径有：化解社会矛盾，建设和谐公共关系，占56.41%；保障公共安全，预防化解社会风险，占51.28%；开展自然环境保护，进行生态城市建设，占48.29%；引导规范村（居）民行为，提升文明素养，占47.68%；整治市容市貌，维护公共场所的环境卫生，占44.02%；参与基层社会治理（管理）顶层设计（政策设计），提供决策咨询，占42.74%；参与诚信体系建设，提升社会信用，占41.88%（见图3）。

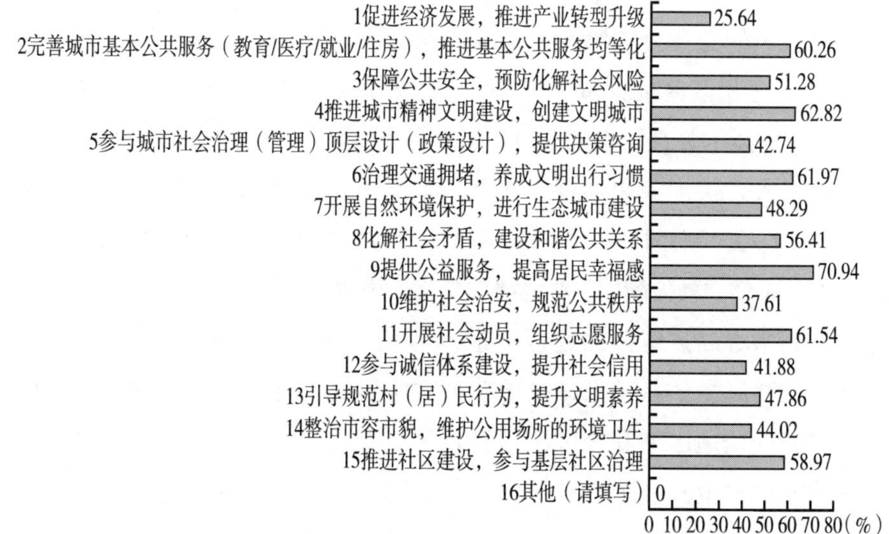

图3　您认为社会组织可以在哪些方面参与基层社会治理

（6）有 79.42% 的受访者看好社会组织发展前景，不太看好的仅有 3.29%。其中，0.41% 的受访者认为没有未来，2.88% 的认为前景模糊，16.46% 的认为说不清，51.44% 的认为前景良好，27.98% 的认为前景光明。

（二）打造服务品牌，创新社会组织参与基层社会治理

近几年，通州区不断创新社会组织参与基层社会治理形式，打造了一大批社会组织参与基层社会治理服务品牌。其中，最为突出的品牌项目有妇女儿童公益服务五元联盟项目、移风易俗“减俭简”项目、“等灯文化”项目、社区“三化治理”项目、社区级志愿服务孵化项目、社区社会组织培育“三五工作法”等。

1. 建立“五元联盟”，构建妇儿公益服务新体系

2015 年 11 月，北京工业大学社会工作系与通州区妇联联合，创新性地提出建设“互联网 + 五元联盟妇女儿童公益服务”的构想，即引入政府、社会组织、企业、学校、媒体等五方资源，五方联动，合作共建通州区妇女儿童公益服务体系。“五元联盟”成员单位定期为通州区内妇女儿童提供专业的、有组织的免费公益服务，目前通州区妇联已与 32 家企业、15 家社会组织、39 个通州区区委办局、90 余所学校和幼儿园、8 个主流媒体等建立“五方联动”合作关系。截至 2018 年 6 月初，在通州区妇联网站实名注册会员超 5 万人，仅“我来约课”板块，联合开展各类公益活动 92 次，参与人数近 5000 人，制作播出“与你同行”等各类音视频节目 60 余期。

2. 移风易俗“减俭简”，倡导精神文明新风尚

根据副中心高点定位的建设要求，为了在全区倡导文明、和谐、节俭、风清气正的移风易俗新风尚，推进精神文明建设，通州区以行政办公区 6 平方米为核心的周边区域和全区区域开展移风易俗工作。在工作开展过程中，探索采取专业力量和社工机构服务介入的方式，提高移风易俗效果。其中，北京工业大学社会工作系创新性提出并指导，由明峰社会工作事务所实施了移风易俗“减俭简”项目。该项目采用“小组工作”+“社区工作”的专

业方法，在古月佳园小区开展以移风易俗“减俭简”为主题的活动30余次，组建移风易俗志愿服务队和“红白理事会”等居民社区组织。鼓励社区居民“婚庆事宜简单办、丧事宜节俭办、其他喜庆事宜减量办”。目前，该项目已在通州区潞城镇推广，现已成立57家“红白理事会”，实现了全镇全覆盖。通过推广移风易俗活动，带动了社区居（村）民崇尚文明、节俭的良好风尚，全镇社会风气得到明显转变。

3. 助力交通文明志愿服务，打造“等灯文化”新模式

为治理“中国式过马路”的行为，通州区曙通社会工作事务所实施“等灯文化”服务项目，通过创编《等灯等灯》公益歌曲和手语操，志愿者跳《等灯等灯》舞、敲“文明快板”等多种形式，参与“红绿灯”文明出行引导活动，有效助力通州区创建全国文明城区，在治理“中国式过马路”方面成效显著，得到领导认可和广大市民的称赞。

4. 实施“三化治理”，探索社区减负新途径

近几年，全社会都在关注社区自治不足、行政化严重、居民服务不足的问题，但是，并没有真正有效推进解决。北苑街道通过购买社会自治服务，由盛德社会工作事务所，引入专职社工，在复兴南里社区开展“三化”治理试点，实现公共服务社会化、居民自治去行政化、公益服务专业化。此举切实减轻了居委会的行政负担，让居委会工作人员有更多的时间走近居民，社区居民获得了专业化服务。

5. 打造“双平台”，实施“三五”工作法

在北京工业大学社会工作系指导下，玉桥街道秉承“管理促规范，品牌促发展”的理念，以社区为舞台、以孵化基地为载体，以“双百工程”为抓手，创建了“双平台”——培育发展平台和信息管理平台，创新了由“五方”联动、“五化”同步、“5A”评级构成的“三五”工作法，构建了“多样化的居民需求得以满足、复杂化的社会矛盾得以缓解、组织化的居民参与得以实现、常态化的志愿服务得以开展”的社区治理格局。在这过程中，社区社会组织成为社区治理不可或缺的重要力量，涵盖了服务福利、治安民调、医疗计生、文体科教、环境物业和共建发展等众多领域，涌现了

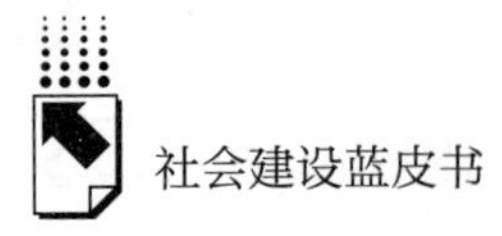

“五老带六小”“情暖晚阳”“十姐妹”等33家“运作规范、服务能力强、专业化水平高”的特色品牌组织，潜移默化地培育了居民的公益意识，联络了居民感情，满足了居民需求，他们的事迹先后被中央、市级、区级媒体报道，产生了较好的社会反响。

二　通州区社会组织参与基层社会治理存在的主要问题

（一）通州区社会组织发展处于初级阶段

纵向看，通州区社会组织发展取得了长足的进步，但横向来比，与国内深圳、广州、上海这些先进地区以及北京其他区县相比，无论是数量、结构还是质量均存在巨大差距。通州区社会组织发展处于初级阶段，发展严重滞后。

1. 数量严重不足，难以满足副中心基层社会治理的需要

在登记注册的社会组织中，万人常住人口社会组织数量，通州区只有全国和北京水平的一半，不到深圳的1/3，难以满足快速发展的城市副中心社会组织参与基层社会治理的需要。通州区注册登记社会组织397家，随着城市副中心的建设，未来通州区人口数量将达到200万人，按照《国家民政事业发展第十三个五年规划》要求的8人/万人社会组织的标准，通州区社会组织数量预计需达到1280个，显然，目前存在较大缺口。

表1　万人常住人口社会组织数量

单位：个

地区	万人常住人口社会组织个数	万人户籍人口社会组织个数
法国	110	110
日本	97	97
美国	63	63
中国香港	28	28
新加坡	13	13
巴西	12	12

续表

地区	万人常住人口社会组织个数	万人户籍人口社会组织个数
印度	11	11
中国	4.81	4.81
上海	5.53	9.32
北京	4.48	7.21
广州	4.85	7.66
深圳	8.88	28.48
通州	2.35	4.9

2. 结构极不合理，专业性社工机构屈指可数

通州区民办非企业组织以教育类、医疗类为主。其中，教育类组织占总数的 72%。缺少公共服务类与公益慈善类的社工专业机构，尤其是能够在社区为老百姓提供专业化服务的社工机构屈指可数。社会团体多集中在农业及农村发展类和工商服务类，而政府和社会急需的行业协会类社会组织总体数量偏少。

3. 质量亟待提高，社会组织的品牌影响力不足

近几年，通州区民政局在打造品牌服务项目方面卓有成效，但还没有在全国性有品牌影响力的专业社工机构，甚至连北京地区有影响力的社会组织也凤毛麟角。许多社会组织服务项目主要来源于政府购买，对政府部门、业务主管单位等形成路径依赖，导致了社会组织在参与社会治理的过程中缺乏一定的自主性、专业性、灵活性，使得社会组织的专业能力提升受阻，极大地影响了社会组织参与基层社会治理。

（二）主要领导对社会组织参与基层社会治理认识亟待提升

在中国语境下，领导尤其是党政一把手的认识，对推动社会组织发展有着举足轻重的影响，区委区政府主要领导、绝大多数街乡以及委办局一把手对社会组织参与基层社会治理重要作用的认识亟待提升。

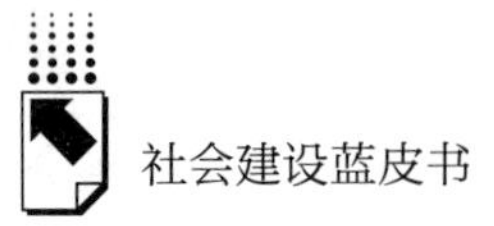

1. 许多部门和街乡领导的认识有待提高

尽管中央领导认为社会组织在推进社会治理中有着不可或缺的重要作用，积极推动社会组织参与社会治理，遗憾的是，通州区的现任和历任领导仍停留在“管控”思维阶段，没有树立“治理”思维，对社会组织在参与基层社会治理方面的作用认识不足。正如某街道一位社区书记所说，许多部门和街乡领导把社会组织当作广告公司在使用，尚没有真正将社会组织作为为居民提供专业化服务的机构。

街道/乡镇都没有把购买社会组织服务纳入财政预算或事权预算资金。2018 年，北苑街道将已经实施两年，且居民参与程度非常高、影响良好的公益创投资金由 60 万元减至 30 万元。

问卷调查结果也印证了领导对社会组织参与基层社会治理认识不足的问题。调查发现，关于通州区委、区政府在推进社会组织参与基层社会治理中存在哪些问题，排第一位的是政策与制度环境不健全，第二位的是经费保障有限，缺乏财政支持。第三是区委与区政府对社会组织的重要性认识不足、街道（乡镇）对社会组织的重要性认识不足。

表 2　通州区委政府在推进社会组织参与基层社会治理中存在的问题

单位：%

问题	百分比	问题	百分比
区委与政府对社会组织的重要性认识不足	49.8	街乡对社会组织重要性认识不足	45.3
政策与制度环境不健全	64.2	政府部门不愿放权、职能转移力度小	34.6
政府监督管理机制不完善	44.9	经费保障有限，缺乏财政支持	52.3
税收优惠政策少，且无法落实	26.3	没有为社会组织搭建参与的渠道	41.2
政府对社会组织限制过多	31.3	政府对社会组织管理随意性大	24.3
政府对社会组织不信任	21.8	其他	0.4

2. 社会组织发展还没有受到足够的重视

通州区区委区政府在对社会组织推动基层社会治理的重要作用认识不

足，还没有认真思考如何充分发挥社会组织的优势，推进副中心基层社会治理。还没有把社会组织发展真正纳入经济社会发展的总体布局，没有把社会组织培育发展工作纳入区委、区政府的议事日程。

3. 没有出台政策文件

通州区还没有从人、财、物等方面出台全面支持社会组织参与基层社会治理的政策性制度文件，没有在社会组织从业人员的劳动关系、职称评定、医疗保险、养老保险、税收减免、薪酬标准等方面出台配套的支持政策。

4. 没有实质推进政府职能转移

通州区政府职能转移改革相对滞后，尚未制定政府部门简政放权、转移职能的总体规划和分段实施计划。在如何向社会组织转移政府职能方面起步落后，没有制定相关向社会组织转移政府职能的行动规划。2016 年 9 月 7 日，区政府发布了《北京市通州区人民政府办公室关于成立通州区人民政府推进职能转变协调小组的通知》，该通知没有涉及向社会组织转移政府职能的内容，协调小组的组成部门没有纳入重要的部门，如作为社会组织登记管理部门的民政局。不过，最大的问题是没有采取实际行动予以落实，有一纸空文的嫌疑。

5. 没有将向社会组织购买服务纳入财政预算

中央政府、全国各地和北京市政府、北京市其他 15 个区县都已将向社会组织购买服务纳入了财政预算，设立了专项资金。然而，通州区民政局向社会组织购买服务的资金来源于农村社区建设长效基金。可以说，通州区是北京唯一没有将购买社会组织服务纳入财政预算，予以专项资金支持的区县。这在全国并不多见。

6. 向社会组织购买服务的资金捉襟见肘

与其他区县相比，通州区用于向社会组织购买服务的资金杯水车薪。从 2013 年开始，区民政局从 1800 万元农村长效基金拿出部分资金，用于向社会组织购买服务，从 2013 年至 2017 年累计购买社会服务 1224 万元，年均 244. 8 万元。不过，与北京其他区县相比，资金捉襟见肘。近年来，朝阳、西城、顺义等区达到年均 2000 万元以上，东城区年均 500 万元以上。

（三）党建基础工作薄弱，功能作用尚未得到发挥

1. 社会组织党建基础工作薄弱

社会组织党建工作基础薄弱，绝大部分社会组织还没有建立党组织，组织体系不够健全，队伍建设不够完善，社会组织党的组织和党的工作覆盖率低，覆盖率约为 73.9%，与社会领域党的组织和党的工作实现全覆盖，还有较大差距。

2. 功能没有得到充分发挥

由于区主要领导对社会组织参与基层社会治理缺乏认同和信任，社会组织自身能力比较薄弱，导致社会组织参与基层社会治理的功能尚未得到有效发挥。在社会组织服务领域分布上，教育、文化、娱乐等传统领域所占比重较大，而特殊困难老年人、残疾人、心理精神障碍人员、困境未成年人等特殊人群服务领域所占比例较低；在配合参与京津冀协同发展、疏解整治促提升、环境整治、困难群众救助等领域基本没有。

（四）社会组织自身能力有待提升

调查显示，关于社会组织自身存在的问题，第一是从业人员的专业素质和能力有待提高。第二是人员流动性大、专业人才短缺与激励机制不完善、资金短缺与造血能力有限。第三是自主性不强与对政府的依赖性很大、公信力不足。

（五）市民普遍对社会组织和参与基层社会治理不满意

1. 近六成的市民对通州区社会组织发展情况不满意

58.02% 的受访者不满意通州区社会组织总体发展情况。其中，认为发展得一般的占 46.91%，较差的占 8.23%，很差的占 2.88%；认为发展情况非常好的仅占 0.82%，很好的占 12.35%，认为发展较好的占 28.81%。相关问题如图 4 所示。

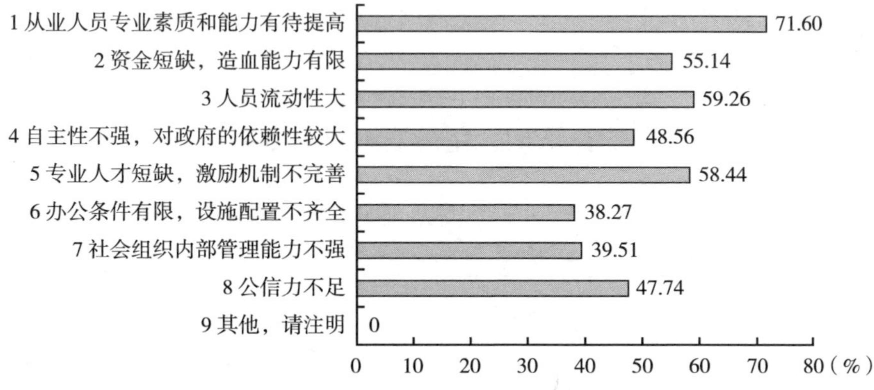

图 4　您认为社会组织自身的问题是什么

2. 社会组织在基层社会治理中还没有发挥其应该有的作用

（1）超半数的受访者认为社会组织在基层社会治理中作用发挥得不好。51.02%的受访者认为社会组织在参与基层社会治理方面的作用发挥得不好。其中，认为发挥了巨大作用的仅占11.93%，发挥了较大作用的占37.04%，作用一般的占32.92%。发挥作用很少的占14.81%，基本没有发挥作用的占3.29%。

（2）社会组织在通州区基层社会治理的表现不尽如人意。受访者认为社会组织在通州区基层社会治理中的表现达到及格水平，占比在44%左右。

（3）受访者对社会组织参与通州区基层社会治理工作的满意度不到40%，其中，一般满意占14.44%，比较满意占11.28%，不满意及非常不满意占72%左右，非常满意占2.35%。

三　提升社会组织参与北京城市副中心基层社会治理水平的建议

北京城市副中心建设进入关键时期，通州区城市治理将面临更加复杂的局面和前所未有的挑战，如何培育和扶持社会组织发展，充分发挥社会组织在参与基层社会治理中的优势，推进副中心基层社会治理迈向新高度，是一个需要引起区委区政府高度重视的课题。

（一）主要领导提高认识，完善组织架构体系

通州区区委区政府主要领导、委办局与街道乡镇“一把手”需要认真学习习近平中国特色社会主义思想，彻底摒弃“管控”思维，打破“行政主导”的惯性思维，树立“治理”思维，提高认识，把推进社会组织参与基层社会治理提高到事关副中心建设与发展大局的战略高度，充分认识其重要性和紧迫性，将其作为通州区的一项重要基础性工作来抓。

1. 提上重要议事日程

将社会组织参与基层社会治理纳入区委政府工作的重要议事日程，成立由区委副书记牵头，发改委、组织部、区政府办公室、民政局、社工委、人社局、编办、财政局等部门组成的社会组织参与基层社会治理工作领导小组，形成党政同责、部门协调一致，共同推进社会组织参与社会治理发展的工作格局。建立联席会议制度，定期研究通州区社会组织参与社会治理的相关议题，定期分析工作中存在的困难和问题。领导小组下设办公室，由通州区社会工委专职书记任办公室主任。

2. 改革通州区社会工委和社会办

①取消通州区社会办，保留社会工委，将现有社会办承担的社会组织、党建、社会工作队伍等具体事务划归到相应的民政局、组织部、人力社保局。②通州区社会工委由区委直接领导，区委副书记担任通州区社会工委主任。③设立专职书记，两位专职副书记。④调整通州区社会工委职能。主要定位为：对全区社会治理进行“统筹、协调、指挥、监督、考核”；开展通州区基层社会治理政策研究与制定。⑤建立专家库，聘请高校专家和优秀社会组织人才，开展副中心社会治理研究。

3. 强化考核监督

明确社会组织参与基层社会治理工作领导小组组成部门和一把手的职责，将其纳入年度考核。

4. 开展专题教育培训

将社会组织、基层社会治理、社会工作知识纳入通州区各级干部年度教育培训内容的必选项，开展专题教育培训，让通州区领导干部深入了解社会组织、基层社会治理和社会工作。

（二）加强顶层设计，强化政策支持

进一步完善推进社会组织参与基层社会治理的顶层设计，完善制度规范，出台并修订通州区促进社会组织参与基层社会治理的“1+5”系列文件。

1. 研究出台一个总文件

制定出台《通州区社会组织参与基层社会治理实施意见》，对社会组织参与基层社会治理的基本原则、主要任务、保障措施等做出系统部署。

2. 制修订5个支持性文件

在《通州区社会组织参与基层社会治理实施意见》的统领下，制修订5个支持性文件。①制定《通州区关于改革社会组织管理体制促进社会组织健康有序发展的实施意见》，指导全区社会组织健康有序发展，提升社会组织参与基层社会治理的能力。②修订《北京市通州区人民政府办公室关于政府向社会力量购买服务的实施意见》（通政办发〔2015〕1号），目前的这个文件非常宏观，不具备可操作性。③在民政局发布的《北京市通州区民政局关于向社会组织购买服务的实施办法（试行）》（通民政文〔2015〕33号）基础上，制定发布《通州区关于支持和规范社会组织承接政府购买服务的实施办法（试行）》。明确政府向社会组织购买服务的支持重点，将政府“把不擅长或做不好的公共服务和社会管理”交给社会组织，在同等条件下优先向社会组织购买。④出台《通州区关于加强社会组织人才队伍建设的实施意见》。将社会组织人才纳入通州区中长期人才计划，培育一支本土化、专业化、职业化的社会工作者队伍。在政协中设立社会组织界别，在两个代表中，设置一定比例的社会组织代表。鼓励社会组织引进符合副中心需要的社会组织人才。将社

会组织人才纳入继续教育的范畴和人才培养体系。建立社会工作者领军人才选拔培养制度，每年表彰一批社会工作优秀人才。⑤出台《通州区关于建立三级协商议事会实施意见》，以“民事、民议、民决”为导向，在全区建立三级协商议事会［楼门级、社区级、街道（乡镇）协商议事会］，推进社区民主协商机制。

（三）坚持党建引领，强化社会组织党建

坚持党建引领，创新社会组织党建，采取多种形式，从组织建设、发展党建社工、工作经费支持等方面，强化社会组织党建工作。

1. 建立组织联合党委与行业性党组织

由通州区民政局负责，建立通州区社会组织联合党委，主要负责没有主管单位的社会组织党建工作，以及脱钩的社会团体的社会组织党建。

由各主管单位负责，分类建立行业性社会组织党委，全面负责该行业所辖的全部社会组织党建工作。

2. 建立党建社工制度

由组织部，通过购买社会组织服务的方式，向通州区社会组织联合党委、各类行业性社会组织联合党委派驻党建社工，主要负责日常党建事务工作和专业指导。

3. 给予党建工作经费支持

对社会组织领域的党支部按照党员人数，按一定的比例关系，给予社会组织党建工作经费支持，并纳入组织部预算。

（四）完善三级培育服务体系，推广社会组织培育经验

围绕城市副中心战略新定位，完善社会组织培育发展服务体系，推动城乡社区社会工作室全覆盖，实现社会组织服务管理全覆盖。

1. 完善三级培育服务体系

在区级层面，将现有的区级社会组织培育基地，打造成为区级社会组织

培育发展服务基地。服务基地集合孵化培育、资源整合、提升能力等功能，为社会组织提供场所设备、公共空间、项目拓展等方面的支持和服务，并指导街道（乡镇）开展社会组织培育发展工作。

在街道（乡镇）层面，全部建立社区社会组织联合会，充分吸纳备案社区社会组织作为单位会员，培育发展社区社会组织，重点支持社区志愿服务组织在社区开展公益服务。

社区（村）层面，每个社区村建立一个社会工作站，为社会组织提供服务场所，围绕城市副中心城市环境整治、疏解整治促提升、背街小巷治理，设计公益服务项目，弥补公共服务供需之间的缺口，满足社区居民多样化需求，促进社会组织参与社区服务体系建设，推动基层社会治理创新。

2. 推广社区公益创投大赛

总结北苑街道经验，在全区推广社区公益创投大赛，培育社区草根领袖，重点支持社区社会组织在社区开展“扶老、助残、救孤、济困”等社区公益活动，服务社区居民。

3. 推广“三五”工作法

总结玉桥经验，在全区推广社区社会组织培育“三五”工作法。通过“五方”联动、“五化”同步、“5A”评级，推动社区社会组织规范化建设，实现社区社会组织可持续发展。

（五）采取多种形式，建立多元资金支持体系

1. 纳入财政与事权资金预算

将政府购买社会组织服务资金纳入区、乡镇（街道）两级财政预算与事权资金预算，并建立逐年增长机制。

通州区政府要不断扩大向社会组织购买服务的份额，在新增公共服务支出通过政府购买服务安排的部门，向社会组织购买的比例原则上不低于30%。街道至少将10%的事权资金、乡镇至少将15%的财政收入用于购买社会组织服务。并将上述指标的执行情况纳入绩效考评。

2. 探索培育发展社区基金（会）

探索由政府、企业、社会三方共同出资，培育发展社区基金（会）[①]。①《制定通州区社区基金（会）培育发展办法》，在前期阶段，由区政府或街道（乡镇）发起并提供原始资金，社区内的自然人、法人和其他组织自愿捐赠。在后期，采取众筹模式发展社区基金会。②区民政局负责社区基金会培育、发展、管理工作的统筹规划、综合协调和指导。街道、乡镇为社区基金会的业务指导部门，负责日常的指导、联络和监管等工作。③街道办、乡镇为社区基金会提供必要的办公场地和设施。

3. 加快社区党建经费购买社会组织服务步伐

出台《关于社区党组织服务群众专项经费购买社会组织服务办法》，通过购买社会组织服务，让沉睡的社区党组织服务群众专项经费活起来，让专项资金发挥服务党员和居民的作用。

（六）推动社会组织参与社区减负，强化社区自治

1. 推广“三化治理”

在总结经验的基础上，在全区推广北苑街道的“三化治理”，通过街道购买服务的方式，引入社会组织，将社区服务站交给社会组织来运营，把居委会从日常的行政事务中解放出来，让居委会有更多时间和精力开展居民自治。

2. 推进社区民主协商机制

根据《通州区关于建立三级协商议事会实施意见》，制定《通州区三级协商议事会工作方案》，以“民事、民议、民决”为导向，成立楼门级、社区级、街道（乡镇）协商议事会，并将社区级、街道（乡镇）协商议事会纳入社区社会组织备案管理。

3. 农村社区建立红白理事会

推广潞城镇移风易俗工作经验，通过购买社会组织服务的方式，指

---

① 社区基金会是指按照《基金会管理条例》的规定依法登记，依托街道或社区，利用自然人、法人和其他组织捐赠的财产，为社区公益慈善事业提供资金资助或从事社区慈善公益服务的非营利性法人。

导各村委会，以成立“红白理事会”为抓手，开展移风易俗，在全区形成“婚庆事宜简单办、丧事宜节俭办、其他喜庆事宜减量办”的文明新风尚。

（七）建立统一志愿服务网络，统筹志愿服务管理

采取“一张网+N个平台+一个积分反哺系统”的模式，由一个部门统筹整合全区志愿服务资源，在全区倡导形成“有时间做志愿者”“有困难找社工”氛围。

（1）打造志愿服务一张网。将目前分散在不同部门的志愿服务整合到一张网上，形成全区志愿服务一张网。可以考虑在通州区网格系统上，设立通州区志愿服务子网。

（2）建设N个志愿服务平台。采取平台的形式，将目前分散在各部门中的各类志愿服务，整合到通州区志愿服务子网中，形成一张志愿服务网下的N个志愿服务平台。

（3）建设一个积分反哺系统。借鉴北苑街道双向积分的经验，建立全区统一的志愿服务积分反哺系统。

（4）建立“双工”志愿服务模式。构建“社工引领志愿者，志愿者（义工）协助社工”的双工互动志愿服务格局。

（八）社会组织需要加强自身能力建设，在实践中不断锤炼

1. 需求导向出实绩

（1）社会组织要主动深入村居与社区，了解市（村）民的真实公共服务与公益服务需求，提出符合市（村）民需求的公益与公共服务项目。

（2）社会组织在实施公共服务与公益服务项目的过程中，要做出实效，让市（村）民真正受益，让他们切实感受到社会组织确实能够解决政府不擅长、做不好，企业又不愿意去做的实际问题。

2. 强化综合能力建设

综合能力建设是社会组织参与基层社会治理的关键支撑。社会组织需要从内部治理能力、战略管理能力、筹募资源能力、财务管理能力、人力资源管理能力等方面，开展自身能力建设。

3. 建立和完善人才机制

（1）积极推进社会组织人才职业化。依据自身的发展定位，打造“专业化的社工人才队伍”、“社会组织管理与内部治理人才队伍”、内外结合的“督导人才队伍”，推进人才队伍的职业化。

（2）社会组织人才建设需要从自身实际出发，包括提高员工的薪酬福利水平、提高员工的社会地位、拓展员工独立施展才能的空间和增加他们实践的机会，提高员工的专业服务能力等。

（3）建立专业化的志愿者资源库。借鉴发达国家社会组织的成功经验，社会组织需要根据自己的专业服务方向，建立稳定的志愿者队伍人才库，要注意通过培训提升志愿者队伍的业务水平，同时要建立志愿者激励机制，留住优秀的志愿者人才。

4. 积极提升与政府的合作意识

社会组织力量薄弱，如果缺少政府支持，就如同鱼儿失去了水。在基层社会治理方面，一定要有意识地与政府展开合作，主动服务好政府在基层社会治理中的需求。需要注意的是，要保持相对的独立性与专业性。

5. 争取做到合法为民表达诉求

社会组织来自群众，服务老百姓，与普通民众有着天然的联系。通过有组织、有秩序地为人们在基层社会治理中的利益表达和诉求提供多种渠道的合法表达方式，畅通市民合理诉求表达渠道。

6. 不断提升自身的公信力

公信力是社会组织生存与发展的生命线，社会组织必须通过提升公信力来获得政府、公众的认可与支持。通过加强自律、倡导诚信等，引导依法运营、公平竞争，促使组织和行业按照正确的政治方向、遵循国家法律法规健康发展，不断提升自身公信力和行业自律水平。

参考文献

陈家刚:《从社会管理走向社会治理》,《学习时报》2013 年第 6 期。

施雪华:《当前中国社会管理的成就、问题与改革》,《学习与探索》2013 年第 3 期。

浦兴祖:《特大城市城区管理体制的改革走向——兼谈“两级政府、三级管理”之提法》,《政治学研究》1998 年第 3 期。

何艳玲:《“社区”在哪里:城市社区建设走向的规范分析》,《华中师范大学学报》2007 年第 5 期。

蔡想、陈社英:《NGO 与社会发展——论社会组织、社区建设与基层社会治理》,《社会工作与管理》2018 年第 3 期。

孟庆莲:《培育和发展社会组织,创新基层社会治理——以长沙市为例》,《领导科学论坛》2018 年第 29 期。

李绍华:《基层社会治理中社会组织作用发挥情况调查——以乐山市车子镇老年协会为例》,《四川行政学院学报》2015 年第 2 期。

B.13
着力构建首都城市基层党建工作新格局：实践与对策研究

——基于北京市城市基层党建工作的实践

陈建领　伍发明　高铭铎　王　跃*

摘　要：构建城市大党建格局是一个系统工程，有许多深层次的问题以及未知领域需要探索和解决，包括体制性问题、内动力问题及其统筹发展的合力问题等。本文通过梳理北京城市基层党建工作存在的问题，总结基层党建工作的经验与体会，对北京市基层党建工作提出建议，以期实现开放、统筹、区域化、多元化、融合化的党建工作新格局。

关键词：基层党建　新格局　北京经验

随着北京特大型城市发展，社会急剧分化和人口的高度异质性，党领导社会再组织化和社会体制创新的任务十分繁重，传统城市基层党建在功能拓展上深受体制掣肘，党整合社会、服务社会、保障社会的运作模式已难以适应。构建城市大党建格局是一个系统工程，有许多深层次的问题以及未知领域需要探索和解决，包括体制性问题、内动力问题及其统筹发展的合力问题等。构建城市大党建格局，要求在新的制度框架和组织平台上，实现党的组织

* 陈建领，中共北京市委社会工作委员会副书记；伍发明，北京市委社会工委、市社会办社区党建工作处处长；高铭铎，北京先锋城市基层党建研究中心主任；王跃，北京市委社会工委、市社会办社区党建工作处干部。

优化和流程再造，为快速发展的城市经济和社会提供强有力的政治组织保障。

根据北京市委组织部的安排，为中央召开城市基层党建工作会议做前期调研，北京市委社会工委成立了首都城市基层党建工作调研组。调研组由委办主管领导任组长，社区党建处、两新党建处和北京先锋城市基层党建研究中心相关人员组成。从 4 月中旬开始，用了一个月左右的时间，调研了北京市 9 个区 12 个街道，深入社区、商务楼宇、园区，通过座谈、实地参观广泛征求区、街道、社区、驻区部门、社会单位等相关同志的意见和建议，调研组形成以下调研报告。

2015 年中央城市工作会议明确提出：我国城市发展已经进入新的发展时期。城市发展带动了整个经济社会发展，城市建设成为现代化建设的重要引擎。会议强调“建立健全党委统一领导、党政齐抓共管的城市工作格局”。构建城市党建新格局，是贯彻落实习近平总书记“四个全面”战略布局，按照城市工作会议精神，推进首都北京特大型城市党建工作的一项新的战略任务，是党建工作为适应城市发展、社会转型、结构变迁而不断创新发展的重要课题。本课题以城市经济社会统筹发展为背景，坚持问题导向，着重研究现阶段构建城市基层党建工作新格局的难点、瓶颈问题，将研究过程作为贯彻落实“全面从严治党”的过程，提高党的建设科学化水平的过程。研究主要建立在四个基本命题基础上。一是全面从严治党向基层延伸，要求城市基层党建工作实现党的组织全覆盖和党的工作全覆盖。二是 2015 年中央城市工作会议对城市党的建设工作提出了新的要求和任务。三是基于 2012 年开始，全市持续开展“三级联创”活动，健全首都城市基层党建工作考核评价体系，强化区、街道和社区三级基层党建工作责任。根据从严治党要求，从 2014 年开始，全市自上而下开展区委书记、系统（工委）书记、街道党工委书记及部分社区党组织书记抓基层党建工作述职评议考核。市委巡视也将城市基层党建列为重要巡视内容。落实责任机制，使各级党组织负责人进一步强化抓党建工作的责任意识。四是以习近平总书记两次视察北京并发表重要讲话为指导，明确北京全国政治中心、文化中心、国际交往中心、科技创新中心的战略定位，提出建设国际一流的和谐宜居之都战略目标，全面部署京津冀协同发展战略，牢固树立“四个意识”，提高政治站位，始终在思想上、政治上、行动上同以习近平同志为核心的党中央保持高度一致，坚决维护党中央权威和集中统一领导，确保党中央政令在北京畅通；必须深入落实首都城市战略定位，自觉从党和国家需要的高度审视和把握首都工作，立足做好“四个服务”，以首都功能优化提升，带动全市经济社会发展；必须积极融入京津冀协同发展，打破“一亩三分地”思维定式，自觉把北京发展纳入国家战略大局来考量，在区域良性互动中解决自身问题、实现共赢发展；必须牢固树立新发展理念，坚持首善标准，以21世纪眼光规划建设管理城市，以争创一流的要求推进改革发展稳定，努力使各项工作走在全国前列；全面从严治党深入推进，管党治党水平显著提升，党内政治生活更加严格规范，党组织战斗堡垒作用和党员先锋模范作用不断增强，党风政风持续向好，政治生态风清气正，开创首都党的建设新局面。这是党中央对北京城市发展的重大战略部署，也是本课题研究的理论遵循。

一　当前首都城市基层党建工作存在的问题

近年来，随着北京特大型城市发展，社会急剧分化和人口的高度异质性，党领导社会再组织化和社会体制创新的任务十分繁重，传统城市基层党建在功能拓展上深受体制掣肘，党整合社会、服务社会、保障社会的运作模式已难以适应。从单位制到社区制，这不是简单的要素替代，而是基层微观社会结构的整体性变迁，是一种全新的社会整合机制的出现。在全面深化改革新形势下，构建城市大党建格局面临以下几个问题。

（一）体制瓶颈，导致城市党建工作发展不均衡

受管理体制影响，城市党建工作“条”与“块”协调困难，顶层设计、系统谋划存在一定的不足，领导体制方面存在不够顺畅的问题。对部分地区如东城区、西城区、朝阳区经验总结得多，对全市基层党建的经验总结得不够，问题研析得不够，顶层设计、系统谋划、整体推进上还有欠缺。领导体

制不够顺畅表现在，一是全市范围内上下联动上还缺乏体制上的支持，街道作为属地管理的主责方，行政层次较低，行政权力较小，协调高层次单位难，尤其是协调中央单位难，区、街联动体制还存在一些欠缺；二是街道层面存在多个综合性机构，如大工委、街道党建协调委员会、社会工作党委、地区管委会、街道综治中心等，职能上尚未理顺，体制优势没有充分发挥。

（二）模式固化，致使城市党建工作总体布局落后于城市发展

1. 在工作机制方面存在不够实的问题

根据北京城市总体规划布局和发展功能新定位，现行的区域化党建组织引领功能明显不足，在实际运作中，区域化党建因为缺乏共同的利益纽带，存在职责不清，有的议而不决，有的相互推诿，以致造成区域化党建共建联建所做的工作更多是“锦上添花”的事，而需要“雪中送炭”的事难以得到有效落实，区域内缺乏横向协调的力度，没有真正形成一种良性互动利益共同体，传统城市党建所依托的区域党建工作难以实现资源大整合。驻地单位参与基层党建缺乏责任制约机制；驻地单位与街道建有议事协调的机制，但存在作用不实、解决难题不多的问题；条块分割、各自为政的局面仍然存在；党员双报到存在流于形式、发挥实效不够的问题；市、区对驻地单位参与区域化党建的表彰激励机制还不够健全的问题，等等。

2. 街道社区统筹融合能力不够强

一是与属地管理主体责任相比，街道、社区法定权力不足；二是部分街道人员编制不足，如有的街道辖区面积几十平方公里、人口几十万，有的街道商务楼宇占全市几分之一、流动人口多，但行政编制比其他街道少了很多；三是部分社区党组织书记做城市基层党建的能力存在不足，面对城市总体规划布局和发展功能新定位，以社区为核心的区域化党建难以全面辐射城市党建工作。

3. 在社会动员方面存在广度、深度、强度不足的问题

受二元结构影响，郊区党建工作与城市化进程中党建工作的要求不相匹配，城市党建工作组织化程度低。城市各类主体呈现多元性、复杂性、流动性等特点，针对这些特点围绕城市基层党建工作对他们的宣传动员还做得不

够。随着由点到面、由城区向郊区农村的梯次开发、纵深推进，带来了管理格局的大变动，要求党的组织体系必须更好地适应大区域、差异化管理的特点。相关文献资料显示，北京城市化率已达88.02%，且出现中心城区空间上向外扩展，常住人口出现郊区化趋势。面对人口大量导入，郊区社区建设和管理面临专业经验缺乏、人才队伍不足、公共服务配套缺失、镇级财力支持不足的问题，城乡党建工作发展不均衡问题比较突出，组织化程度低。

4. 非公经济、社会组织等新兴领域党建组织覆盖难、工作推进难，自身党建能力与活力不足，内生动力不强

受所有制影响，城市党建工作对体制外各类经济组织和社会组织党建工作难以形成有机体。面对市场经济和社会领域的深入发展，北京“两新”组织和流动党员的大量涌现，已经成为推动经济社会发展的一支重要的力量。长期以来，党建工作受所有制影响，将非公经济组织和新社会组织党建工作作为“体制外”，导致党的组织体系发展不均衡。大量的“两新”组织与政府各级组织行政上没有隶属关系，决策权、管理权、分配权等各方面的支配权大都掌握在投资人手中，党建工作的介入方式及其工作力度有别于传统体制内党组织，党建工作缺乏系统的政策支撑，难以建构多样化的组织形式和运作模式，使之在社会的组织联系中成为有机整体，共同承担起关怀社会、服务社会和保障社会的功能。

面对市场经济及其驱动的社会转型，传统党建工作“组织化依附”难以嵌入新经济、新社会组织。随着京津冀协同发展国家战略和北京城市副中心建设推进，出现经济形态多样化、所有制形式多样化、经济业态多样化以及“四新”（新产业、新业态、新技术和新模式）经济的蓬勃兴起，园区、楼宇等企业聚集呈现形态多样化，社会结构碎片化，社会空间多维化，社会成员交往方式和生存形态多元化，社会空间不断延伸，按照传统党建工作格局下的组织化模式与新的社会空间的结构和运作特征难以全面融合渗透。

5. 面对社会治理精准化，基层党组织传统单一的治理机制难以引领基层社会治理

十八届三中全会提出，要推进国家治理体系和治理能力现代化。从

2012 年开始，全市持续开展“三级联创”活动，健全首都城市基层党建工作考核评价体系，强化区、街道和社区三级基层党建工作责任。主要是针对当前社会治理中涉及基层建设的现实问题和矛盾，尤其是党委和政府应当解决现阶段也能够解决的体制内问题。但由于长期以来，党组织依托行政权力，实行封闭式的以“块”划分的一个单位或以区位划分的一个“社区”，以致在运行过程中存在诸多不便，党的组织资源、行政资源、社会资源难以有效整合、合理配置，难以以嵌入式的制度优势融入各类经济组织、社会组织，推进社会治理现代化，与政府、社会、市场实现良性循环。

（三）制度支持不足，影响城市党建工作活力

1. 随着北京全国政治中心、文化中心、国际交往中心、科技创新中心的战略定位，提出建设国际一流的和谐宜居之都战略目标，全面部署京津冀协同发展战略的实施，城市基层党务干部严重匮乏，人才支持不足影响城市大党建组织化水平

习近平总书记多次指出，要实现党的十八大确定的各项目标任务，关键在党，关键在人。党务干部是党的建设急需的人才。现在的主要问题是，基层党务干部既存在数量不足、知识储备不足和能力不足问题，又存在发展内动力不足的问题，作为人才得不到足够的社会尊重，职业发展渠道有限，出现能干的不愿干，优秀的留不住，城市基层优秀党务干部严重匮乏，企业党务干部大多为兼职，人才资源得不到很好的整合。

2. 随着城市党建工作日渐多元化，多元主体共治的激励机制不足，城市大党建统筹发展缺乏内生动力

城市党建首先是一个多元主体共建共享的体制架构，但从现阶段开展的区域化党建看，驻区单位参与社区共建缺乏利益纽带，在职党员参与社区党建基本上是“来去自由，没有制度约束”，主要凭借对社区的认同感。由于驻区单位和在职党员参与社区共建缺乏利益因素的引导，影响了单位与社区实行双重管理的制度建设，影响了在职党员对社区党建的认同感和参与的积极性，其根本问题是缺乏多元主体参与共建的激励机制。

（四）开放度不够，影响城市大党建功能拓展

1. 城市党组织行政化的运行模式已难以适应城市社会发展的多样化和开放性要求

随着社会结构和社会形态的深刻变化，党组织自身生态发生了变迁，领导核心的内涵及其运作方式发生了深刻变化。一方面，基层党组织通过单位获得的制度支持力度正逐渐减弱；另一方面，党员队伍出现结构差异化、利益多元化及其实现途径多样化。而在现代城市治理体系中，党的领导要求以更加开放的姿态加强与政府、社会、市场的有机联系，并加强领导。显然，城市党组织传统的行政依托、自成体系封闭式的“单位制”党建模式已难以适应城市社会发展的多样化和开放性要求。构建城市大党建格局成为加强城市基层党建工作的理论自觉与实践自觉。

2. 城市基层党组织的自转能力相对薄弱，既难以在新社会群体中形成集聚效应，又难以与形态迥异的各类经济组织、社会组织产生联动效应

城市以产业发展为基础，同时城市又是产业发展的载体，但产业发展通常又表现为增加就业人口，为规避盲目城市化带来的空城现象，通常通过提高组织化程度，把产业和城市看作一个良性互动的有机整体，促进产业与城市功能融合，即产城融合，实现城市土地集约化，扩大产业空间，加速产业聚集。这是我国在转型升级的背景下相对于产城分离提出的新的发展思路。但目前由于基层组织自转能力低下，组织化程度相对薄弱，尤其是基层支部作为战斗堡垒，难以形成组织链在社会群体中发挥集聚效应，在社会网络体系中发挥联动效应，影响城市党建发挥组织优势，加强对文化、人才、信息、资金等方面的组织配置与整合。

3. 城市现有的党建工作组织架构缺乏开放的运作平台，难以实现组织功能的优化和转型

随着市场经济的深化，大量的“单位人”转化为“社会人”，大量外来流动人口导入，传统的以单位为主体，相对单一、封闭的单元型党建工作模式面临许多新情况新问题。创新党的组织结构，不能仅仅立足于某一领域或

单一的基层组织某一层面，必须全面统筹、协调推进，但目前城市党建工作组织结构缺乏开放的运作平台，难以形成各级党组织上下联动、统筹协调的工作局面。

二　首都城市基层党建工作的实践与启示

构建城市大党建格局是一个系统工程，有许多深层次的问题以及未知领域需要探索和解决，包括体制性问题、内动力问题及其统筹发展的合力问题等。

（一）首都城市基层党建工作格局的形成与完善

1. 创新领导体制

北京市为构建城市基层党建工作格局，以建体制、补短板为着力点，不断突破传统体制的羁绊，使党建工作整体格局始终与政府职能转变，与社会治理体制创新相适应，形成了不同时期各具特色的党建工作格局，为进一步构建新型的社会整合体系提供了新的视角和实践路径。

2. 各级高度重视城市基层党建工作

市、区两级成立了党建工作领导小组，中央政治局委员、北京市委书记和各区委书记分别担任市、区领导小组组长，体制规格高，领导指挥顺畅；市、区两级建立了非公经济组织和社会组织党建工作联席会议，形成了党委统一领导、组织部门牵头、社会工委具体负责、各有关部门密切配合的社会领域党建工作管理体制，分工明确，职责清晰；街道普遍成立了街道大工委、街道党建协调委员会、社会工作党委等组织，在推动基层党建工作中发挥了重要的领导协调作用。

3. 部分区创新体制

朝阳区探索构建“一轴四网”党建体系，东城区探索依托网格的四级党建工作体系，海淀区建立区级领导担任街道地区党建协调小组主要负责人的体制，东城区和平里街道、石景山区等实行处级领导包片区、包社区、科长兼任社区第一书记的体制，取得了良好的效果。

（二）创新城市基层党建工作六种机制

1. 建立责任机制

从2012年开始，全市持续开展“三级联创”活动，健全首都城市基层党建工作考核评价体系，强化区、街道和社区三级基层党建工作责任。根据从严治党要求，从2014年开始，全市自上而下开展区委书记、系统（工委）书记、街道党工委书记及部分社区党组织书记抓基层党建工作述职评议考核。市委巡视也将城市基层党建列为重要巡视内容。落实责任机制，使各级党组织负责人进一步强化抓党建工作的责任意识。

2. 建立议事协商机制

街道普遍建立了定期或不定期议事协商机制，通过大工委会议、党建协调委员会会议、社会工作党委会议等，与驻地职能部门和社会单位共商共决。

3. 建立需求征集机制

朝阳区各街道、海淀区中关村街道、东城区和平里街道、东直门街道等建立了需求征集机制，及时调查、分析居民和驻地单位的需求，为议事协商提供依据。

4. 建立项目运作机制

在需求征集的基础上，设计项目，使服务内容、服务范围等具体化，通过项目把驻地单位和街道社区对接起来，使共建共享落在实处。如广外街道众筹“1+1”项目，东直门街道民生工程项目认领、菜单式服务，丰台南苑街道菜单式、一对一服务，陶然亭街道米市社区项目设计、商务楼宇V+项目等都充分证明了这一做法是行之有效的。

5. 建立领导联系点机制

很多区都建立了领导联系点制度，如西城区区委常委分别联系1家规模较大、人员较多、影响力较强的非公企业和社会组织党组织，区委组织部、区委社会工委、区民政局分别联系5家非公企业和社会组织党组织，定期开展调研走访，推动解决重点难点问题。

6. 建立保障机制

加强队伍建设，全市社区党组织书记大专以上学历达到85.7%，94.4%的社区配备了专职副书记，从2012年开始，全市累计聘请非公党建指导员8000余名开展非公和楼宇党建工作。全市投入60亿元改善社区党组织、居委会和服务站工作条件，社区办公和服务场所基本达到350平方米以上，每个社区党组织每年有20万元服务群众专项经费和15万元公益活动资金。制定了《北京市2016～2020年基层党建工作基础保障规划》，基层党建基础保障体系逐步健全。

（三）创新城市基层党建工作平台与载体

1. 阵地建设

各区、街道建立了一批党群服务活动中心，融教育、服务、活动、宣传、展示等功能于一体，为基层党建提供了阵地。如马连道党群活动服务中心面积为1142平方米，设有多功能报告厅、阅览室、体育活动区、党建工作室、群团工作室等，还特设茶文化体验室，中心服务项目17个，包括党建、社会、统战、工会、青年、妇女、双拥、流动人口普法、城管、计生、劳动和社会保障、司法、税务、红十字会、慈善、公共图书等，为辖区广大党员、群众提供学习生活、交流联谊、文化娱乐等方面的服务。

2. 建立商务楼宇五站合一

北京市共有商务楼宇1297座，以党建工作站为统领，建立了社会服务站、工会工作站、共青团工作站、妇联工作站等“五站合一”的工作站1138个，建立了601个商务楼宇联合党组织，覆盖2370个党组织、4.9万余名党员、7.4万多个“两新”组织、93万余名从业人员。如西城区长安兴融楼宇工作站、五栋大楼楼宇工作站、国英一号楼宇工作站等，都以富有成效的党建工作，为楼内党员及其他员工，打造起一个个“红色加油站”，吸引着越来越多的党员职工参加活动、发挥作用。形成了跨区域、跨所有制、跨行业“楼宇党建”，并由此开创了“支部建在产业链上”“支部建在项目上”等许多具有产业链特色的城市基层党建模式，将跨行业、跨企业的党员组织到一起，“社会建设到哪里、党的组织就建到哪里”，“哪里有党员哪里就有党的组织，哪里有群众哪里就有党的工作”，要求“把党的组织建到经济最活跃的细胞上”、“把党的工作做到代表先进生产力的人群中”，破解市场经济条件下“两新”组织规模小、党建工作管理难问题。

3. 抓住行业领域和园区党建，实现管业务与管党建的紧密结合

发挥教育、卫生计生、民政、司法、工商联、个私协等部门作用，推进重点行业和领域的党组织组建工作。探索建立枢纽型社会组织党组织，加强对各类社会组织的政治引领与联系服务。健全园区党工委—园区非公企业党委—园区非公党建联席会的党建工作架构，以党建链接园区对企业的孵化培育、政策支持、平台搭建，很好地发挥了党建引领发展的作用。

4. 街道社区“兜底建”

街道和社区建立非公有制企业、登记注册类社会组织和备案类社会组织台账，选派党建指导员，采取重点企业带动建、重点街区集中建等方式，探索出一些行之有效的做法。如：展览路街道采取“八个一”工作法，即“一企一策（选派党建指导员针对不同企业的组建困难提出对策建议）”、“一员一档”（为每名党员建立档案）、“一站一部”（在楼宇示范站组建联合党支部）、“一区一人”（每个社区党委副书记担任该社区非公企业联合党支部书记），多措并举推进组建工作。根据中央关于加强基层服务型党组织建设意见，按照“适应服务对象、服务内容、服务方式的变化和需求，优化组织设置，扩大组织覆盖，推行区域化党建”。使党建工作覆盖面不断扩大延伸，并探索形成由街道、社区与辖区内单位党组织共同组建的区域性党组织，形成了条块结合、以块为主、分层分类、覆盖全区的管理体系。

5. 新媒体成为党建工作新的平台

微信等新媒体在基层党建工作中的使用日益广泛，作用日益突出。如中关村街道党工委按工作范围与内容建立了 8 个微信群，东城区和平里街道建立了掌上媒体“和平人家”，朝阳区八里庄街道建立了地区服务网、“相亲八里庄”，农南社区建立微信自治群，交流研讨、决策部署，十分有效。

6. 形成一批具有特色亮点的城市基层党建品牌

全市探索出了丰富多样的特色工作，如“商务楼宇志愿服务 V +”项目获得全国先进；西城区践行“红墙意识”，“让离红墙最近的地方，成为跟百姓最亲的地方”，多次在中央电视台《新闻联播》播出；朝阳八里庄街道将社区服务站与商务楼宇服务站融合，人员融合、工作融合，促进了资源融合；广外街道发挥两代表一委员及其所在单位作用，定期会商，成效突出。此外还有德胜街道打造名书记工作室、丰台南苑街道签订《共建服务协议》、建立便民工具屋、“民声驿站”、三里屯成立“关爱联盟”、南沙滩社区打造“口袋花园”等首都城市基层党建品牌。

三　首都城市基层党建工作体会

党的十八大从战略和全局的高度强调指出：“创新基层党建工作，夯实党执政的组织基础。”北京市探索建立城市基层党建新格局，着力于党的工作不断适应经济结构、生产方式、生活方式、工作方式的变化，不断优化组织设置方式和管理模式，推动党建工作由区域党建向城市党建的转变、组织管理由垂直向网格化转变、工作方式由封闭向开放转变，实现工作重心下移。总结梳理北京社会领域近年来推进城市基层党建工作的发展历程，有三点体会。

（一）构建城市党建工作格局必须与改革开放、经济社会发展，与国家重大战略紧密结合

在中央和北京市委的正确领导下，始终坚持“以一流党建促一流发展”，在不断探索改革开放和社会主义现代化建设规律中，努力把党的建设放在大开发、大开放、大建设的背景下、进程中去思考，始终与推进改革开放、经济社会发展紧密结合。当首都发展由点到面、由城区向郊区农村梯次开发、纵深推进，带来了管理格局的大变动时，党建工作由“拉条”管理转向条块结合、以块为主，以适应大区域、差异化管理特点；当市场经济和

社会领域深入发展，带来了“两新”组织和流动党员的大量涌现时，北京创造性地把支部建在楼宇、建在产业链上，形成了首都城市党建特色；形成了加强城市基层党建工作新思路，党的工作不断由体制内向体制外延伸，由中心城区向周边区域拓展，营造城市党建工作统筹发展的制度环境，实现党建工作的自觉转型。

（二）构建城市党建工作格局必须与推进社会治理现代化，提高公共服务水平紧密结合

改革开放以来，社会结构发生深刻变革，在新经济组织和新社会组织中，基层党组织与单位行政权力脱钩，政府和社会职能回归，政党作为公共权力与社会公众的联结体，要求发挥组织优势，加强社会整合，北京正是通过不断完善横向联合、纵向贯通、条块结合、构建覆盖整个区域的新型组织格局，加强党对社会领域的领导，实现多元主体共治与自治，极大地促进了党的领导同政府依法治理、社会各方共治、基层群众自治良性互动，为形成基层治理现代化的基本框架和重要支柱提供了实践范本。

（三）构建城市党建工作格局必须与党组织的自身建设，功能结构转变紧密结合

构建城市党建工作格局是党在改革开放形势下自身建设的强化和功能的转型。北京在改革开放要求走出一条不断解放思想、解放生产力，具有中国特色、首都特点的道路，这不仅极大地推动了生产力的解放、经济的快速发展，也带来了社会结构和社会形态的深刻变化。北京各级党组织通过不断加强自身的组织建设，创新组织体制和组织形态，从“楼宇党建”到区域化党建，不断优化组织功能，积极探索党建工作系统推进的制度体系，探索党的组织资源重新定位和功能拓展有效途径，使党的组织架构和设置不断适应不同阶段、不同社会群体的差异性和经济社会组织的变动性要求，不断激发党建工作创新活力。

四　关于构建首都北京城市基层党建工作新格局的对策建议

推进城市党建工作，既是推动现代城市产业发展，促进产城融合，实现治理能力现代化，提供强有力的政治组织保证战略之举，也是党自身为适应城市现代化进程、社会结构和社会形态的变化而推进的党的现代化建设的重要内容，其关键是推动城乡党建、体制内外党建、党内外、党建工作线上线下统筹发展，实现党的组织和党的工作全覆盖。

（一）加强顶层设计、整体推进

根据全国城市基层党建工作会的精神，结合全市城市基层党建工作调研成果运用，出台相关文件，对全市城市基层党建工作进行系统谋划、重点部署。

（二）进一步健全领导体制

一是坚持市、区两级党建工作领导小组体制，坚持党委统一领导、组织部门牵头、社会工委具体负责、各有关部门密切配合的社会领域党建工作管理体制；二是探索建立市级层面城市党建协调机构，加强对中央单位、军队、央企的协调；三是探索建立市级领导担任各区区域化党建工作负责人（或协调人等）的体制，建立区级领导担任街道（地区）区域化党建工作负责人（或协调人等）、街道领导担任社区（片区）区域化党建工作负责人（或协调人等）的体制，加强上下联动；四是理顺街道层面综合性机构关系，如将街道大工委作为决策机构，由街道和驻地职能部门组成，街道党建协调委员会作为议事协调机构，由街道、驻地职能部门，驻地社会单位，两委员一代表等组成，街道社会工作党委作为城市基层党建的具体负责机构，承办相应实操性工作，区街组织部门负责牵头抓总、社会建设部门具体负责。

（三）进一步做实工作机制，发挥组织优势，促进城市党建工作与城市发展深度融合、相互促进

加强组织的政治引领功能和资源整合功能，利用区位、资源、机制优势，把不同属性党的组织、多元的社会力量有效组织起来，在党建引领下最大限度地整合党建优质资源，形成内外相交、双向联动的新型党建工作服务机制，在服务企业、服务人才中，把党的工作融入社会组织运行和发展过程，团结凝聚各类经济领域、社会领域中的党员、群众，吸纳各类优秀人才，帮助各基层单位主动融入城市建设、融入社会，实现资源共享、优势互补。通过更多吸引社会资本、招募社区党群工作者，承担各类经济组织、社会组织党组织孵化工作，帮助规模小、党员少的单位按照就近就便原则，联合建立党组织，以专业化优势为建立党组织困难的组织提供孵化基地，在与各类社会组织充分有效合作的基础上，不断扩大党建工作覆盖面，强化组织优势，实现党的领导同政府、社会、市场良性互动。

各级责任主体要总结、坚持、推广行之有效的各项机制，并进一步做实做细：一是要健全需求征集机制，强化需求导向；二是做实项目运行机制，强化实操性、实效性；三是健全驻地单位与街道社区双向需求对接和双向难题共解机制，增强内生动力；四是推广领导联系点机制，对重点领域、重点问题发挥领导作用推进解决；五是健全党员和党组织双报到机制，侧重抓好党组织报到，出台双报到工作基本规范，建立起需求与特长的良好对接；六是健全考核评价机制，条上上级对下级的考核将区域化党建纳入其中，同时建立健全条块双向考核机制、属地居民对驻地单位考核评价机制；七是建立健全市、区城市基层党建表彰激励机制，对优秀的组织和个人进行宣传表彰，并优先推荐参与其他先进评选。

（四）培育增强街道社区统筹融合能力

一是选好配强街道社区党组织负责人；二是实现党政资源集约化使用，加强市级对区级、区级对街道、街道对社区的支持力度，通过整合、协调，

使街道虽不拥有但能调动起较大的党政资源包括执法资源以履行属地化党建和管理职责；三是加大城市基层党建财政资金投入力度和党建指导员队伍选聘力度，确保有钱干事、有人干事；四是加强培训指导，通过理论培训、考察学习特别是经验典型案例的培育、总结、推广，提高实操能力。

由各区组织部门牵头，社会建设部门具体负责，形成以街道（社区）为核心，以点连片，整合型的区域化大党建。在功能定位上充分考虑区域资源的统筹整合，面对利益多元、矛盾复杂的新形势，基层党组织不再大包大揽，通过依托党建服务中心，搭建党建工作平台，引领各类组织、各类群体参与到区域党建主体中来，使区域化党建成为凝聚群众、凝聚社会的大平台，充分调动区域内组织与群体的积极性和创造活力，增强党组织的社会凝聚力。把直属单位、双重管理单位和区域单位紧密联系起来，解决城市党组织的领导核心及资源整合问题，有效扩大城市党建工作的覆盖面和影响力。

（五）加强社会动员，营造社会氛围，推进区域化党建，多元同构，构建开放的城市大党建共享格局

一是做强阵地，全市加强党群服务活动中心、商务楼宇中心站等建设，融教育、服务、活动、宣传、展示等功能于一体，为基层党建提供阵地；二是依托主流媒体特别是微信群、微信公众号、微网站等新媒体，加强宣传动员，凝聚共识，并提供参与城市基层党建的便捷快捷方式；三是健全党建信息化系统，设立市、区、街、社区等不同层级、不同权限的端口，为党建工作、党员服务管理提供统一的、综合的信息化平台。区域化党建在创新组织形态的同时，发挥不同类型党组织的功能特性，并充分利用社会领域组织平台和行业党建优势，以共同利益、共同需求、共同目标为纽带，推进组织再造。

（六）进一步加强新兴领域党建工作

进一步做实北京商务楼宇党建体系，加强商务楼宇党建指导员队伍建设，做强做实商务楼宇联合党组织。加强园区非公党建工作，依托园区党工

委，健全非公党建工作机构、工作体系。发挥职能部门作用，进一步推进重点行业和领域的党组织组建工作。做强枢纽型社会组织党组织，加强对各类社会组织的政治引领与联系服务。通过上述方式，多措并举，解决新兴领域党建组织覆盖难、工作推进难、作用发挥难的问题。形成以产业园区为轴心，以园区带社区，形成功能型的区域化党建。功能型的区域化党建从体制上突破了传统基层党建工作以纵向控制为特征的“单位建党”模式，通过发挥区域的产业创新优势，使隶属不同系统、掌握不同资源、比较松散的党组织赋予更多创新元素、创新活力，并进而形成以区域性党组织为纽带，社区党组织与企业、机关、学校等单位党组织融入共建，创新社会治理。构建功能型区域的区域化党建模式可以通过建立区域联合党委制，也可以通过建立区域党建工作联席会议的方式，凸现区域的功能优势。力求区域党建工作优势互补、区域资源共建共享，同时可以有效弥补区域社会治理所需公共资源的相对不足，确保政府职能转型后，社会、政治、经济、文化发展的需要，创新社会治理，加强基层建设。

结　语

北京的城市基层党建工作和社会治理创新面临新形势、新任务，非首都功能疏解、京津冀协同发展、治理“大城市病”都赋予了新内涵，按照党中央和中共北京市十二次党代会精神，深入贯彻习近平总书记系列重要讲话精神和治国理政新理念新思想新战略，统筹推进“五位一体”总体布局和协调推进“四个全面”战略布局，“坚持以习近平总书记两次视察北京重要讲话精神为根本遵循，努力建设国际一流的和谐宜居之都”，“推进社会治理创新，坚持重心下移、力量下沉，充分发挥街道、乡镇和社区、村在基层治理中的基础性作用，发挥枢纽型社会组织的桥梁纽带作用，加强社会工作者队伍建设”，“加强基层党的建设，推动基层党的建设全面进步、全面过硬，让党的旗帜在每一个基层阵地高高飘扬；坚持政治引领和服务群众相统一，探索不同领域党组织设置和发挥作用的有效途径，使每一个基层党组织都成为坚强的战斗堡垒”。不断总结提升首都城市基层党建工作的新经验新方法新思路，使城市党建资源统筹融合性不断深化，拓展外延，加强顶层设计，系统谋划；强化辖区统筹，既有市级、区级统筹，又着重街道层面的统筹；加强条块协同，加强市、区、街、社区四级联动；着力于引领社会治理创新，加强服务型党组织建设。使区域化党建立足于动员辖区各类主体，在实践中加强动员力度和广度，进一步拓展，形成全覆盖，将所有辖区内机构、组织、个人都覆盖进来，立足城市整体抓党建，从整体延伸到基层，从基层上升到整体。从而达到共建共治共享的目标，实现开放、统筹、区域化、多元化、融合化的首都城市基层党建工作新格局。

B.14

农转居社区青少年教育发展现状与对策

李晓婷 等*

摘　要： 社区教育是一种新兴的社会教育形式，是我国教育变革和发展的重要方向，是推动教育与社区、教育与社会密切结合的重要途径，也是发展终身教育、建设学习型社会的有效载体。本文以农转居社区为例，探究该社区教育服务的特点及存在的问题，提出转变观念、拓展服务主体、丰富活动内容和形式、加强社区教育专业化和信息化建设等对策建议。

关键词： 社区教育　青少年教育　教育信息化　创客社区

一　社区教育的起源与发展

“社区教育”最早源于20世纪初，美国教育学家杜威在其社区教育研究中提出学校为社区的雏形、为社区生活的缩影，进而提出社区教育这一概念。由于各国的教育发展背景不同，国外学者对社区教育的概念各持己见，主要分为三种类型：①以丹麦为例的北欧国家认为，社区教育是一种民众教育，力图将社区教育渗透到生活中，崇尚以人为本的理

* 李晓婷，社会学博士，副教授，北京工业大学文法学部社会学系系主任，研究方向为教育社会学；魏垚、谢彭、韩杉杉、米玛普赤、尼玛德吉，北京工业大学文法学部社会学系学生。

念，鼓励民众积极、主动并且多途径地参与到社区教育中；②美国则把社区教育看作一种补充性教育，开辟了职业教育的领域，其社区教育开课类型种类繁多，主要是针对社会人才需求而创办的服务型教育，覆盖面积广泛，社区内外教育资源丰富，形成一套庞大的教育体系网络；③日本认为社区教育是社会教育，其主要的目的是振奋国民精神、培养国民性格，更倾向于政治和社会文化的教育，社区教育也是由政府和社区一同进行管理的，甚至还通过法律法规来促进社区教育的发展，以此引起国民的重视。

我国现代社区教育起步较晚，20 世纪 80 年代以来，国家通过出台各种政策文件来发展社区教育，1999 年，国务院批转教育部《面向 21 世纪教育振兴行动计划》，明确提出："开展社区教育试验工作，逐步建立和完善终身教育体系，努力提高全民素质。"2000 年，教育部发布《关于在部分地区开展社区教育实验工作的通知》，决定在全国开展社区学院试点工作，推动社区教育加快发展。近年来，随着全民学习、终身学习的需求不断增加，国家越来越重视社区教育，2014 年《教育部等七部门关于推进学习型城市建设的意见》提出："广泛开展城乡社区教育，把社区教育工作纳入社区服务体系建设规划中。"党的十八大提出，"完善终身教育体系，建设学习型社会"。

在国家政策的引领下，地方性制度和政策体系建设也逐渐加快推进。截至目前，福建省、河北省、云南省、江苏省、湖南省、陕西省、山东省、上海市、太原市、成都市、宁波市等多个省市相继颁布推进社区教育或终身教育发展的条例、意见或规划。各地社区教育相关的法规和制度建设不断取得进展，为社区教育工作的长效化、常态化的开展提供了支持。目前，全国有 207 个社区教育实验区，其中 112 个是全国社区教育示范区。据教育部的统计，当前我国社区教育重点服务的对象是学前儿童、青少年、老年人和农民等群体，其中面向老年人开展社区教育的人数最多，其次是城市外来务工人员，再次是社区青少年、农民和下岗失业人员等。

二　调研对象与及调查目的

鸿博第一社区隶属小红门乡。小红门乡位于北京市朝阳区西南部，辖区面积为12.41平方公里，下辖4个行政村，小红门乡现共有5个社区，其中第一、二、三社区是原来小红门乡4个村的村民集体上楼形成的新社区，分别为鸿博家园一区、鸿博家园一期B区、鸿博家园六区，共有23栋楼，121个单元，其余两个社区是商品房小区。笔者调研的鸿博第一社区是将原来乡里的平房拆除，在原有宅基地上建立的，属于回迁房，是原住民拆迁上楼后形成的一个新社区。社区居委会成立于2014年9月，共有4343户，大约10800人，外来人口大约有3650人，大部分农民已经变成了居民，但市民化进程整体来说相对落后。

社区教育是我国终身教育体系的重要组成，是学习型社会建设的重要内容。为了了解农转居社区青少年的社区教育现状与需求，寻找社区青少年人群对教育需求的偏好和特点，笔者自2017年11月起对小红门乡鸿博第一社区进行了实地调研，以第一社区中6~18岁的青少年为主要访谈对象，并且在对青少年儿童访谈结束后，进一步深入了解儿童家长和长辈对访谈问题的回答，以探究适合该社区的青少年教育服务形式，发挥社区教育的作用，让社区更好地服务于社区青少年，建设一个文化和谐、先进的新型社区。

三　青少年社区教育服务现状与问题

1. 社区教育以趣味、学习类为主

鸿博家园第一社区在近几年开展了一系列的专门针对青少年的教育活动（见表1），这些活动大致可分为趣味性活动（比如魔术表演、制作小手工、扎染活动等）、课堂学习类活动（书法、绘画、读书会活动等）、教育讲座类（安全教育、核心价值观教育讲座等）和户外实践活动（外出参观博物馆、艺术区、体验大自然等），社区教育以趣味、学习类为主。

表 1　鸿博家园第一社区教育活动开展情况

活动名称	内容	地点
趣味性活动——魔术表演	请老师给小朋友表演魔术、教魔术	居委会活动室
趣味性活动——扎染	手工类活动,扎染,油画 DIY 制作活动	居委会活动室
趣味性活动——做手工	串珠子、插花,布置居委会活动室	居委会活动室
学习类活动——书法	请老师来教学,临近过年的时候会在小区楼下现场写字或写春联送给居民	居委会活动室或小区楼底下
学习类活动——安全知识讲座或实践	理论讲座教学,也组织青少年在社区周边发放安全册子,向居民宣传安全意识,自护教育活动,一学一做活动,普法讲座	居委会会议室或小区边
学习类活动——读书活动	图书室有一些杂志、红书,还有一些青少年的课外读本,在暑期能够开放和借阅,散文诗歌朗诵活动	居委会图书室
外出实践活动	组织小朋友到公园、博物馆、798 艺术等地方参观学习,通过一些活动游戏和介绍让他们了解课外知识	社区附近的公园、顺义的博物馆、798 艺术区
表演活动	十九大文艺会演,青少年才艺大赛	社区里或社区另外联系场地

这些趣味性的社区教育活动深受青少年喜爱。有受访者提到曾参加社区举办的教学魔术活动，他很有兴趣，学到了一些小魔术。另一位女性受访者表示，她参加的社区活动里，有消防知识讲座，也有小手工制作的活动，她生动地向我们描述了她做过的手工作品，并且对做完作品后能够将自己的作品带回家表示满足和开心。而对于消防知识讲座等活动，本以为孩子们会比较排斥这种“枯燥”的学习型活动，但是好几位受访者都表示挺喜欢听讲座的，觉得能够学到一些知识，很愿意参加。

无论是家长还是孩子都比较认同社区的教育活动，并希望社区能够进一步丰富活动内容。一位家长表示希望社区能多举办户外实践类的活动，比如可以带社区里 10 岁以上的小朋友到户外亲近大自然、当志愿者发放传单等活动，让他们提高动手能力，体验生活；另一位家长则希望社区能够提供一些志愿服务活动或者举办一些社交类活动，帮助孩子们提高自己的社交能力和沟通能力，帮助他们实现初步的社会化。

总之，该社区的青少年对社区教育有极大的需求，他们认为社区教育是学校教育的补充，不过不是对学校教育的内容进行简单补充，而是给予社区居民更多的机会去拓宽自己的眼界、拓展课外知识。

2. 社区教育大多以居委会为发起主体

社区教育是提高社区居民参与社区事务的重要途径，然而在调研中笔者发现，绝大部分的社区教育活动是由社区居委会组织，并由社区积极召集社区青少年参与其中。现在的社区治理越来越多地倡导社区自组织的营造，倡导居民自我管理、自我教育，但在现阶段农转居社区居民还无法实现这样的自组织程度，很多方面需要依托居委会进行活动。居委会会提供资金和场地，居民不需要带任何物品就可以参加活动，居民对居委会的依赖性也较强，居委会在社区活动中起到了组织者和领导者的作用。

这让居民形成了依赖心理，觉得提供这些基础设施和条件是社区居委会的义务，缺乏自己组织活动的积极性和意愿，或者没有意识到组织活动，自我管理、自我教育也是居民的权利和义务。在该社区，居民对社区居委会的依赖性很强，自组织能力弱，社区总体仍呈现自上而下的管理形式。

当然，社区的教育活动曾与许多其他教育机构合作。社区举办的社区教育活动大多是邀请朝阳区社区学院的老师，部分是乡里的志愿者学院安排的，少部分是社区邀请社区中有专业背景知识的居民授课。在社区周围有许多私人艺术培训机构，该社区曾与书法培训机构合作过，社区为书法培训机构提供场地。春节前，书法培训的老师和学生则在小区里为社区居民写对联并且免费赠予。社区开展这些教育活动的目的是给予社区青少年更多了解社会、自然和中国传统文化的机会，拓宽他们的知识面，与学校教育互补，并且通过这些活动让他们积极参与到社区生活中，提高他们社区参与的积极性。

3. 社区教育活动时间大多集中在寒暑假

通过访谈得知，该社区组织的青少年教育活动大多集中在寒暑假，几个受访小朋友都提到他们曾经参加过社区在寒暑假时组织的活动，如专业知识讲座、学习制作串珠作品、外出参观展览、参加消防演习等。通过进一步访谈得知，这些青少年在课堂教学之外大多参加课外补习班或兴趣班，投身到“影子教育”中①，影子教育在一定程度上挤压了青少年参与社区教育活动的时间。青少年儿童这个群体的特殊性在于时间的固定性，学校教育之外他们虽然拥有一定的课余时间，但这些课余时间大都被各种课外班占据，周末时间还会参加各种类型和性质的“兴趣班”，而在未放寒暑假的时候青少年儿童大多是没有时间参与社区活动的。在与被访小朋友交流后发现，这些小朋友人均有2~3个课外班，其中不包括学校组织的课外学习班（学校会在周二和周四下午安排兴趣班，在校学生可以报名，并且在学校组织的考核中通过后参与，不需要任何额外的费用），课外班中补习功课的学科一般是数学和英语这两科，另外会有一个或者两个以培养孩子兴趣、增加孩子特长的课程，通常女孩会上唱歌跳舞类的课程，男孩会上运动类型和加强脑力的课程（如围棋、象棋等）。报课外班已经成为一种常态，不报课外班的学生仿佛是“异类”，课外班“挤压”了孩子周末和放学后的时间。在这样的情况下，他们根本不可能在非假期参与到社区组织的活动中去。

4. 新型网络教育模式深受青少年喜爱

调查中发现，居民非常欢迎网络教育形式。随着互联网进入社区和家庭，人们普遍实现了信息上的平等和资源上的共享。这对社区教育也产生了全面的影响，互联网成为社区教育和终身学习的重要途径。积极利用互联网，开展网络远程教育，创设网络社区、利用网络图书馆，成为社区教育的重要载体和发展趋势。访谈中有的居民表示最喜欢在家学习，接受网上社区教育。受访的绝大多数居民表示愿意接受网络社区教育。

5. 青少年社区教育活动呈现“小群体”现象

社区里青少年的活动参与呈现出“小群体”的情况，在西方社会学文献中，“小群体”被理解为若干人在一起的聚合体，小群体内部有较大的凝

---

① 影子教育是指在主流教育之外的课外补习活动，补习内容基本类似于学校课程，目的是提高主流学校的成绩。

聚力和较强的稳定性，群体成员的交往和沟通比较频繁。

鸿博家园第一社区是回迁房社区，现有居民大部分是原有村民，彼此之间呈现出传统“熟人社会”的社会关系，也就是差序格局的体现，某些居民会与以往认识的亲邻在新的社区环境中建构起比以前更加亲密的联系，这就形成了社区活动中的小群体。访谈发现，参与社区文娱活动的人员一般比较固定，几个成员会是活动的积极参与者与活动的“中坚力量”，圈子里很少会有新成员的加入，消息也不会或者很难流通出小群体。老人组成了小团体，参与的儿童也是那些老人的子孙辈，在青少年中间也形成了一个“小群体”。

6. 居民对社区教育的认知程度有局限性

访谈中也发现，部分家长认为开展社区教育意义不大，这些对于社区教育认知程度较低的家长及其孩子，往往也很少甚至从未参与过社区活动。尽管社区教育已经发展了一些年，取得了一定的成果，但由于中国社区教育起步比较晚，人们对社区教育的认识较浅，“不理解社区教育的真正内涵，没有认识到社区教育与自己的生活、自身的发展及社会融合度有着怎样的密切关系，无法真正重视社区教育”。还有一部分人甚至不知道什么是社区教育，对社区教育认识不够，直接导致社区居民参与社区教育的愿望不强；多数社区居民还不能从终身教育，从青少年社会化和青少年教育，从社区发展的角度来认识社区教育。

四　加强社区教育的对策与建议

我国的社区教育已经开展了20多年，取得了一定成绩，但还是存在一些问题和不足，社区教育还有很大的发展空间。

（一）转变观念，提高居民对社区教育的认知程度与参与意识

社区教育是一种新兴的社会教育，是我国教育变革和发展的重要方向，是发展终身教育、建设学习型社会的有效载体。在此背景下，社区成员应该

转变观念，从单一的学校教育观念转变到全民教育、全面教育、全程教育、终生教育的大教育观念上。

社区管理者也应该充分认识社区教育的重要意义，组织社区教育宣传小组，以网上宣传、报单宣传、口头宣传等各种形式向社区居民，尤其是青少年及其父母，展示社区教育规划体系，让社区中的每个人都认识到社区教育的作用，增强参与意识。同时要加强社区教育理论和实践的研究和学习，不断提高社区教育水平，把社区教育引向规范化、制度化，建立属于社区自己的社区文化和社区教育体系。

（二）完善服务主体，构建社区教育服务的多元体系

各地党政部门要加强对社区教育的领导，建立政府和相关部门负责人参加的社区教育工作领导机构。建立社区教育专项工作制度，并落实相应的管理机构、人员和经费。建立起一支以专兼职人员和志愿者构成的，能适应社区教育发展的社区教育师资和管理队伍。建立政府投入为主，“社会筹一点、单位出一点、个人拿一点”多渠道保障经费来源。

当下有关社区建设的观点，有部分学者提倡是要提高居民自组织能力，因此在现阶段需要居委会发挥重要组织者的职能，居委会应充分了解居民的需求和意愿，通过分析居民的需求，更好地组织符合居民期待的活动，在社区教育活动上，给予一定的资金和场地支持。

国家近年来对社区教育的关注有了大幅度的提升，但是各类人力资源、物质资源能真正落实到社区教育的部分仍是有限的。社区教育的可持续发展，还需要社会各方力量的积极参与。

首先，建设社区学院，依托社区学院形成社区教育网络。目前已有一些社区建立了社区学院，确保社区学院在社区教育中发挥主体作用。应充分认识社区学院的地位和作用，大力发展社区学院，把社区教育触角伸向社区各个方面，优化社区教育办学体系。

其次，充分利用学校教育资源，发挥高等学校在社区教育专业人才培养、专职员工培训、兼职师资来源等方面的重要作用，使高等学校成为社区

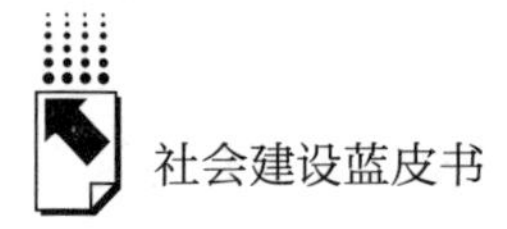

教育重要的人力资源“蓄水池”；同时提高学校图书馆、科技馆、体育馆等各类设施的开放力度，加强社区和学校的资源共享。

最后，争取设立社区基金会。通过建立多渠道筹集社区教育经费机制体制，设立社区教育基金，为社区教育办学实体提供经费保障。

（三）满足青少年需求，有计划、多形式地开展社区教育活动

社区教育是面向社区大众的教育，是实现终身教育、全程教育的重要教育形式，因此需要根据青少年的发展特点，有计划地建设社区教育课程体系。比如可以从社区文化及需求出发，社区为社区青少年开发一系列教育体系项目，从小学到中学，青少年需要定期参与社区的系列教育活动。这些教育活动可以划分为若干项，如道德思想教育、动手实践教育、社交活动教育等，每项教育下可设置各种有趣、实用的小活动，增强选择的多样性，而完成社区教育体系的青少年可获得社区颁发的资格证书等，以资鼓励。同时在课程设置上将学术性课程和趣味性课程结合起来，可聘请专业人士开展一些基础理论知识的教学，以提高青少年的自身文化素养及综合素质。

为此，要注意把握好以下两点。一是全面规划，分步实施。以满足社区成员的多样化需求为前提，成立活动安排小组，构想活动流程，提前将活动的整体规划告知社区居民。二是加强协作，共建共享。社区教育的区域性和多样性特点，决定了其活动形式不局限于社区区域内。为此，在活动建设方面，应提倡社区之间交流协作，分工合作，互通有无，共建共享。各社区相互交流分享，学习其他社区举办活动的成功经验，也可共同举办社区活动、社区交流会、联谊会等。这样不仅有利于进一步发挥系统优势，而且可以使活动建设的效益最大化。

（四）推动社区教育的专业化和信息化建设

社区教育机构要积极开展不同层次、不同专业社区教育工作人员的培训，提高社区教育人员的专业素质，加强师资能力的培养，同时引进专业师

资，提高师资队伍整体水平。

现代社会是一个信息化社会，信息技术已经渗透到社会的各个领域，人们的生活、工作与学习由此发生很大变化。2018 年 4 月 18 日，教育部发布《教育信息化 2.0 行动计划》，提出“网络扶智”“智慧教育”“信息素养”三个行动计划，打造新时代教育新生态。毫无疑问，教育信息化发展浪潮势不可当，社区教育作为我国现代教育体系的重要组成部分，社区教育与信息化融合也将是必然趋势，要不断加强社区教育的信息化建设，以满足社区教育发展需要。

首先，构建社区教育资源网上平台。社区不可能拥有开展社区教育的全部资源，整合资源是改善社区教育条件的有效途径。建设社区教育课程和活动信息库，建立优质教育资源共享平台。调查发现，很多社区已有自己的微信公众号，在公众号上发布教育课程资源和活动信息，加大信息的传播力度，鼓动居民积极参与。除了公众号外，还可以制作相关网站，发布教育信息和开展远程教育。

其次，完善社区教育在线学习平台，服务市民终身学习需求。结合智慧城市建设和“互联网 +”行动计划，推动物联网、大数据、云计算、人工智能等与社区教育深度融合，突出社区教育的教育属性和社区属性，立足“数字惠民”，寓“数字化学习”于社区服务中。同时加强过程管理，做好实名注册、学分计算、在线测试、质量监测等工作，建立以需求为导向的学习服务机制，通过智能化资源推荐和个性化推送的方式，改善数字化平台的用户体验。

再次，借鉴和推广国外好的社区教育信息化模式。2014 年起，美国政府、学校、社区、企业都积极投身全面推动全美创客行动，美国推进全民创客行动的进程中，非常重视社区创客空间的建设，众多社区创客空间担负起社区教育的责任，成为社区教育的主要载体．这种将教育与社区创新融为一体的形式创新，为我国探讨社区层面的创客教育实践、创客教育空间提供了有益启示。

参考文献

陈蕾：《我国社区教育现状及发展思考》，《湖北广播电视大学学报》2013 年第 1 期。

吴遵民：《我国当代社区教育的历史回顾与展望》，《远程教育杂志》2011 年第 3 期。

沈光辉、陈晓蔚：《内涵本质、功能定位与发展模式——基于学习型社会视野的社区教育理论研究热点问题》，《现代远距离教育》2015 年第 2 期。

李婷、彭小飞：《新时代城乡社区教育均衡发展的机制研究——基于宁波 4 个典型社区的调查》，《教育学术月刊》2018 年第 4 期。

宋亦芳：《社区教育信息化发展的若干政策思考》，《当代继续教育》2018 年第 2 期。

李卢一、郑燕林：《美国社区创客教育的载体》，《开放教育研究》2018 年第 5 期。

B.15
2017年北京互联网舆情分析报告*

鞠春彦　程婉豪　阚馨仪**

摘　要： 本文在回顾2017年北京互联网舆情状况的基础上，指出北京互联网舆情在日益法制化的互联网场域中保持平稳可控态势。2017年，中国进入互联网空间法治元年。网络新规频出，促使互联网舆论场的新规范形成，新活力注入。但网络治理的任务依然严峻，北京需要在京津冀一体化进程中系统推进互联网治理工作。

关键词： 互联网舆情　互联网治理　京津冀一体化

2017年，中国互联网更加活跃化。根据中国互联网络信息中心（CNNIC）发布的第40次《中国互联网络发展状况统计报告》可知，截至2017年6月，我国网民规模达到7.51亿人，互联网普及率为54.3%，较2016年年底提升1.1个百分点；其中，手机上网比例持续提升，截至2017年6月，我国手机网民规模达7.24亿人，较2016年底增加2830万人，其比例由2016年底的95.1%提升至96.3%①。在网民规模与活跃度与时俱进的同时，各类网络应用的用户规模也不断扩展，互联网催生的新业态井喷式

---

* 本文是北京市社会科学基金项目"网络社会风险与治理研究"阶段性成果，项目号S0014102201701。

** 鞠春彦，博士，北京工业大学文法学部副教授；程婉豪，北京工业大学社会学系学生；阚馨仪，武汉大学新闻与传播学院传播系学生。

① 中国互联网信息中心：第40次《中国互联网络发展状况统计报告》。

发展，网络安全形势严峻。为此，政府对互联网治理力度进一步加大，党中央、国务院对“互联网 + 政务”和政务信息公开更加重视。

2017 年，在智慧北京建设的大背景下，政府网站建设与维护仍在持续改进和优化中。在 2017 年中国政府网站绩效评估中，北京仍居首位。其他排位前 10 的是：上海、四川、福建/广东（并列第 4）、浙江、江苏/湖北（并列第 6）、海南/安徽（并列第 7）、江西、广西、贵州。

表 1　2017 年省级政府网站评估结果（前 5）

排名	名称	信息发布指数	解读回应指数	办事服务指数	互动交流指数	管理保障指数	应用推广指数	优秀创新案例指数	总分
1	北京	0.91	0.81	0.81	0.80	0.88	0.78	0.90	93.4
2	上海	0.90	0.83	0.86	0.85	0.90	0.90	0.34	91.1
3	四川	0.92	0.82	0.86	0.83	0.78	0.86	0.61	90.9
4	福建	0.88	0.82	0.89	0.87	0.86	0.81	0.40	90.6
4	广东	0.86	0.81	0.87	0.78	0.77	0.72	0.88	90.6
5	浙江	0.91	0.89	0.90	0.80	0.82	0.88	0.25	89.6

资料来源：http：//www. cstc. org. cn/wzpg2017/zbg/pgbg_ detail. jsp？ id = 128703。

在 2017 年区县政府网站绩效评估中（见表 2），北京市西城区（第 5 名）、北京市大兴区（第 7 名）排在区县政府网站的前十名。与上年相比，西城区的排位有所上升（与青岛市崂山区并列），但大兴区的排位有所下降。从总体情况看，北京市各区的政府网站绩效评估成绩都是优于 2016 年，但与全国的总体情况相比，仍有很大的进步空间。2017 年评估结果中榜单前 15 名中北京市仅占 4 席，朝阳区的分数从 68.6 提到 74.1，进步很大，但在总排名中只在第 25 位。

表 2　2017 年区县政府网站评估结果

排名	名称	所属省市	信息发布指数	解读回应指数	办事服务指数	互动交流指数	管理保障指数	应用推广指数	优秀创新案例指数	总分
1	罗湖区	深圳市	0.80	0.82	0.73	0.80	0.78	0.84	0.28	82.8
2	禅城区	佛山市	0.70	0.82	0.77	0.66	0.63	0.62	0.83	81.9
3	思明区	厦门市	0.74	0.47	0.82	0.80	0.78	0.69	0.40	81.4

续表

排名	名称	所属省市	信息发布指数	解读回应指数	办事服务指数	互动交流指数	管理保障指数	应用推广指数	优秀创新案例指数	总分
4	福田区	深圳市	0.74	0.84	0.80	0.75	0.68	0.79	0.25	81.3
5	西城区	北京市	0.78	0.76	0.82	0.66	0.61	0.73	0.40	80.9
5	崂山区	青岛市	0.78	0.84	0.72	0.71	0.76	0.75	0.35	80.9
6	武昌区	武汉市	0.78	0.74	0.70	0.65	0.69	0.59	0.67	79.3
7	大兴区	北京市	0.73	0.61	0.78	0.76	0.75	0.68	0.30	79.1
8	仪征市	扬州市	0.78	0.77	0.76	0.64	0.58	0.58	0.60	79.0
9	顺德区	佛山市	0.73	0.78	0.80	0.72	0.54	0.84	0.29	78.5
10	静安区	上海市	0.75	0.82	0.69	0.68	0.77	0.82	0.25	78.3
11	鼓楼区	福州市	0.74	0.82	0.79	0.68	0.68	0.68	0.15	78.2
12	东城区	北京市	0.61	0.89	0.78	0.73	0.79	0.62	0.15	77.8
13	翔安区	厦门市	0.71	0.74	0.76	0.86	0.61	0.63	0.25	77.3
14	余姚市	宁波市	0.74	0.86	0.75	0.67	0.61	0.65	0.30	77.1
14	南山区	深圳市	0.67	0.88	0.71	0.80	0.76	0.54	0.24	77.1
15	顺义区	北京市	0.68	0.85	0.67	0.76	0.73	0.86	0.25	76.9

资料来源：http：//www.cstc.org.cn/wzpg2017/zbg/pgbg_ detail.jsp? id=128706。

另据《2017年人民日报·政务指数微博影响力报告》，北京市在“省份政务微博竞争力排行榜”中，位列第11。比较北京市在“政务微博竞争力排行榜”中的得分和名次情况，其下滑的趋势非常明显（见表3）。

表3 2015～2017年省份政务微博竞争力排行榜（北京）

年份	排名	地区	传播力	服务力	互动力	竞争力指数
2015	8	北京	77.33	60.75	71.83	69.60
2016	10	北京	73.71	34.99	91.52	66.39
2017	11	北京	66.81	52.76	68.49	62.48

资料来源：2015新浪政务微博报告；2016新浪政务微博报告；2017新浪政务微博报告。

在政务微博竞争力排行榜中，“北京12345”和“平安北京”，分别位于“全国十大服务中心微博”和“全国十大公安微博”的第三名，发挥着重要作用。值得注意的是，“平安北京”较2016年（第二名）的排名和总分均有所下降。“全国十大交通运输微博”中的“北京地铁”和“交通北京”在2017年分列第4名、第10名，相较于2016年总分和排名均有所下滑（前者居榜首，后者为第6名）。在环境保护方面的政务微博，“气象北京”的排名有所上升，跃居“全国十大气象微博”第二名（2016年为第4名），但在“全国环保系统微博”中，“北京环境监测”（2016年第9名）、“环保北京”（2016年第14名）2017年纷纷落榜。只有“京环之声”总分有所增加，但位次也从第三名滑落到第5名。

与北京市情况不同的是，协同发展格局中的天津市和河北省的情况却很有亮点。最近两年，天津市和河北省在政务微博竞争力排行榜中排名上升的幅度较大，而且2017年排位都跃居北京市之前（见表4）。

表4　2016～2017年省份政务微博竞争力排行榜（京津冀）

年份	排名	地区	传播力	服务力	互动力	竞争力指数
2016	10	北京	73.71	34.99	91.52	66.39
	17	河北	61.58	59.84	52.60	57.83
	24	天津	51.93	34.49	58.01	47.95
2017	9	河北	62.33	57.21	71.17	63.63
	10	天津	56.85	57.32	75.17	63.43
	11	北京	66.81	52.76	68.49	62.48

资料来源：2016新浪政务微博报告；2017新浪政务微博报告。

一　2017年北京互联网舆情状况

从总体情况来看，2017年社会热点事件主要围绕时事政治、民生权益、教育舆情、公共安全、医疗卫生等议题展开，微博、微信、知乎等社交媒体依然是舆情发生的主要信息源及舆情发酵关键渠道。在舆情事件类型中，社会民生类仍占绝大部分，政务法律类、科教文体类和传媒网络类舆情事件（话题）也颇受关注，其中教育类舆情事件（话题）明显增多。在中国网发布的《2017年中国互联网舆情研究报告》中，“红黄蓝”幼儿园虐童事件、北京“低端人口”风波、北大女硕士章莹颖在美失踪、北京延庆二中校园欺凌事件、北京五星级酒店被爆不换床单等事件，分列第一号、第四号、第十一号、第十九号、第二十号舆情。2017 年纪念类事件比较多——庆祝香港回归祖国 20 周年、纪念全民族抗战爆发 80 周年、庆祝中国人民解放军建军 90 周年及“朱日和”沙场阅兵、纪念南京大屠杀死难者遇难 80 周年及国家公祭仪式等，作为首都的北京因此备受网民关注。

1. 教育领域：高考改革、性侵、虐童、校园欺凌等事件引发众议

一年一度的高考，总是年度舆论焦点的常客。北京是高等院校的集中地，其教育资源的整合必然引发全民的关注。2017 年 5 月，教育部批复同意以中国社会科学院研究生院为基础，整合中国青年政治学院本科教育及部分研究生教育资源设立中国社会科学院大学。2017 年，中国青年政治学院不再招收本科生，而中国社会科学院大学招收首批本科生 390 人。2017 年的北京高考，首次运行平行志愿填报方案，合并原本科二批、本科三批，成为新的“本科二批”，可以填报 10 所平行志愿高校。北京新高考志愿填报方案一出台就备受考生和准考生及家长的高度关注。9 月 21 日，教育部通过官网下发了《关于公布世界一流大学和一流学科建设高校及建设学科名单的通知》，正式对外公布了世界一流大学和一流学科（简称“双一流”）建设高校及建设学科名单。此次名单涉及一流大学建设高校 42 所，一流学科建设高校 95 所，并将一流大学区分为 A、B 两类。双一流大学建设引发从教育界人士到普通网民的积极关注。

5 月 10 日的北京电影学院性侵事件、6 月下旬的北京延庆二中学生受辱吃粪便事件以及 11 月在北京朝阳区管庄发生的红黄蓝幼儿园虐童事件引起舆论哗然。涉及幼儿安全问题、校园暴力等教育舆情往往牵动公众的心，如何加强教育管理及保护弱势群体成为全社会关注的焦点。

2. 交通治理领域：拥堵缓解初见成效，共享单车的争议不断

北京在交通治理方面的举措一如既往。2017 年，最后一次小汽车摇号中签率约为 0.11%，相当于 883 人抢一个指标。从 2018 年开始，指标进一步压缩，北京全年个人普通车指标仅为 3.8 万个，中签难度或将增加数倍。

此外，个人示范应用新能源小客车指标配置 1543 个，已有超过 10 万人在轮候等待 2018 年配置。交通治理取得初步成效。北京市交通拥堵问题的确有所缓解，拥堵范围、时长和程度均有所降低。2017 年，中度拥堵以上天数减少 16 天、每日拥堵时长减少 15 分钟，根据第三方机构评测统计，北京的平均车速提升了 10%①。

自 2014 年，北大毕业生戴威、薛鼎、张巳丁、于信 4 名合伙人共同创立 ofo，致力于解决大学校园的出行问题以来，到 2016 年 11 月，已经有多家共享单车诞生并且都获得了大量的风险投资。2017 年是共享单车扩张发展的一年，它给人们的出行带来了便利，但也衍生了不少问题。共享经济是 2017 年我国网络舆论场中最为火热的词语之一。2017 年 9 月，北京市发布《鼓励规范发展共享自行车的指导意见（试行）》，这一指导意见进一步明晰了政府、车企、社会及用户的权利与责任。11 月，共享单车押金管理问题受到网友的质疑和高度关注。2017 年 8 月，经国务院同意，交通运输部、中央宣传部、中央网信办、国家发展改革委、工业和信息化部、公安部、住房和城乡建设部、中国人民银行、质检总局、国家旅游局 10 个部门联合出台了《关于鼓励和规范互联网租赁自行车发展的指导意见》（简称《指导意见》）。12 月，中国消费者协会在京召开共享单车企业公开约谈会，就消费者普遍关心的押金和预付金存管、车辆投放与运维等问题约谈相关企业。如何细化共享单车的管理等议题在持续的讨论中。

3. 环境与生态治理领域：强化治理效果明显，后续问题亟待解决

2017 年 1 月 7 日下午，北京市召开座谈会，邀请媒体和市民代表对大气污染防治工作提出意见和建议，北京市代市长蔡奇出席现场回应了公众关心的热点问题。会议内容主要包括：农村“煤改清洁能源”、最大限度地压减电力行业的本地排放、完成剩余的 4000 蒸吨工业和供暖燃煤锅炉的清洁能源改造、高排放机动车治理、重点管控重型柴油车、全面推动燃气设施氮氧化物减排、进一步加大工业企业调整退出步伐、促进排放挥发性有机物重

① http：//www. sohu. com/a/222467014_ 99896029.

点行业企业的转型升级以及铁腕执法，强化督察问责和深化区域大气污染协作机制。纵观2017年，大气污染治理的效果是明显的。2017年北京市平均优良天数比例为62.1%，同比上升6.9个百分点。PM2.5浓度为58微克/立方米，同比下降20.5%；PM10浓度为84微克/立方米，同比下降5.6%。北京市环保局已宣布，北京市完成了国家“大气十条”任务目标。优良天数比2016年增加28天，达到226天；重污染日减少16天，为23天。过去五年间北京市主要污染物年均浓度都显著下降，尤其是二氧化硫浓度下降幅度最大，2017年二氧化硫年均浓度首次降至个位数，为8微克/立方米①。

2017年12月，包括华北地区在内的多地天然气供应紧张引发舆论广泛关注。农村“煤改清洁能源”遭遇重大转折，不少地区“限气”影响到居民供暖等日常生活需求，天然气短缺的连锁反应，也开始向下游多个行业蔓延。发改委等国家部委与各地政府纷纷出台相应举措以应对危机。天然气供应不足情况如何解决、何时能解决、价格是否会浮动等，都是舆论关注的焦点。此外，“还北京一个美丽的天际线”整治户外广告牌匾的集中行动遭遇网民吐槽。针对有北京市民反映，拆除广告牌匾后找不到路，用横幅代替牌匾等问题，北京市城市管理委员会于12月8日表示，正在制定街区总体设计，将注重街区特色，将拆除和规范重设同步②。

4. 人口调控与政策领域：租住新规受关注，“低端人口”惹争议

2017年是北京市人口政策收紧和调控力度继续加大的一年。面对不断上涨的房价，如何让市民“住有所居”，提升人们的获得感不仅关系政绩更关乎民生。10月31日，北京住房租赁新政正式实施，监管和服务平台同步上线。这标志着北京房地产长效机制已经开始逐渐建立，此举获得网民点赞。

5. 城市规划领域：通州雄安成新亮点，京津冀一体化持续受关注

2017年4月1日，中共中央、国务院印发通知，决定设立河北雄安新

① http：//www.sohu.com/a/214360682_ 115433.

② http：//baijiahao.baidu.com/s? id = 1586262122314768951&wfr = spider&for = pc.

区。规划范围涉及河北省雄县、容城、安新三县及周边部分区域。新区设立消息一出，瞬间成为最热门新闻，雄安话题一跃成为舆论热点。9月29日，《北京城市总体规划（2016年~2035年）》发布，2017年北京迎来“通州年”。设立河北雄安新区，集中疏解北京非首都功能；建设通州新城，明确通州的北京城市副中心定位。这两个新城都是千年大计、国家大事，是国家战略的重要组成部分，是京津冀一体化进程中举足轻重的环节。

京津冀发展指数①最新数据显示：北京总体最强，天津支撑力增长迅猛，河北辐射力快速上升。从发展指数看，北京核心地位稳固，津冀差距呈缩小趋势。从协同总指数看，2005~2015年，京津冀总体协同发展程度呈上升趋势，三地发展基础的差距在不断缩小；从协同能力来看，指数平稳上升，区域协同的基础不断夯实，政府行为能力和区域创新能力对三地协同能力的作用最为突出；从协同行动来看，区域协同行动受政策性因素影响较大，企业发挥着举足轻重的作用；从协同绩效来看，效果并不理想，还有很大的提升空间，短板主要体现在京津冀生态环境建设滞后以及河北在社会保障上与京津差距过大等方面。

二　2017年北京互联网舆情特点分析

纵观2017年北京互联网舆情走势，尽管舆情热点频出，压力指数各有不同，舆情总体态势平稳可控。2017年是互联网空间法治元年，政府进一步加强了对互联网的安全监管，一系列网络新规出台。北京互联网舆论场也呈现出一些新特点。

1. 网络新规不断出台，互联网舆论场新规范逐步建立

2017年1月，中共中央办公室、国务院办公室印发《关于促进移动互

① 首都经济贸易大学课题组构建了对京津冀协同发展进展进行测度与评价的指标体系，包括发展、协同、生态文明、人口发展和企业发展五大指数。其中，发展指数采用了五个一级指标——支撑力、驱动力、创新力、凝聚力和辐射力，二级指标33个；协同指数方面，蓝皮书采用了三个一级指标——协同能力、协同行动和协同绩效，二级指标10个；等等。见《京津冀发展报告（2017）》（京津冀蓝皮书），社会科学文献出版社，2017。

联网健康有序发展的意见》，对我国移动互联网基础设施建设、信息安全、核心技术研发等方面提出重要指导性意见，提出要推动各级党政机关积极运用移动新媒体发布政务信息，提高信息公开、公共服务和社会治理水平。国家网信办深入整治“标题党”问题，印发《互联网新闻信息标题规范管理规定（暂行）》。网信办公布《网络产品和服务安全审查办法（征求意见稿）》，拟成立网络安全审查委员会，打造安全稳定的网络空间。2017 年 6 月 1 日，《中华人民共和国网络安全法》正式实施。这是中国网络领域的基础性法律，明确加强了对个人信息的保护，打击网络诈骗。司法解释明确，向特定人提供公民个人信息，以及通过信息网络或者其他途径发布公民个人信息的，应当认定为刑法规定的“提供公民个人信息”。2017 年 10 月 18 日，习近平总书记所作《中国共产党第十九次全国代表大会重要报告》中，8 次提到互联网相关内容，25 处提到网信相关内容，着重指出在中国特色社会主义建设的新时代，将不断加强互联网建设，加快推进“网络强国”战略，让互联网更好地造福国家和人民。

伴随一系列“惩治并举”的网络管理法律法规陆续出台，网络治理的相关举措也随之展开。国家网信办关停 18 款传播低俗信息直播类应用，北京等地对多家传播淫秽色情信息的网络直播平台进行刑事立案侦查等互联网治理行动，收获舆论好评。北京市网信办也落实新规，约谈多家网站，责令采取有效措施，遏制渲染演艺明星绯闻隐私、炒作明星炫富享乐等问题。随着互联网治理范围从时政资讯类向娱乐八卦信息的延伸，互联网言行边界更加明晰，网络舆论场的新规范逐渐建立，对网民的媒介素养提升提出新要求。

2. 互联网场域中的话语权“去中心化”，使舆情治理任务依然艰巨

互联网“无中心”的印记是与生俱来的。“去中心化”，强调的是在信息传播方式的“第三阶段，即电子传播阶段，持续的不稳定性使自我去中心化、分散化和多元化”[①]。“去中心化”颠覆了民众对于传统主流信息的倚

① 〔美〕马克·波斯特著，周宪、许钧主编《信息方式：后结构主义与社会语境》，范静哗译，商务印书馆，2000，第 13 页。

重，传播的内容和话语更多元，传播速度、舆论生成速度等都极为迅速，也越来越难以掌控。长期以来，微信、网络游戏和更多小众化的半封闭平台，一直是隐蔽敏感信息传播的重要渠道。监管盲区使得大量营销号集中转移，一些网络极端账号和带有意识形态攻击性质的群体使用这些平台传播、发酵非法舆论，诱导网民参与具有破坏力的舆情炒作，进一步成为煽动网络事端、点燃反向情绪的助推器，成为突发事件中的负面信息的发源地。尽管后台实名的网络注册规定和现代的科技手段能够让消息源最终浮出水面，但其引发的舆论热潮及其后果往往超出想象。

话语权“去中心化”为官民舆论场发生撕裂提供了可能性，民间对官方消息已经不再是无条件的信任，一旦回应不及时、相关证据不足、针对性不强，就会被网民通过吐槽情绪等推动舆情翻转，而信息管理者若风险管理意识淡薄、信息发布者传播方式不当，再加上信息接受者的群极化传播，都可能使重大公共事件的辟谣反作用呈现。这些都是未来网络治理必将面临的严峻挑战。

3. “正能量”给舆论场注入新活力，推动互联网治理新格局构建

微博、微信、知乎等社交媒体依然是舆情发生的主要信息源及舆情发酵关键渠道。主流媒体也借用这一趋势，加大正面宣传力度。在今年两会期间，“媒体国家队”大招不断，表现亮眼：新华社《共商国是》和动漫 MV《习近平关心的这六件事》呈现刷屏态势、《人民日报》H5 产品《两会喊你加入群聊》吸引过亿网民参与、新华网英文创意动画《老外说唱两会：世界为何关注两会?》获得境外网民好评、光明网多信道直播云台——“钢铁侠”成两会“网红”。与此同时，主流媒体还充分运用微博、微信等新媒体平台报道两会，吸引网民关注。新浪微博上，两会相关话题高居热门话题榜前列，@人民日报、@央视网等主持的话题“2017 两会”“微博看两会”阅读量分别达到 14.7 亿人次、36.8 亿人次，160 多万网民参与讨论。微信平台上，人民日报、光明日报、新华社等公众号，或通过“两会谈新”“两会聚焦”传递两会声音，或推出“小明 AI 两会”等专栏与网民互动，或开通“全景两会”吸引网民全程参与。

以团中央为引领的爱国青年网民逐渐成为引导网络意识形态的主力军，特别是联合 TFboys、韩庚、鹿晗、杨洋等青年明星策划的一系列正能量议题令人印象深刻。同时，团系统从两微平台扩大到知乎、B 站、QQ 空间、网易云音乐，对公共热点开展多元化、立体型的发声，网上舆论引导作用积极明显。

三　对2017年北京互联网舆情的思考与建议

通过对 2017 年北京互联网舆情的生态及其特征的考察，不难发现：北京互联网舆论场依然充满活力，它在日益规范的治理环境中持续生长。针对未来“互联网 +”更加多元的发展趋势，笔者有以下两点思考。

1. 保持优势、补短板，强化北京各级政府网站综合建设

综合对比近几年的省级政府网站评估结果及区县政府网站评估结果，我们不难发现北京各级政府网站的综合建设存在弱化的倾向。虽然在省级政府网站的评估结果中，北京仍居榜首，但是我们也应该清楚地认识到在区县政府网站评估结果中排位不断下滑的事实，我们要有危机意识。北京的优势显而易见，但优势有时候也可能变为束手束脚的劣势，这是我们必须警惕的。在京津冀一体化建设进程中，北京要继续发挥其引领作用。天津和河北的迅速发展也给北京提出新任务。表 5 是 2015 ~ 2017 年京津冀协调发展趋势下的省级政府网站评估结果的对比数据。数据表明，在京津冀一体化的大背景下，天津市和河北省的网站绩效评估得分和名次都有所上升。

表 5　2015 ~ 2017 年京津冀政府网站评估结果对比

名称＼数据＼年份	2015 年		2016 年		2017 年	
	排名	总分	排名	总分	排名	总分
北京	1	89.4	1	89.5	1	93.4
天津	20	63.6	18	67.5	19	72.0
河北	15	71.2	13	72.9	13	76.3

资料来源：http：//www. cstc. org. cn/wzpg2017/zbg/pgbg_ detail. jsp？ id = 128703；http：//2015wzpg. cstc. org. cn/wzpg2015/zbg/pgbg_ detail. jsp？ id = 127548；http：//www. cstc. org. cn/wzpg2016/zbg/pgbg_ detail. jsp？ id = 128308。

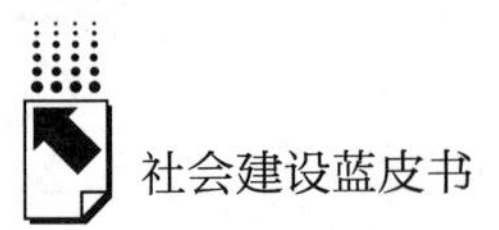

把握解放思想、创新进取、稳步推进的方针，做好综合建设，为互联网治理服务非常重要。在各方面强大的竞争环境压力之下，北京各级政府网站只有不断强化综合建设，才能在未来的互联网舆论场中有稳固的一席之地。

2. 研读新规、剖析政策，系统推进网络舆论场的治理工作

《网络安全法》和《关于加强网络信息保护的决定》的施行，标志着中国互联网治理取得新进展，中国进入互联网空间法治元年。这“一法一决定”还需要配套法规制度和标准规范的辅助，才能让互联网治理落到实处，发挥应有的作用。北京是全国互联网普及率最高的地区，网民整体的受教育程度和文化水平在全国也是首屈一指的，如何出台适合既满足北京网民需求又适合国家总体互联网治理战略的互联网管理地方标准是保持北京未来网络舆论场良好生态的前提。

十九大后，国家网信办出台《互联网新闻信息服务单位内容管理从业人员管理办法》，要给从业人员立规矩。北京的互联网新闻信息服务从业人员的规模是可观的，如何既做好管理又保持其活力是互联网管理者必须妥善处理的现实课题。此外，如何刚柔并济做好互联网舆情引导，不断提升网民媒介素养也是未来互联网治理要长抓不懈的任务。

北京是中国的中心、世界的焦点。北京的一举一动吸引着全中国、全世界人民的目光。如何让互联网更好地造福国家和人民，让网络舆论多一些理性表达少一些怨气和戾气排解，需要政府不断提高执政能力、服务能力和舆情处置智慧，也需要网民的自我教育和自我约束。希望北京在国家加快“网络强国”战略推进的进程中，构建一个开放包容的新时代互联网舆论场。

社会结构篇

Social Structure Reports

B.16
北京中产阶层发展状况分析*

赵卫华　汤溥泓**

摘　要： 当前，北京经济发展已经进入后工业时代，第三产业产值和就业都达到80%以上。职业结构变化带动中产阶层规模逐渐扩大。本文基于2010年“六普”数据和2015年国家统计局1%人口抽样调查数据中的北京数据，以职业和教育为标准，对北京中产阶层的规模进行了估计，并对不同阶层的生活状态进行了比较分析。研究表明，北京已经形成了“橄榄形”社会结构，中产阶层已经达到56%，商业服务业人员成为中产阶层的新来源。从整体上看，中产阶层在住房、汽车、社会保障等方面均好于体力劳动阶层。但是，仍有一定比例的中层阶层达不到预期的中产生活标准，住房、教育等压力大

* 本文是北京市社会科学基金项目“北京中产阶层发展状况研究”（15SHB013）的阶段性成果。

** 赵卫华，北京工业大学社会学系教授；汤溥泓，北京工业大学社会学系硕士研究生。

导致比较普遍的焦虑情绪。社会结构的变化对公共服务和社会治理水平提出了更高的要求。

关键词： 中产阶层 生存状况 橄榄形社会结构

北京作为中国的政治中心、文化中心、国际交往的中心、科技创新中心，同时也是事实上的经济中心，是政治精英、经济精英和知识精英云聚之地，也是中国中产阶层汇集之地。从产业结构和职业结构看，北京已经进入后工业社会，第三产业的产值比例和就业比例都已经超过 80%。产业结构和就业结构很大程度上塑造着阶层结构。目前，在第三产业已经高度发展的情况下，北京的社会阶层结构是否已经中产化？对此，从目前的研究来看并没有共识。对于北京中产阶层的规模，不同研究之间估计的规模差距还比较大。因此，本研究拟使用 2010 年“六普”数据和 2015 年国家统计局 1% 人口抽样调查数据的北京数据，对这个问题进行研究，以期对北京的阶层结构状况和中产阶层的发展有更深入的认识。

一　关于中产阶层的界定问题

目前，有关中产阶层的名称有所不同，如“中产阶级”“中间阶层”“中间层”“中等收入群体”，本研究认为，这几个说法虽然用词不同，但其所指代人群具有很大的相似性，大都是指在社会结构中处于中间位置的阶层。本研究用“中产阶层”来指代这个群体。

北京的中产阶层规模到底有多大，从目前来看，由于标准不同、依据的数据不同，不同研究之间对规模的估计还有较大差距。对北京中产阶层的估计数据来源一是最近两次人口普查数据和国家统计局 1% 抽样调查的数据，二是学者的抽样调查数据。从对中产的界定方法看，有的根据单一指标如职业，有的根据职业、收入和教育等综合指标。从规模来看，2010 年北京社会建设蓝皮书中，胡建国根据抽样数据，把包括党政机关事业单位中的中层领导干部、中小私营企业主、企业部门经理人员、教师、医生等专业技术人员、办事人员以及部分个体工商户在内的群体定义为中产阶层，认为北京的中产规模已经达到40%。《北京社会发展报告（2012～2013）》根据“六普”数据，从常住人口从事的职业、收入情况来看，国家与社会管理者、私营企业主、专业技术人员、经理人员、办事人员等“中间阶层”占38.9%。《2016年中国社会形势分析与预测》中，张海东等根据职业类型、2015年全年总收入、2015年全年总支出等综合指标，测算北京的中产阶层规模达到55%。不同研究中对中产阶层规模估计的差距比较大。

2006年笔者曾根据“五普”数据对北京的阶层结构进行分析，当时测算的职业中产的规模大约31.39%。十多年过去了，随着北京产业结构转型升级、就业结构趋高级化、人口结构变化等，中产阶层规模呈现加速扩大之势。鉴于各类研究之间差异比较大，本研究拟根据最新的统计数据对中产阶层规模进行估算。

要说明中产阶层的规模有多大，首先要界定哪些人属于中产阶层。谁是中产？如何界定？这个标准首先要明确。国内关于中产阶层的界定存在较大分歧，由此导致对中产阶层的规模估计也有很大不同。国家统计局2005年将年收入在6万～50万元的城市家庭定义为中等收入群体，但收入界定有一个比较大的问题是我国区域差距较大，发达地区年收入6万元，其生活可能比较艰难，而西部地区年收入6万元则可能比较富裕，所以在生活成本等因素差距较大、收入不断增长的情况下，收入指标有较大局限性。

社会学家倾向于根据职业、教育、收入、消费、生活方式等综合指标来界定中产阶层，但是具体划分上仍有较大差别。如中国社会科学院李培林、张翼则从收入、职业和教育程度这三个维度来研究中产阶层；李春玲曾按照职业、收入、消费及生活方式、主观认同四个方面分别综合界定中产阶层。而陆学艺则主要根据职业来划分中产阶层。虽然关于中产阶层的研究已经比较多，但在中产的概念界定上依然有较大分歧。李路路教授认为，中产阶层问题不是规模问题，也不仅仅是收入或财富分布的问题，而是一个社会关系

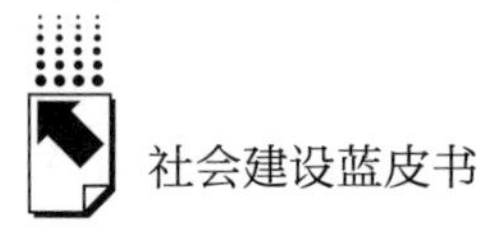

的问题；而边燕杰则认为，中产阶层是那些拥有较高文化水平、中等以上收入水平、从事白领职业、具有消费品位的群体。李春玲则仍坚持多元标准，认为定义中国中产阶层，职业是比收入或财产更重要的指标，但是，白领职业也未必确保一个人能获得中产身份，要更准确地划分中国中产阶层，需要多元指标。

中产阶层的界定标准多元化，每一个标准都有自己的理论关怀和现实出发点。受限于数据，本文主要依据职业和教育程度来粗略估算北京的中产阶层规模及其基本状况。当然，中产阶层的划分标准不仅是职业和教育，还有其他维度，如财产、生活方式等。而且，在房价、房租不断上涨、生活成本高昂的北京，财产（特别是房产）更是一个重要维度，深刻影响人们的阶层认同。在访谈调查时，很多人认为，中产阶层应该是有自有住房、有私家车、工作稳定、收入比较高，能够消费各种奢侈品、定期出国旅游，等等。而且，一些已经有车有房者，有的因为工作压力大、生活压力大，也并不认为自己属于中产阶层。然而，中产阶层的生活到底是居于社会中间的一种生活状态，还是生活方式具有示范效应的富有阶层的生活状态，其实是值得商榷的。从西方中产阶级概念内涵的演变可以看出，从内部差异巨大的法国第三等级到米尔斯笔下的白领，对中产阶级的界定离不开一个国家特定的社会结构和发展阶段。就中国而言，在还有大量农民、农民工及贫困人口的情况下，中产阶层可以被看作介于富有的精英阶层和体力劳动的工人和农民之间的中间阶层。具体用职业和教育来衡量，则是受过大专以上教育或者从事白领职业的人群。

二　中产阶层的规模分析

从职业来看，国内进行职业分层时，一般把国家机关企事业单位和社会组织负责人、专业技术人员、办事人员看作公认的白领职业，一般被划入职业中产的范畴。2010 年，北京这三类人员合计占比是 37.6%，这也是学者根据 2010 年人口普查数据估计北京中产阶层的主要依据。2015

年，国家与社会管理者阶层、企业单位负责人、专业技术人员、办事人员这几个公认的职业中产的比例合计达到39.3%，传统公认的白领职业变化不明显。

然而，2010～2015年，北京职业结构的变化是非常大的。随着产业结构和就业结构变化，职业结构中体力劳动的农民和工人都大幅度减少了，商业服务业人员大幅度增长，比重达到43.0%。农业劳动者下降到3.0%，产业工人下降到14.7%。

表1　2010年与2015年北京各职业阶层比重

单位：%

职业阶层	2010年	2015年
国家与社会管理者	0.4	0.9
企业单位负责人	2.3	3.2
专业技术人员	20.0	23.3
办事人员	15.3	11.8
商业服务业人员	34.0	43.0
产业工人	22.6	14.7
农业劳动者	5.4	3.0
不便分类人员	—	0.1
总计	100.00	100

更重要的是，商业服务业人员的职业内涵发生了变化。长期以来，这一职业大量存在的是家政服务员、饭店服务员、个体商贩等。在过去的职业分层研究中，这个职业从业者一般被认为是服务业工人，是半体力劳动人员，在职业分层体系中不属于中产的范畴。现在，商业服务业从业人员分化非常明显，可以看到两个不同的从业群体，一个是传统服务业，这个群体的从业人员学历低、收入低，从事的基本是体力半体力劳动，进入中产阶层的难度比较大。另一个是新型商业服务业人员，其工作需要较高的专业技能，像信息传输、计算机软件服务、房产地销售人员、金融服务等，属于新兴服务业。这些服务业人员需要一定的专业知识和学历教育，

也有良好的收入，属于典型的白领职业。商业服务业从业人员的白领化趋势在“六普”时已经出现，之后开始加速变化。这种变化典型地通过从业人员的教育程度反映出来。

从教育程度来看，北京商业服务业人员的高学历趋势明显，从2010年到2015年这五年来，商业服务业是高学历人员的主要流入领域。2010年“六普”时，商业服务业人员中本科以上教育者，达到9.5%，专科以上学历者，在商业服务业人员中达到21.8%。因此可以说这个阶层中1/5以上的人是受过高等教育的，这一比例在所有职业人口中的比例达到10%以上。2015年，商业服务业人员的教育程度大幅提高，大学本科以上学历者在商业服务业人员中的比例达到23.4%，增长了13.9个百分点，大学专科及以上学历者则达到38.6%。这个职业阶层也是中等职业学校毕业生就业最集中的领域，在中职毕业生中，一半以上属于商业服务业人员。由此可见，商业服务业人员中的一大部分从业人员学历越来越高，是教育中产的重要来源。如果把这个领域受过大专以上教育的商业服务业人员划入中产之列，则商业服务业人员中大专以上学历者合计占全部就业人口的16.6%。

此外，在生产制造业工人阶层中，本科及以上人员占所有从业人员的比例也达到了6.6%，大专以上的比例则达到14.3%，在制造业转型升级过程中，企业生产自动化的情况下，这些高学历的生产人员也是教育中产的来源之一。

综合教育和职业这两个指标来看，在各职业阶层中，国家与社会管理者的学历水平最高，其次是专业技术人员，再者是企业单位负责人和办事人员，以上职业阶层大多数人拥有专科及以上学历，是典型的中产阶层。商业服务业人员中受过大学教育者也属于白领职业，应该划入中产阶层之列。综合职业和教育程度看，则北京中产阶层的比重应该在56%左右，商业服务业人员是中产阶层的新来源。这个数据并没有包括个体户、食利阶层等老中产阶层，也没有包括产业工人中大学专科、本科及研究生学历者。因此，这个估计还是比较保守的。

表 2　2015 年北京各职业阶层的受教育状况

单位：%

类别	未上过学	小学	初中	普通高中	中职	大学专科	大学本科	研究生
国家与社会管理者	0.0	0.0	6.7	8.7	1.9	16.4	46.2	20.2
企业单位负责人	0.0	0.9	16.8	8.1	4.1	19.1	35.9	15.1
专业技术人员	0.0	0.4	5.9	6.2	4.7	19.8	45.2	17.7
办事人员	0.5	1.6	10.3	9.9	8.0	20.2	38.5	10.9
商业服务业人员	0.6	5.0	32.0	15.4	8.2	15.2	19.2	4.2
产业工人	0.3	13.3	52.8	11.9	7.5	7.7	5.3	1.3
农业劳动者	3.7	17.9	60.2	10.8	4.3	2.2	0.6	0.3

后面还可以结合不同职业阶层的财产状况进一步分析北京中产阶层的生活状况。

三　中产阶层的生存状况

从以上分析看，中产阶层从职业上看包括国家与社会管理者、企业单位负责人、专业技术人员、办事人员以及部分商业服务业白领，这个划分还可以通过其生活状况进一步印证。通常来说，对于城市居民，有自有住房、汽车以及比较完善的社会保险，意味着有比较稳定的工作和生活预期，这对于中产生活来说非常重要。下面从各个职业阶层的住房、汽车和社会保险等方面进一步比较和分析可以看出，传统公认的中产阶层的生活状况显著好于体力劳动阶层，商业服务业人员的生活状态更接近中产阶层的生存状况。

（一）自有住房情况分析

住房是当前城镇居民最重要的财产，也是最主要的生活用品，对于北京这个房价和房租都高昂的大都市来说，住房对生活质量和生活成本都有重要的影响，自有住房是中产阶层最看重的指标。由于农村居民住房的非商品性，所以在这里不做讨论。

从各职业阶层的住房自有率来看，国家与社会管理者、企业单位负责人、专业技术人员、办事人员的住房自有率都在70%以上。国家与社会管理者阶层的住房自有率为67.9%。商业服务业人员的住房自有率也达到了50%以上。而产业工人的住房自有率最低（见表3）。

表3　2015年北京各职业阶层住房自有率情况

单位：%

类型	国家与社会管理者	企业单位负责人	专业技术人员	办事人员	商业服务业人员	产业工人	农业劳动者	不便分类人员
住房自有率	67.9	70.5	71.4	77.1	51.2	49.1	94.9	28.6
购买新建商品房	24.4	34.0	20.3	23.9	12.7	8.4	3.1	0.0
购买二手住房	10.3	12.3	13.1	10.2	5.9	4.3	0.7	0.0
购买原公有住房	17.9	10.5	19.8	20.5	11.3	7.0	0.3	0.0
购买经济适用房、两限房	10.3	4.5	9.4	8.4	4.4	2.2	0.3	0.0
自建住房	5.1	9.0	8.8	14.1	16.9	27.3	90.4	28.6
租赁廉租房、公租房	7.7	2.4	3.5	3.2	3.7	2.1	0.0	14.3
租赁其他住房	11.5	24.1	19.4	14.1	39.6	44.5	3.8	42.9
其他	12.8	3.0	5.8	5.6	5.5	4.3	1.4	14.3

住房质量体现了社会成员的生活水平和生活质量。对于住房质量，本研究通过房屋类型、住房面积、房间数量、厨卫状态这几个因素综合衡量。在住房类型上，除了普通住宅，还有集体宿舍和工棚、工作地宿舍、无住房等形式。在各职业阶层中，住房类型绝大多数为普通住宅，但也有部分商业服务业人员、产业工人和农业劳动者居住于集体宿舍、工棚和工作地宿舍，其中还有极少数人处于无住房的状态（见表4）。

表4　2015年北京各职业阶层住房平均面积与房屋类型情况

单位：平方米，%

类型	普通住宅	集体宿舍和工棚	工作地宿舍	无住房
国家与社会管理者	97.5	0.0	2.5	0.0
企业单位负责人	98.2	0.0	1.8	0.0
专业技术人员	99.1	0.7	0.2	0.0

续表

类型	普通住宅	集体宿舍和工棚	工作地宿舍	无住房
办事人员	98.9	0.5	0.4	0.1
商业服务业人员	97.9	0.7	1.1	0.2
生产工人	92.8	2.3	4.7	0.2
农业劳动者	95.8	1.6	2.6	0.0
不便分类人员	100.0	0.0	0.0	0.0

在住房面积上，除农业劳动者外其他阶层的住房面积整体呈现依次降低的趋势，住房面积较大的是企业单位负责人，户均104.0平方米，以后依次是国家与社会管理者、办事人员、专业技术人员和商业服务业人员（见图1）。

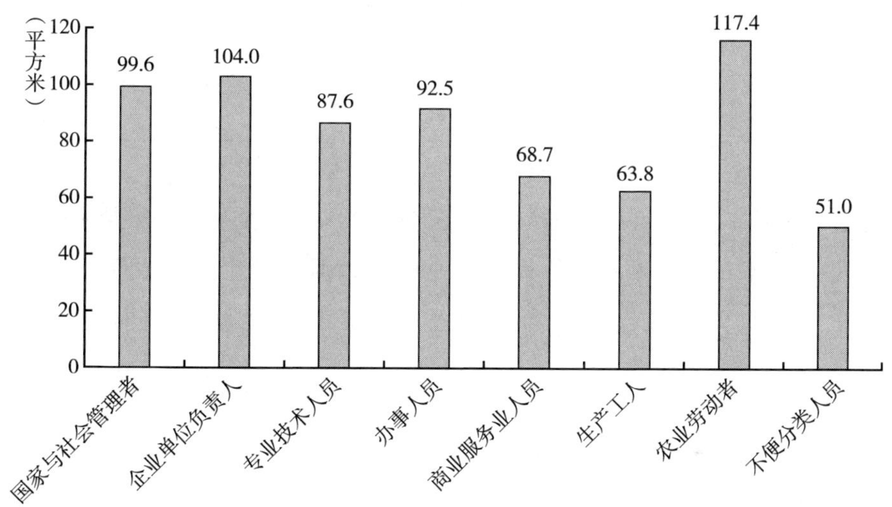

图1　2015年北京市各职业阶层住房平均面积

对于住房质量，从房间数量、厨房、卫生间状况三个方面进行衡量。分别对房间数量、厨卫状态进行赋分，赋分标准为：房间数量1～9间分别赋1～9分；厨房、卫生间状态分为无厨卫、与他人合用、独立使用三类，分别赋0、1、2分。住房质量为上述三项得分总和，总分为15分。分值越高，表示其房间数多，厨房、卫生间条件越好。北京各职业阶层的住房质量结果表明，企业单位负责人（9.8分）质量最高，后面依次是办事人员（9.7分）、国家与社会管理者（9.1分）、专业技术人员（8.8分）和商业服务业人员（6.6分），前四个职业阶层住房质量得分均在9分上下，商业服务业人员6.6分，与前面几个阶层有较大差距。产业工人最低，为4.7分（见表5）。

表5　2015年北京各职业阶层住房质量总分

单位：分

类型	房间数	厨房状态	卫生间状态	总分
国家与社会管理者	2.2	1.7	2.5	9.1
企业单位负责人	2.3	1.8	2.7	9.8
专业技术人员	2.0	1.7	2.4	8.8
办事人员	2.2	1.7	2.4	9.7
商业服务业人员	1.7	1.3	1.8	6.6
生产工人	1.2	0.8	1.0	4.7
农业劳动者	—	—	—	—
不便分类人员	2.7	1.7	2.0	9.3

总体而言，中产阶层住房质量普遍高于非中产阶层，商业服务业人员在住房类型等方面整体上低于其他职业中产，但高于生产工人阶层。作为一个中产边缘的职业阶层，商业服务业人员还正处于不断向上发展的状态。

（二）汽车消费情况分析

当前汽车在城镇居民中普及率已经比较高了，农村居民的消费正处于向汽车和住房的转型过程中。在北京，汽车的普及率很高，因为购车限号，私人汽车消费增长最快的时间已经过去，汽车是居民家庭中除住房之外价格最高的耐用消费品。汽车拥有率也是衡量不同职业阶层资产状况和消费水平的重要指标。从汽车拥有率看，国家与社会管理者、企业单位负责人和办事人员中，汽车的拥有率在60%以上。专业技术人员汽车拥有率是53.5%，商业服务业人员汽车拥有率也达到了43.4%。35.3%的生产工人阶层拥有私家车（见表6）。

表 6　2015 年北京各职业阶层汽车拥有情况

单位：人，%

类别	比例
国家与社会管理者	68.4
企业单位负责人	71.3
专业技术人员	53.5
办事人员	61.5
商业服务业人员	43.4
产业工人	35.3
农业劳动者	40.6

各职业阶层购置汽车的金额是汽车消费水平的重要指标。汽车购买金额从 10 万元至 100 万元划分为 6 档，分别为 100 万元以上、50 万～100 万元、30 万～50 万元、20 万～30 万元、10 万～20 万元、10 万元以下。总体来看，从国家与社会管理者到商业服务业阶层，汽车的主流消费价格是 10 万～20 万元，是消费占比最高的价格，10 万元以下价位是产业工人和农业劳动者的主流选择。不同职业阶层的汽车价位随职业地位而变化，其中，企业单位负责人在所有中产阶层中汽车购买价格最高，其他依次是国家与社会管理者、专业技术人员、办事人员、商业服务业人员、产业工人和农业劳动者。整体来看，中产阶层和非中产阶层的汽车消费差异更明显，商业服务业人员更接近其他中产阶层的情况，该阶层中汽车价格在 20 万元以上者的比例达到 22.3%（见表 7）。

表 7　2015 年北京各职业阶层汽车购买金额情况

单位：%

类型	100 万元以上	50 万～100 万元	30 万～50 万元	20 万～30 万元	10 万～20 万元	10 万元以下
国家与社会管理者	3.7	1.9	3.7	27.8	51.9	11.1
企业单位负责人	5.9	11.9	16.5	17.4	33.1	15.3
专业技术人员	1.1	2.8	7.7	21.5	48.1	18.8
办事人员	0.6	4.0	10.8	18.9	46.5	19.2
商业服务业人员	0.9	1.8	6.7	12.9	42.5	35.2

续表

类型	100 万元以上	50 万～100 万元	30 万～50 万元	20 万～30 万元	10 万～20 万元	10 万元以下
产业工人	0.3	0.3	2.6	8.6	41.4	46.7
农业劳动者	0.0	0.0	3.4	4.2	22.7	69.7
不便分类人员	0.0	0.0	0.0	25.0	50.0	25.0

（三）社会保障情况分析

社会保障是个体社会安全的重要保障，由于我国社会保险，特别是城镇职工的社会保险主要依托于单位参加，有无社会保障不仅反映了其生活安全的状况，同时也反映了其职业稳定性状况，只有那些有一定规模、管理规范的单位才有能力为员工提供完善的“五险一金”或者“四险一金”。因此，从不同职业阶层的保险拥有状况也可以看出其职业地位的状况。本文主要考察不同阶层的养老保险与医疗保险的拥有状况。

我国养老保险体系从待遇水平来看是一个等级体系，其中机关事业单位养老保险和城镇职工基本养老保险保障水平较高，都属于职工保险，一般是依托单位而参保，有保险意味着工作和收入具有一定的稳定性。而城乡居民养老保险和新型农村养老保险都是针对没有单位者设计的保险，其保障水平低于以上两种保险，所以，险种的差别和参保率的差别都具有分层属性。在养老保险方面，国家与社会管理者和专业技术人员单位养老保险参保率都在90%以上，办事人员单位养老保险参保率为82.1%，企业单位负责人单位养老保险参保率为76%，商业服务业人员的单位养老保险参保率也达到了60.8%，产业工人单位养老保险参保率只有32.3%。产业工人和农业劳动者多数拥有“城镇（乡）居民社会养老保险”与“新型农村社会养老保险”。在未拥有社会养老保险人群中，非中产阶层所占比重也明显高于中产阶层，产业工人所占比重最高，为20.7%，商业服务业人员其次，所占比重为12.3%（见表8）。中产阶层与非中产阶层在养老保险上表现出较明显的差距。

表8　2015年北京各职业阶层养老保险拥有情况

单位：%

类型	城镇职工基本养老保险	机关事业单位养老保险	前两者合计	城镇(乡)居民社会养老保险	新型农村社会养老保险	未参加以上四种社会养老保险
国家与社会管理者	58.8	32.4	91.2	2.0	6.9	0.0
企业单位负责人	74.8	1.2	76	3.5	15.4	5.2
专业技术人员	82.7	7.9	90.6	2.3	4.1	3.0
办事人员	72.7	9.4	82.1	2.7	11.5	3.6
商业服务业人员	60.2	0.6	60.8	4.6	22.4	12.3
产业工人	31.5	0.8	32.3	4.0	43.0	20.7
农业劳动者	7.4	0.0	7.4	18.5	64.5	9.6
不便分类人员	42.9	0.0	42.9	28.6	14.3	14.3

不同阶层在医疗保险的拥有方面与养老保险拥有情况略有相似。中产阶层更多地拥有“公费医疗”与“职工基本医疗保险”，具体来看，国家与社会管理者和专业技术人员的保障状况最好，两种医疗保障的拥有率合计达到90%以上，其次是办事人员和企业单位负责人，其参保率分别为81.6%和75.8%，商业服务业人员的参保率也达到了60%以上。而产业工人和农业劳动者单位参保率低，更多地拥有“城镇（乡）居民基本医疗保险”与“新型农村合作医疗”，产业工人和农业劳动者主要参加的是新型农村合作医疗，以农村流入城镇的人口为主（见表9）。

表9　2015年北京各职业阶层医疗保险拥有情况

单位：%

类型	职工基本医疗保险	公费医疗	前两者合计	城镇(乡)居民基本医疗保险	新型农村合作医疗	未参加以上四种医疗保险
国家与社会管理者	65.0	25.2	90.2	2.9	6.8	0.0
企业单位负责人	74.6	1.2	75.8	3.5	16.5	4.3
专业技术人员	83.5	6.9	90.4	2.1	5.3	2.2
办事人员	74.0	7.6	81.6	2.9	12.3	3.3
商业服务业人员	59.8	0.6	60.4	3.7	27.9	7.9

续表

类型	职工基本医疗保险	公费医疗	前两者合计	城镇(乡)居民基本医疗保险	新型农村合作医疗	未参加以上四种医疗保险
产业工人	7.1	0.3	7.4	4.9	83.3	4.3
农业劳动者	31.0	0.6	31.6	2.8	56.2	9.4
不便分类人员	50.0	0.0	50	16.7	16.7	16.7

由此可见，无论从社会保险参与类型还是参与率来看，中产阶层的保障条件更好、参保率更高。商业服务人员无论从养老保障还是医疗保障的参保率还是保障类型来说，都有约60%的人进入较高的社会保障层次，拥有相对完善的社会保障，与产业工人和农业劳动者有非常明显的差别。

综合以上住房、汽车、社会保障等分析，可以看出，随着北京产业结构的转型升级和第三产业的发展，商业服务业人员已经成为高学历人才的主要流入领域，该职业白领化趋势明显，其整体的生存状态也更接近中产阶层。

但是，也应该看到，虽然从职业和教育来看，北京的中产阶层规模有较大程度扩大，中产阶层的比重达到56%，但是从生存状态看，很多在职业和教育方面达到中产标准的人，其生活水平并没有达到公认的中产生活水平，这也引起了比较普遍的中产焦虑，中产身份的认同度偏低，很多有车有房者甚至也不认同自己的中产阶层地位。还有一些确实是因为生活压力大而无法认同中产身份，有的因为住房贷款、子女教育等压力大，这些支出挤占其他生活开支，生活质量不高；有的因为没有住房（在各类白领职业中，都有一定比例的人没有自己的房子）、没有汽车，距离中产阶层生活的期望标准还有很大距离。特别是近两年，房价、房租暴涨，对于在北京租房蜗居的白领来说，生活受到较大冲击，消费升级受阻，有的生活质量甚至是下降的，焦虑心态加重。

四　主要结论

北京在社会结构上已经是一个中产阶层为主的，中间大、两头小的

“橄榄形”社会结构。中产阶层整体上教育程度高、住房拥有率高、居住条件较高，社会保障比较健全，好于体力劳动阶层。但也要看到，各职业阶层都还有一定比例的人，在职业和教育上已经属于白领中产的范畴，但是在物质生活上还没有达到有产的状态，没有住房或者借贷买房，生存压力还比较大。

商业服务业人员是中产阶层的新来源，这个阶层无论从教育还是从生活状况等各方面看，都更加接近职业中产的特征。但是作为一个崛起中的阶层，他们的物质生活条件整体上还难以与其他几个职业阶层比肩，特别是在住房条件上相对还比较差。提高物质生活水平对于他们来说更加迫切。

中产阶层的快速崛起对北京的公共服务提出了更高的要求。很多职业、教育达到中产标准的人，物质生活与期望标准差距大，对于提高物质生活条件的需求更加强烈。在高房价时代，没有住房、买不起房、租不起房对他们的生活影响最大。因此，加大公租房、廉租房供给，为他们提供必要的居住保障很有必要。此外，中产阶层对教育、医疗以及其他各项公共服务的需求水平也高，也更加多样化，这对政府在教育、医疗、交通等方面的公共服务水平提出了更高要求。

中产阶层受教育程度高，自我意识和权利意识更强，对社会治理的参与意愿和能力更强，这就要求政府在社会治理上更加注重参与性，在社会治理手段上更加现代化、人性化、科学化。扩展民众的参与机会和参与渠道，让中产阶层有更多建言献策、表达诉求的机会。

参考文献

胡建国：《北京中产阶层规模与特征》，《2010年北京社会建设分析报告》，社会科学文献出版社，2010。

戴建中：《2012~2013年上半年北京社会形势分析》，《北京社会发展报告（2012~2013）》，社会科学文献出版社，2013。

梁玉成、张海东：《北京、上海、广州社会中坚阶层调查报告》，《2016年中国社会形势分析与预测》，社会科学文献出版社，2015。

赵卫华：《北京市社会阶层结构状况与特点分析》，《北京社会科学》2006 年第 1 期。

中国国家统计局城调总队课题组：《6～50 万：中国城镇中等收入群体探究》，《数据》2005 年第 6 期。

李培林、张翼：《中国中产阶级的规模、认同和社会态度》，《社会》2008 年第 2 期。

李春玲：《中国当代中产阶层的构成及比例》，《中国人口科学》2003 年第 7 期。

陆学艺：《当代社会阶层研究报告》，社会科学文献出版社，2002。

李路路：《中产阶层不等于中等收入阶层》，《人民论坛》2016 年第 6 期。

边燕杰：《关于中产阶层的各种定义和指标体系》，《人民论坛》2016 年第 6 期。

李春玲：《准确划分中国中产阶层需要多元指标》，《人民论坛》2016 年第 6 期。

B.17

"疏解"背景下流动人口聚居区形成、变动与治理*

——基于首都城乡结合部百村调查

王雪梅　洪小良**

摘　要：　本文基于2016年对北京城乡结合部100个重点村（社区）流动人口的普查及流动人口聚居区的典型调查，描述了流动人口聚居区人口结构现状与变动，分析了聚居区形成的原因和聚居类型，发现并详尽阐释了在疏解非首都功能背景下、在对城乡结合部持续的整治行动作用下产生的"堰塞湖"效应及其内在机理。最后，遵循"善治"理念，提出对城乡结合部治理的再思考。

关键词：　流动人口聚居区　"堰塞湖"效应　善治

2015年2月10日，习近平总书记在中央财经领导小组第九次会议上指出，疏解北京非首都功能①、推进京津冀协同发展，是一个巨大的系

---

* 本文是北京市社会科学基金研究基地项目"疏解非首都功能背景下城乡结合部流动人口聚居区治理研究"（项目编号17JDSRB002）的阶段性成果。

** 王雪梅，北京社会建设研究基地、中共北京市委党校社会学教研部博士、副教授、硕士生导师；洪小良，北京市委党校研究生部主任、教授。

① 按照国家发展和改革委员会有关人士说法，非首都功能疏解是以"几个一批"指导北京旧城和中心城区的疏解工作，包括"一批制造业""一批城区批发市场""一批教育功能""一批医疗卫生功能""一批行政事业单位"。概括起来就是四类：一般性制造业、区域性物流基地和区域性批发市场、部分教育医疗等公共服务功能、部分行政性、事业性服务机构。进一步的，北京市又出台《新增产业禁止和限制目录》，计划在未来5年里，按照此目录，通过"禁、关、控、转、调"五种方式来完成疏解非首都功能目标。2015年，来自发展和改革委员会的数据显示，全市共撤并、升级、清退低端市场150家，关停退出一般性制造业和污染企业326家。

统工程。目标要明确，通过疏解北京非首都功能，调整经济结构和空间结构，走出一条内涵集约发展的新路子，探索出一种人口经济密集地区优化开发的模式，促进区域协调发展，形成新增长极。2015 年 4 月 30 日，中央政治局在审议《京津冀协同发展规划纲要》的会议强调，要坚持协同发展、重点突破、深化改革、有序推进。要严控增量、疏解存量、疏堵结合调控北京市人口规模。在此背景下，2016 年，北京市制定《城乡结合部重点地区公共安全隐患问题综合整治工作方案》，对城乡结合部地区 100 个重点村进行为期 1 年的综合整治。方案制定的指导思想是“认真贯彻落实中央领导同志重要批示精神，深入落实党中央、国务院和市委、市政府关于疏解非首都功能、调控人口规模、治理‘大城市病’的部署”。

为准确掌握城乡结合部流动人口结构特征，科学解释重点村（社区）形成特点、变动规律，从而为城乡结合部地区整治和人口疏解工作提供数据支持、决策依据，受首都综合治理办公室委托，北京市人口研究所于 2016 年 7 ~9 月实施了“北京市城乡结合部重点地区流动人口情况调查分析”项目①。本文主要基于此调研成果。

一　流动人口聚居区人口结构与人口变动

截至 2016 年 6 月 30 日，城乡结合部地区 100 个重点村（社区）实有人口 121.6 万人，其中户籍人口有 21.6 万人，占总人口的 17.8%；流动

① 本项目的调查内容包括三个部分。一是百村普查，对 100 个挂账村（社区）发放《摸底普查表》，全面掌握挂账村（社区）流动人口数量、结构以及村（社区）相关社会经济管理情况，并弥补流动人口数据管理平台缺失的 7 村数据。二是五村（社区）典型深度调查，对选定的 5 个典型村进行解剖麻雀式的深度定性研究，以期总结概括出流动人口聚居区主要类型、主要结构特征、聚居区整治面临的主要难题，以及流动人口疏解的可能路径；三是流动人口抽样问卷调查，在 5 个典型村内随机选定 2075 名流动人口进行入户调查，重点了解流动人口的个人和家庭特征、就业情况、迁移历史和未来打算等内容，从中概括出典型村流动人口的总体特征，以及不同典型村流动人口的类型差异，从而为有序引导流动人口合理流动提供定量数据支持。

人口有100万人，占总人口的82.2%。从流动人口与户籍人口的相对数量看，大多数村（社区）的人口倒挂现象严重。在100个村（社区）中，88个村（社区）存在户籍人口与流动人口数量倒挂现象，其中人口倒挂比例最高的村流动人口是户籍人口的26.48倍。人口倒挂2倍以上的村（社区）75个，人口倒挂5倍以上的村（社区）35个，人口倒挂10倍以上的村（社区）12个。

从总的变动趋势看，2008～2016年100个村（社区）流动人口数量呈现先增加后减少的趋势。2008～2012年，流动人口总量从76.4万人增加到104.0万人，净增27.6万人；2012～2016年，流动人口总量减少到100.0万人，净减4.0万人（见图1）。

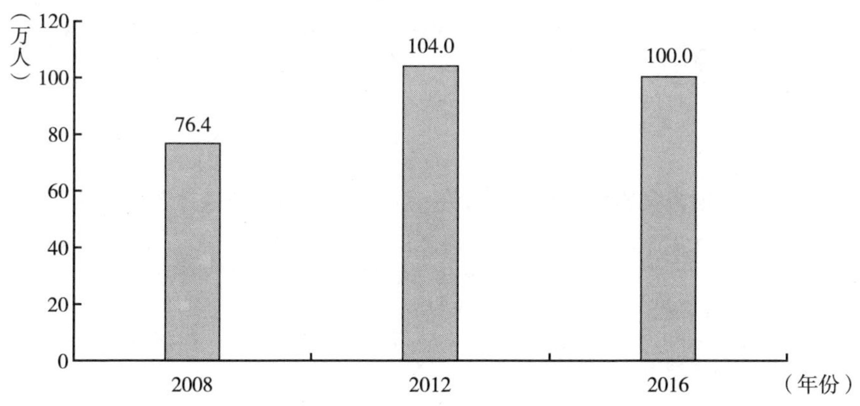

图1　2008～2016年100个村（社区）流动人口总量变动情况

从村域范围内的变化来看，与2012年相比，2016年流动人口数量增加的村有46个，其中增加万人以上的村（社区）5个，分别是半壁店第二社区、东三旗村、燕丹村、于辛庄村、小辛庄村；流动人口数量减少的村54个，其中减少万人以上的村（社区）7个，分别是奶西村、肖家河社区、老君堂村、西直河村、东沙各庄村、德茂试验场、西山村（见图2）。

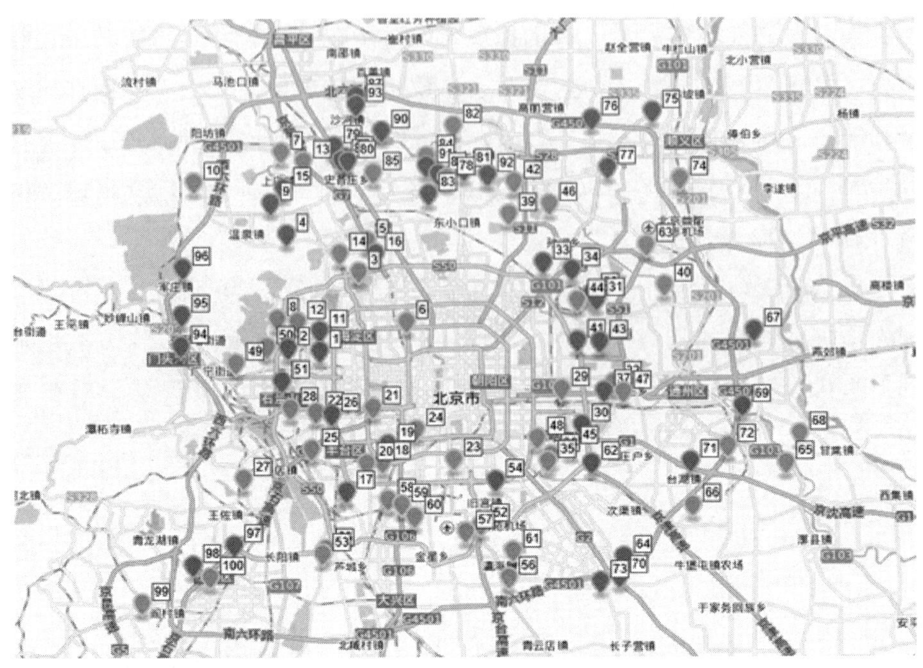

图2　与2012相比，2016年流动人口增加和减少的村（社区）分布

说明：A. 灰色为流动人口减少的村（社区），黑色代表流动人口增加的村（社区）。

图中序号对应的村（社区）分别为：1 半壁店第二社区，2 宝山村，3 福缘门社区，4 冷泉村，5 马北路 1 号社区，6 明光村社区，7 上庄村，8 双新村，9 屯佃村，10 西埠头村，11 西冉村，12 西山村，13 西玉河村，14 肖家河社区，15 永丰屯村，16 圆明园东里社区，17 葆台村，18 黄土岗村，19 纪家庙村，20 樊家村，21 太平桥，22 小屯村，23 新宫村，24 右安门村，25 榆树庄村，26 岳各庄村，27 张家坟村，28 张仪村，29 半壁店村，30 孛罗营村，31 东风村，32 东柳村，33 东辛店村，34 黑桥村，35 横街子村，36 后街村，37 金家村，38 老君堂村，39 奶西村，40 皮村，41 平房村，42 沙子营村，43 石各庄村，44 西北门村，45 西直河村，46 下辛堡村，47 咸宁侯村，48 小武基村，49 北辛安铁社区，50 西黄村社区，51 衙门口南社区，52 德茂试验场，53 鹅房工业大院，54 红星楼村，55 芦城工业大院，56 南宫村，57 南街四村，58 西红门二村，59 西红门四村，60 西红门一村，61 怡乐工业园，62 董村，63 管头村，64 后银子村，65 里二泗村，66 南火堡，67 宋庄村，68 小甘棠村，69 小圣庙村，70 小周易村，71 玉甫上营村，72 张辛庄村，73 周营村，74 米各庄村，75 南卷村，76 西马各庄村，77 杨二营村，78 半截塔村，79 定福黄庄村，80 东半壁店，81 东三旗村，82 东沙各庄村，83 兰各庄村，84 平西府村，85 三合庄村，86 史各庄村，87 松兰堡村，88 魏窑村，89 西半壁店村，90 小沙河村，91 小辛庄村，92 燕丹村，93 于辛庄村，97 碧桂园社区，98 固村，99 南梨园村，100 文化路社区。

二　流动人口聚居区形成原因和聚居类型

（一）生活成本低、交通便利和周边就业机会多是流动人口聚集城乡结合部社区（村）的主因

在100个重点村（社区）中，分别有72个、53个、46个和39个村（社区）认为，房屋租金便宜、交通便利、周边就业机会多、生活成本低是流动人口聚集本村的主要原因。值得注意的是，有近1/3的村（社区）反映周边地区拆迁及整治导致本村流动人口增加。此外，分别有18个村（社区）和10个村（社区）反映本村流动人口聚集受到老乡带老乡、业缘聚集的影响（见表1）。

表1　流动人口来本村聚居原因分析

单位：个，分

类别	总选择村数	第一选择	第二选择	第三选择	影响强度得分
房屋租金便宜	72	34	23	15	95
交通便利	53	37	13	3	66
周边就业机会多	46	15	21	10	67
生活成本低	39	3	19	17	58
周边地区拆迁及整治	33	6	8	19	41
老乡带老乡	18	2	6	10	24
生活便利	11	0	6	5	17
业缘聚集	10	2	2	6	12
临时落脚	5	0	0	5	5
其他	2	0	0	2	2
用工单位建房及趸房	0	0	0	0	0

（二）“地缘”与“业缘”聚集

在100个重点村（社区）中，分别有22个村（社区）和20个村不同程度地存在“地缘”“业缘”聚集现象，其中11个村（社区）兼有“地

缘”“业缘”聚集现象。

在存在“地缘”聚集现象的村（社区）中，流动人口来自同一省份、聚集规模较大的有昌平区东小口镇半截塔村（河北，18400 人）、丰台区卢沟桥镇岳各庄村（江西，4000 人）、昌平区回龙观镇西半壁店村（河南，4000 人）；流动人口来自同一市（县）、聚集规模较大的有朝阳区平房乡石各庄村（四川达县，2000 人）、海淀区青龙桥街道圆明园东里社区（安徽芜湖，1410 人）、昌平回龙观镇兰各庄村（河南信阳，1000 人）等。

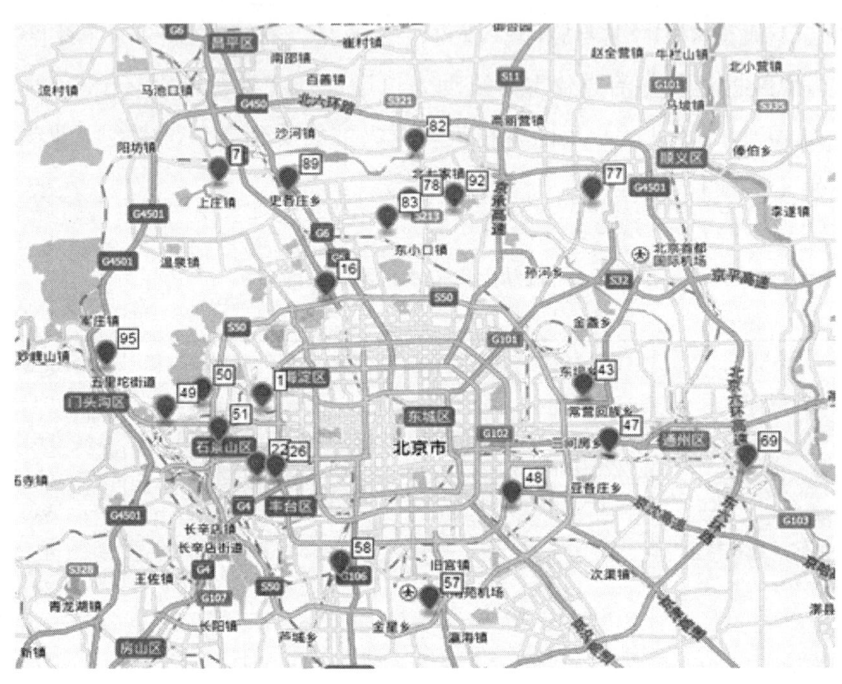

图 3　存在“地缘”聚集现象的村（社区）空间分布

存在“业缘”聚集现象的村（社区）中，从事同一行业规模较大的有朝阳区平房乡石各庄村（建筑行业，8000 人）、丰台区卢沟桥镇岳各庄村（小商贩，5000 人）、海淀区北太平庄街道明光村社区（批发零售，4902 人）、朝阳区东坝乡东风村（个体装修，3180 人）、通州区马驹桥镇后银子村（物流，2208 人）等（见表 2）。

表 2　流动人口“业缘”聚集情况

单位：人

编号	区	乡镇街道	村(社区)	聚集行业	人数
1	朝阳	平房乡	石各庄村	建筑	8000
2	朝阳	东坝乡	东风村	个体装修	3180
3	通州	永顺镇	小圣庙村	装修	300
4	通州	马驹桥镇	周营村	制造业	108
5	石景山	鲁谷地区	衙门口南社区	装修/小商贩	未填
6	海淀	北太平庄街道	明光村社区	批发零售	4902
7	大兴	西红门镇	西红门一村	批发零售	1561
8	房山	拱辰街道	文化路地区	零售业	462
9	海淀	田村路街道	半壁店第二社区	批发零售	373
10	昌平	回龙观镇	兰各庄村	废品回收	1400
11	大兴	西红门镇	西红门二村	废品回收	500
12	海淀	上庄镇	上庄村	废品回收	300
13	石景山	苹果园街道	西黄村社区	废品回收	123
14	丰台	卢沟桥镇	岳各庄村	小商贩	5000
15	丰台	卢沟桥镇	小屯村	岳各庄市场	1380
16	房山	西潞街道	固村	华龙市场	1177
17	丰台	花乡	樊家村	二手机动车买卖	300
18	通州	马驹桥镇	后银子村	物流	2208
19	丰台	花乡	榆树庄村	物流	360
20	朝阳	十八里店乡	小武基村	修车	50

三　拆迁整治——流动人口聚集变化的新动因及“堰塞湖效应”

北京市以流动人口聚居区为重点的城乡结合部整治经过多次，2010～2012 年，对问题凸显的 50 个市级挂账督办的“重点村”集中拆除整治；2014 年 APEC 会议期间，对 60 个城乡接合部重点地区开展为期 4 个月的专项整治。最近的一次是 2016 年对城乡结合部地区 100 个重点村进行为期

1 年的综合整治。北京市制定《城乡结合部重点地区公共安全隐患问题综合整治工作方案》，方案制定的指导思想是“认真贯彻落实中央领导同志重要批示精神，深入落实党中央、国务院和市委、市政府关于疏解非首都功能、调控人口规模、治理‘大城市病’的部署……”，重点目标包括：违法建设得到有效控制、治安秩序明显好转、生产经营规范有序、流动人口倒挂问题得到有效缓解等。

为此，市委、市政府统一领导，成立市城乡结合部重点地区综合整治工作总指挥部，指挥部联合办公室经过初期调研，根据重点地区存在的突出问题，定下此次综合整治的 100 个挂账村。百村全部位于城乡结合部，分别隶属于朝阳区（20 个）、海淀区（16 个）、丰台区（12 个）、石景山区（3 个）、大兴区（10 个）、通州区（12 个）、顺义区（4 个）、昌平区（16 个）、房山区（4 个）、门头沟区（3 个）。综合整治工作任务分解为若干项专项整治，如违法建设专项整治等，在所有整治项目中，最终和最根本的任务是人口规模调控，《整治方案》明确指出，“通过产业疏解、拆除违法建设，加强出租房管理，实现流动人口数量同比下降 10% 以上”。

城乡结合部地区 100 个重点村的整治取得了很好效果，但也引发了“堰塞湖”效应：流动人口向周边地区转移居住，导致周边村人口激增，公共服务压力大，违法建设掀高潮，社会治理现风险，进而生成一批新的“重点村”。

调查显示，近 1/3 的村（社区）反映“周边地区拆迁及整治”是流动人口在本村聚集的主要原因之一，其中有 6 个村甚至认为这是导致该村流动人口规模膨胀、比例严重倒挂、社会治理难度大的最主要原因，如朝阳区横街子村、后街村、咸宁侯村、奶西村，以及丰台区卢沟桥乡太平桥村、通州区永顺镇小圣庙村。

案例：昌平东小口镇兰各庄村是典型的因周边地区拆迁及整治，流动人口猛增的“重点村”。该村有户籍人口 814 人，2008 年前大约有流动人口2000人，因在2008年奥运会前夕天通苑、洼里地区拆迁整治，大量流动人口涌入村庄，到2012年流动人口增长了2倍多，达6300人；2016年统计时又增长50%，达9700人。由于流动人口激增，导致这一地区的公共服务需求和供给矛盾较为突出。村干部在与我们的访谈中披露，村里面每住一个流动人口，村委会可能就得倒贴2000～3000元，主要用于村庄基础设施建设、维修，基本公共服务提供，如电力设施改造、供水、修路、垃圾清运、公共厕所清扫等。

“堰塞湖”效应表明，近年来的重点村整治并未达到预期治理目标，特别是未能有效疏解流动人口。其原因如下。

第一，城乡结合部低水平地满足了流动人口的住房需求。

2000年以来，首都经济高速增长，就业容量扩大，吸引大量流动人口。北京市流动人口以从事商业、服务业等第三产业居多，就业地点分散、大多选择租赁房屋。然而收入普遍偏低的流动人口在中心城区遭遇两个排斥：一是北京市公共住房制度以户籍为门槛的排斥；二是正规住房市场高昂的租金价格排斥。为此，流动人口只能寻求非正规租赁渠道。出租房屋的供求空间结构分析表明，流动人口巨大的住房需求在城乡结合部找到了出口。2006年，北京市1%的流动人口调查发现，居住在农民原建房和农民个人及村委会专门搭建的待租房中的流动人口占全部流动人口的70.9%。2008年北京市流管委统计，城乡结合部地区有出租房屋367.2万间，占全市出租房屋总间数的90.8%。据流管委2009年统计，城乡结合部地区聚集了404.07万流动人口，占全市流动人口总量的52.63%。可见，城乡结合部通过低水平地满足流动人口的住房需求，形成吸纳、聚集流动人口的洼地效应。

第二，新“重点村”的出现是需求—供给矛盾的体现。

北京市在未真正实现产业结构调整、疏解非首都功能的前提下，存在两个“刚性需求”，即首都经济社会发展对流动人口的刚性需求，流动人口对城乡结合部住房的刚性需求。运动式的拆除整治行动，实际上是忽视流动人

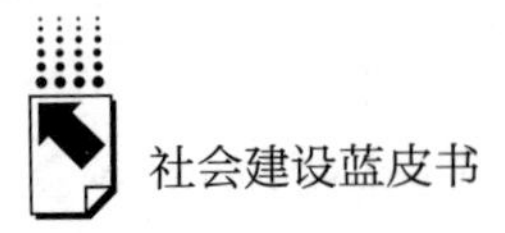

口对城乡结合部住房的刚性需求，在极短时间内大幅减少了低廉住房供给，迫使规模更大的流动人口只能向周边乃至城市更外缘迁移，形成新的流动人口聚居区，特别是“重点村”。

第三，流动人口从拆迁整治地区涌入周边村庄，既是被迫转移，同时也是主动选择。

聚居区流动人口大体可以分成三类：第一类以单身为主，仅仅在聚居区里租赁房屋居住，在聚居区以外地方就业（职住分离）；第二类，已婚夫妇为主，不仅在聚居区租赁房屋，而且在聚居区内或附近就业（周边就业）；第三类，以家庭为主，已婚夫妇及其子女，在聚居区内租赁房屋，周边就业或职住分离，但子女在聚居区附近就学，家庭在社区内有社会交往，展开较多的日常生活。三类流动人口对聚居区的依赖程度不同。聚居区或者为他们提供了住房，或者提供了自雇劳动的机会，或者提供了四方街邻的关系网络。对他们而言，聚居区不仅是一堆住宅，其中的居民形成繁复紧密的社会支持网络，并且利用其中的空间做生意并经营非正式企业。因此，基于理性选择，即使被迫转移出拆迁村（社区），也会首先选择在周边村就近再租房，继续依托原有的社会支持网络生存、发展。

从对流动人口居留意愿的调查结果来看，近60%的流动人口3年内不打算离开北京，有意愿离开北京的比例仅有16.59%。可见，城乡结合部流动人口具有较强的居留在北京的意愿。而打算离开北京的流动人口多考虑生活成本高（36.63%）、为了照顾家人（15.12%）和更好地发展（16.28%）等因素。

近八成集贸市场经营者3年内不打算离开北京，比例高于务工者和其他形式经营者。

总体来说，从事经营活动的流动人口打算3年内留在北京的比例均高于务工者。其中，街边摆摊者对3年内的打算犹豫不决的比例最高，近30%。

表 3　典型村流动人口 3 年内居住在北京的打算

单位：人，%

类别	离开北京	留在北京	没想好	样本量
个人月收入(元)	4498.54	4838.97	4588.82	2069
在京居住年限(年)	6.41	7.79	6.29	2068
业态				
务工	17.44	56.74	25.81	1290
小作坊经营	20.00	62.22	17.78	90
街边摆摊	14.04	56.14	29.82	57
流动经营	17.74	64.52	17.74	62
集贸市场经营	5.13	79.49	15.38	39
门店经营	14.46	63.64	21.90	484
其他经营形式	19.23	55.77	25.00	52
行业				
汽车、摩托车、燃料及零配件专门零售	0	90.00	10	10
其他批发	0	84.62	15.38	13
纺织、服装及日用品批发	9.09	81.82	9.09	11
家庭服务	0	76.92	23.08	26
金融业	9.76	75.61	14.63	41
租赁和商业服务业	11.54	73.08	15.38	26
农林牧渔业	9.09	72.73	18.18	11
仓储业	18.18	72.73	9.09	11
家用电器及电子产品专门零售	18.87	71.7	9.43	53
道路运输业	14.29	71.43	14.29	56
科学研究	0	68.75	31.25	16
文化、体育和娱乐业	13.16	68.42	18.42	38
机械、五金及电子产品批发	4.55	68.18	27.27	22
五金、家具及室内装修器材专门零售	14.81	66.67	18.52	27
房地产中介服务	14.29	64.29	21.43	14
装卸搬运服务业	23.53	61.76	14.71	34
正餐服务	13.92	59.92	26.16	237
食品、饮料及烟草制品批发	10.26	58.97	30.77	39
信息和计算机服务与软件业	11.76	58.82	29.41	85
公共交通业	17.24	58.62	24.14	29
其他居民服务	18.87	58.49	22.64	106

续表

类别	离开北京	留在北京	没想好	样本量
电力、燃气及水的生产和供应	16.67	58.33	25.00	12
农畜产品批发	8.33	58.33	33.33	12
其他餐饮服务	20.93	58.14	20.93	43
制造业	25.61	57.93	16.46	164
卫生、社会保障和社会福利业	6.67	56.67	36.67	30
综合零售	8.29	56.48	35.23	193
教育	31.25	56.25	12.5	16
纺织、服装及日用品专门零售	28.00	56.00	16.00	50
理发及美容保健服务	20.93	55.81	23.26	86
修理与维护	25.00	55.00	20.00	40
医药及医疗器材专门零售	35.00	55.00	10.00	20
食品、饮料及烟草制品专门零售	19.32	54.55	26.14	88
建筑业	13.54	53.13	33.33	96
无店铺及其他零售	12.5	53.13	34.38	32
物业管理	9.68	51.61	38.71	31
清洁服务	25.76	51.52	22.73	66
住宿业	5.56	50.00	44.44	18
水利、环境和公共设施管理业	25.00	50.00	25.00	16
快餐服务	31.34	40.30	28.36	67
医药及医疗器械批发	33.33	33.33	33.33	12

注：为保证分析的有效性，仅列出样本量在10份以上的行业。

第四，流动人口在重点村整治过程中频繁迁居，滋生过客心态、（抵触）防卫心理和消极应对策略，增加管理难度。

某乡镇综治科干部反映："现在矛盾很多，我觉得（流动人口）对于我们的工作能完全理解的占四成，一般理解的三成，完全不理解的也有三成。'完全理解'就是明白你的工作用意，他觉得你为他好，站在你的角度理解、完全服从管理。一般理解的人他不跟你吵，他绕过你！比如街边小贩什么的，其实他心里不服……，完全不理解的那些人，就会抵触你，该签字的不签字，甚至有一些语言攻击什么的，这种情况的一般以年龄大为主，像那种不上班、在家看孩子的都不服管。"

四 “疏解”背景下城乡结合部流动人口聚居区治理再思考

“治理”概念有多重含义，最初的、狭义的治理，等同于“整治”，即整顿、治理，特别指改变脏、乱、差的环境，管束、惩罚、打击那些导致治安、秩序混乱的对象。专项整治，解决专项问题。在中国原有的话语体系中，整治治理具有相对微观的含义。在本报告中分析、讨论的北京市针对城乡结合部流动人口聚居社区采取的“拆除整治”和“专项整治”类似于这种意义上的治理。

党的十八届三中全会公报中是这样表述“治理”的：“完善和发展中国特色社会主义制度，推进国家治理体系和治理能力的现代化。”这表明，治理已经上升为国家宏观战略。作为“国家治理”的“治理”，不同于狭义的整治治理，它有两个来源，一是西方在20世纪末提出的、不同于“统治”的、新的治理政治概念；二是作为马克思主义理论原生含义的社会管理概念。治理体制和治理行为主要体现国家的工具理性，无论在哪一种政治体制下，都追求良好的治理。从政治学理论看，治理和统治主要有五个方面的区别：①权威主体不同，统治的主体是单一的，政府或其他国家公共权力，治理主体是多元的，除政府以外，还包括企业组织、社会组织和居民自治组织；②权威性质不同，统治是强制的，治理多是协商的；③权威来源不同，统治就是国家法律，治理还包括非国家强制的契约；④权力运行的向度不同，统治是自上而下的，治理更多是平行的；⑤两者作用所及的范围不同，统治以政府所及领域为边界，治理以公共领域为边界，后者比前者宽广。国家理论是马克思主义理论的主干，国家理论强调国家的统治职能和社会管理职能，现代意义上，国家的两大职能各执一半。从这个意义上说，治理是社会主义国家政治统治与政治管理的有机结合。

十八届三中全会强调要推进国家治理体系和治理能力的现代化，这是因为目前的治理体系和治理能力还相对落后，跟不上社会现代化的步伐。如果不采取突破性的改革举措解决国家治理中的紧迫问题，目前局部存在的治理危机就有可能转变为执政危机。然而，局部治理问题，如果不能把它放在国家治理体系和治理能力现代化的改革方向和战略部署中重新加以理解、寻求创新性的解决举措，那么局部治理的效果就会大打折扣。城乡结合部治理是城市治理的重要组成部分，同样需要从国家治理体系和治理能力现代化的战略角度重新加以审视和反思。

俞可平指出，尽管治理机制能够解决“市场失灵”和“政府失灵”所导致的某些问题，但同时也存在“治理失效”以及其他问题。克服治理失效的关键在于善治。善治就是使公共利益最大化的社会管理过程，其本质特征在于，它是政府与公民对公共生活的合作管理。善治的基本要素包括10个方面：①合法性，即社会秩序和权威被自觉认可和服从的性质和状态；②透明，即政治信息的公开性，使每一个公民都有权获得与自己利益相关的政府政策信息；③责任性，即人们应当对自己的行为负责；④法治，其直接目标是规范包括政府官员在内的公民的行为，管理社会事务，维持正常的社会生活秩序，终极目标在于保护公民的自由、平等和其他政治权利；⑤回应，即责任性的延伸，它要求公共管理人员和管理机构必须对公民的要求做出及时和负责的反映；⑥有效，即管理必须有效率；⑦参与，公民参与社会和政治生活；⑧稳定，国内的和平、生活的有序、居民的安全、公民的团结、公共政策的连贯；⑨廉洁，政府官员奉公守法，不以权谋私；⑩公正，不同性别、阶层、种族、文化、宗教和政治信仰的公民在政治权利和经济权利上的平等。可见，善治包含“善政”，或者说善政是通向善治的关键。

从“善治”出发思考流动人口聚居区治理，必须始终贯彻以人为本原则，确保包括流动人口在内所有常住人口尽可能享受平等无差别公共服务和社会保障，建立京津冀区域内人口与经济社会资源环境协调发展的长远规划和制度安排，使得经济社会发展、公众生活水准和幸福指数同时提升。

城乡结合部转型社区以科学合理的产业疏解，引领合理合法的人口疏解。疏解工作应避免忽视人口需求和经济规律的强制性功能疏解。流动人口聚居并不必然构成“问题”，但如不能及时控制流动人口的“大规模聚居”，过量人口造成社区内部公共空间与公共资源的竞争性使用，必然引起一系列严重问题，甚至引发冲突。因此，流动人口聚居社区问题的实质是城市公共服务与管理在城乡结合部的缺位与不到位；凸显出城乡结合部面临诸多社会制度困境（如城乡规划体制、公共服务投入机制、人口二元管理体制、城乡交叉管理体制等），是首都城市公共服务与社会管理的“软肋”。

城乡结合部地区在拆迁改造和人口疏解整治进程中，要努力做到科学规划、统筹兼顾、有序推进，最大限度地避免出现“堰塞湖”现象。要从区域、经济、社会、发展全局的角度，制定该区域的土地利用规划、产业发展规划以及社会事业发展规划和生态建设规划，努力提高规划的前瞻性、科学性和可行性。

借鉴“外来人口和谐促进会”，推进以秩序治理为目标的转型社区善治。2006 年 4 月，慈溪市坎墩街道五塘新村成立全国首个村级和谐促进会。和谐促进会是以人际和谐为目的、以村（社区）为单位组建的民间团体和群众组织。其宗旨是遵守宪法、法律、法规及政策，遵守社会道德风尚，进行自我组织、自我教育、自我服务、自我管理，开展平安建设，谋求经济繁荣，实现社会和谐。村支书担任会长，设立了理事会、监事会以及片组长等组织架构。每个基层“和促会”包括村干部、当地村民、流动人员、社区保安、出租房房东、私营企业主等成员，由全体会员大会选举产生理事会。理事会内设有 10 个专门工作委员会，为新居民提供报刊图书、计生、劳资纠纷、法律援助、困难帮扶、文体活动等服务和公益活动，在流动人口管理、维护劳动者权益、调处矛盾纠纷、公共服务创新等方面发挥了重大作用。据统计，慈溪全市“和促会”先后为 30 万流动人口解决就业、入学、租房等实际困难，及时制止和化解各类不稳定事件 3 万起，募集帮扶资金近 2000 万元，帮扶困难人员 5 万名。通过新老居民的共建共享，和谐促进会真正发挥出了社会多元主体合作共治和系统整合的效用，运行效果良好，产生了很大的社会影响。努力促进政府、社会、公民立体多元的协作治理，加快形成科学有效的社会治理体制，实现了资源的系统整合和优化，提升了基层社会治理能力。北京城乡结合部流动人口聚居区治理可借鉴上述做法，推进以秩序治理为目标的社区善治。

参考文献

俞可平：《治理与善治》，社会科学文献出版社，2000。

王雪梅：《首都城乡结合部社区变迁与治理思考》，《北京人口发展报告（2014）》，社会科学文献出版社，2014。

北京人口研究所：《北京城乡结合部重点地区流动人口情况调查分析报告》，2016。

地方社会建设篇

Local Society – Building Reports

B.18 大兴区社会组织发展研究

宁书军*

摘　要： 经过数年的发展，大兴区初步形成了与区域经济社会发展水平相适应的多样化社会组织群体。社会组织在参与社区治理、促进社区和谐、维护社会稳定方面发挥了重要作用，已经成为全区基层社会治理中一支不可或缺的重要力量。但社会组织在实践过程中依然面临资金、能力、人员及监管等问题。因此，在今后需要通过加强社会组织自身建设、完善全方位监管机制、建立多元培育机制等推进社会组织的发展与完善。

关键词： 社会组织　社区治理　大兴区

* 宁书军，大兴区委社会工委、区社会办综合科。

经过数年的发展，大兴区初步形成了与区域经济社会发展水平相适应的、门类齐全、覆盖广泛的社会组织群体。截至 2018 年 3 月，大兴区正式登记注册社会组织共 523 家，其中社会团体 179 家，民办非企业单位 344 家；社区社会组织 863 家。主要涉及领域：社会组织发展培育、社会志愿服务、社区便民服务、人文关怀与心理疏导服务、机场地区等拆迁安置区域专业服务、文娱、教育、培训服务、社区特殊人群生活照料服务等。社会组织在服务民生和推动政府职能转变方面的作用进一步凸显，在参与社区治理、促进社区和谐、维护社会稳定方面作用突出，已经成为全区基层社会治理中一支不可或缺的重要力量。

一　社会组织在大兴区社会治理中发挥的作用

社会组织是全区社会建设的重要载体，是全区社会治理的重要力量，具有直面社会需求、协调社会关系、积累社会资金、均衡群体利益的重要功能，发挥着为社会提供公共服务、参与社会治理、化解社会矛盾、整合社会资源的重要作用。其主要作用体现在以下几个方面。

（一）提供多样化社会服务

大兴区社会组织服务领域覆盖心理咨询服务、司法领域、社区矫正帮教服务、回迁社区、老年人服务、社会组织孵化服务、妇女儿童志愿服务、社区志愿服务和老年护理志愿服务等方面。从类型来看，主要包括针对老人、妇女、儿童等弱势群体的服务，针对社区服刑人员、在监人员、涉罪青少年、精神病人等特殊群体的服务，针对离婚家庭、流动儿童、空巢老人、回迁农民等脆弱群体的服务，以及针对社区居民等普通群体的服务。

（二）承接政府转移职能

大兴区在经济社会快速发展的同时，社会管理面临诸多新情况、新问题和新挑战。社会治理强调治理主体由一元向多元转变，强调由绝对服从向鼓励参与转变，强调由单一治理手段向多元治理手段转变。社会组织参与基层社会治理，对于促进政府转型和创新社会治理方式、提高社会治理科学化水平、构建和谐社会具有重要意义。

社会组织逐步承担政府改革后的部分职能，通过开展各种活动，弥补政府公共服务中的不足。随着政府职能转变，逐步把一些社会管理职能转移给社会组织。社会组织形成了连接社会成员和政府的桥梁，承担政府职能转变后所不应承担的职能。社会组织起到了政府和社会成员间矛盾缓冲的作用，一方面，社会组织以桥梁纽带的身份把政府的政策方针传达给社会成员，让其了解国家大政方针，上情下达，起到对话协调作用；另一方面，社会组织代表所属群体的利益，下情上传，为人们的利益表达提供多种渠道与合法的表达方式。这样，减少了社会矛盾冲突，维护了社会稳定。

（三）参与社会治理

党的十九大报告指出，要“打造共建共治共享的社会治理格局。加强社会治理制度建设，完善党委领导、政府负责、社会协同、公众参与、法治保障的社会治理体制，提高社会治理社会化、法治化、智能化、专业化水平”。同时要“加强社区治理体系建设，推动社会治理重心向基层下移，发挥社会组织作用，实现政府治理和社会调节、居民自治良性互动”。

社区是社会治理的基本单元，而社会组织是重要的载体依托，目前大兴区正在广泛推进“四社联动”的社区治理机制，也即积极推进社区居委会、社会工作者、社会组织、社会力量参与的“四社联动”机制建设，推动社区居民和社会组织有序参与社区管理和社区服务。在这一治理机制中，社会组织已经成为社区治理中一只不可或缺的重要力量。

以博兴街道为例。2016 年博兴街道积极推广“四社联动”的社区治理方式，引入 10 家社会组织参与对接社区服务项目（见图 1）。项目实施期间，以社会组织服务项目为手段，通过链接社会组织资源为居民提供专业服务解决了一部分社区人力资源不足的问题。所有服务项目要建立在调研基础上的工作思路，切实结合辖区居民需求，贯彻强调社会组织应树立“服从

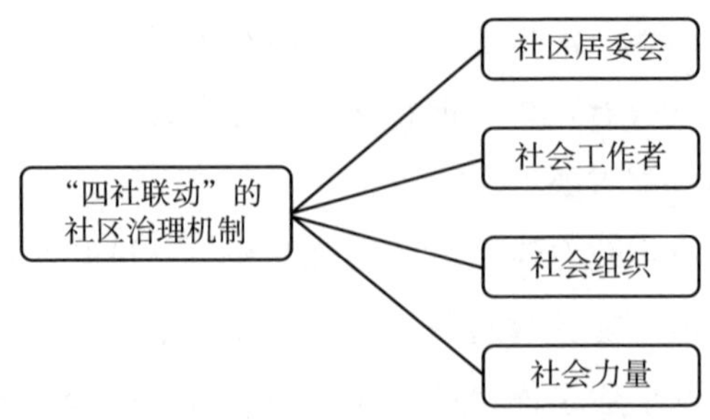

图 1 "四社联动"的社区治理机制

专业"的正确意识，在此基础上提供"专业服务"，重视执行，最终社会组织能够通过服务项目执行成长为社区治理的主力军，实现政府与社会组织发展共赢的良性循环。

（四）缓和社会矛盾

当前，我国正处在改革攻坚的关键期和深水区，社会矛盾日益凸显，缓和社会矛盾需要有效发挥各种社会主体力量的积极作用，其中社会组织是重要主体。政府在社会矛盾化解中应该发挥主导作用，但其作用是有限度的，而社会矛盾化解中政府功能的有限性为社会组织的参与介入提供了空间与基础。社会组织是介于国家与社会之间的"中间层"，既是社会整合的重要力量，也是政府运作社会、引领社会发展的重要力量，对平衡政府与社会之间的关系起着重要的中介、桥梁作用，在社会矛盾化解中社会组织可以发挥政府所起不到、不好起、起不好的作用。

二 大兴区社会组织在发展中面临的问题

（一）资金来源渠道窄

资金是社会组织生存与发展的关键。社会组织资金来源一般应该有政府资助、社会捐赠、服务收费等多种渠道。目前，资金问题一直是困扰大兴区社会组织运行和发展的主要问题之一。全区社会组织的运营经费很少来自社会捐赠，也没有拓展服务收费等来源渠道，主要依赖政府购买社会组织服务项目，缺乏其他可持续的来源。导致这一问题的产生首先是由于社会组织在居民中的认知度和认可度不够，其次是由于身份的错位导致社会组织在招募资金和获取资源方面存在天然的劣势，再次是社会组织自身的造血能力不足。目前，除极少数社会组织能够依靠自己的力量，解决自身资金困难的问题以外，绝大部分社会组织都需要依靠政府购买。一旦政府购买的项目无法延续，大部分社会组织的生存马上就会面临困难。就目前来看，政府购买的资金总额已经难以持续大幅度地增长，甚至有可能会出现逐渐萎缩的情况，这意味着完全依靠政府购买资金生存和运转的社会组织今后所面临的资金问题会更为严峻。

（二）能力不足

1. 项目化运作能力较弱

公益项目以追求社会效益最大化为宗旨和目标，是一系列独特的、相互联系并且相互作用的活动过程。项目管理具有目标明确、成本管理和规范操作等特点，对于提高资源的利用效率、保证活动质量、实现社会组织效益最大化以及协调与其他利益相关者的关系都具有重要意义。因此，项目化运作与管理，就成为社会组织活动的核心，一个组织的项目规划与运作能力体现了该组织的专业化水平与能力。但是，由于缺乏专业人才、专业知识等原因，大兴区很多社会组织没有项目的概念，普遍把活动当作项目，把产出当作成果。很多社会组织的工作人员也大多没有项目管理的专业知识和项目运作的实战经验，加之专业督导的缺失，项目的实施往往表现出专业化程度不高、服务水平低下等状态。

2. 自我治理能力不足

社会组织的规范化管理要求社会组织必须具备完善的内部治理结构，具有一定数量专业素质较高的职业人才队伍与较强的自律性和社会公信力。社会组织内部治理的关键是在法律的框架下，建立健全以章程为核心的法人内部治理结构，明确会员大会、理事会、监事会的职责，实现决策权、执行权和监督权分设以及相互制衡的社会组织内部治理的基本形态，建立健全议事规则、选举制度、财务制度、监督制度、服务准则、项目运行制度、信息公开制度等各项制度。但是当下大兴区社会组织普遍存在治理机构与制度不健全、财务制度不规范、人力资源缺乏保障、专业督导缺乏等问题。部分社会组织由于公益产权不明晰，内部治理结构与机制不健全，致使违规操作、资金使用不规范等行为时有发生。

（三）部分社会组织缺乏公益理念

相比较政府、企业等其他社会组织或部门类型，社会组织的一个首要特点就是其动力和运行是建立在价值承诺的基础之上的，价值观是社会组织产生与发展的根本驱动力，理念和使命是社会组织生存和发展的灵魂。当前，大兴区社会组织存在的问题之一是少数社会组织负责人缺乏公益人格和公益理念，在承接项目的过程中，以营利而不是公益为主要的目的，从而偏离了社会组织公益的宗旨和理念。部分社会组织负责人在项目运作的过程中敷衍了事，以完成规定动作而不是服务居民为自己的主要目的，导致服务项目不明显、服务水平不高等情况。

（四）人员流失问题

人员流失也是全区社会组织面临的一个问题。造成社会组织人员流失率较高的一个根本性问题是社会组织工作人员的待遇较差。此外，社会组织工作人员的发展空间也十分有限。绝大部分社会组织的人员规模在 10 人以内，部分社会组织的人员规模在 5 人以下。对于这样的社会组织来说，工作人员的上升空间是极为有限的，甚至可以说根本没有上升空间，因此也就很难留住人才。

（五）领军人才和专业人才匮乏

社会组织的发展离不开人才，特别是高素质的专业人才和领军人才，优秀人才是社会组织发展的根本保障，是社会组织人才队伍建设的核心，是促进社会组织健康发展、提高社会组织公共服务能力和核心竞争能力的关键，是社会组织发展的核心力量。但是具备这些能力的人才是较为稀缺的，与此同时需求量却越来越大，因此全区社会组织都面临着较大的人才缺口。社会组织的服务和可持续发展需要在各个细分领域里的专业人才，比如残疾人服务，就可以分为肢体残疾和心理残疾等细分领域，需要不同的专业人才，但是这方面人才却非常匮乏。全市每年社会工作专业毕业的大学生才 2000 余人，而这些人中真正从事社会工作的人数就更少。社会组织的可持续发展需要领军人才和专业人才，他们要具有较强的能力和专业素养，需要有公益人格，知公益理念，精公益专业，善公益运作，需要具备专业化服务能力、项目化管理能力、市场化运作能力以及综合化协调能力。但是根据项目组的调查，全区社会组织中真正具有这方面能力的领军人才和专业人才都是十分稀缺的。通过调查，全区的社会组织普遍缺乏专业人才和高端人才。而专业人才和高端人才的欠缺，也导致社会组织能力不足的问题。

（六）公众对社会组织的认可度不高

近几年来，全区社会组织虽然取得了一定的社会认同，但是认同程度依然不高。

1. 社会组织在居民心目中的知晓度较低

根据调查，调查对象认为品牌建设对于组织发展非常重要的人数为 66 人，占总人数的 60%；认为品牌建设对于组织发展比较重要的人数为 31 人，占总人数的 28%；认为一般的人数为 13 人，所占比例为 12%。认为品牌建设对于组织发展不太重要和很不重要的人数为 0（见图 2）。由此可得，在被调查对象中，认为品牌建设对于组织发展比较重要和非常重要的人数为 97 人，占总比例的 88%。可见，绝大多数人认为品牌建设对于组织发展比较重要。但是另一方面，根据调查，社会组织在社区居民中的总体认知度还是偏低。

2. 服务项目在居民心目中的知晓度较低

在问及“您听说过政府购买社会组织服务项目吗”时，有 47% 的人听

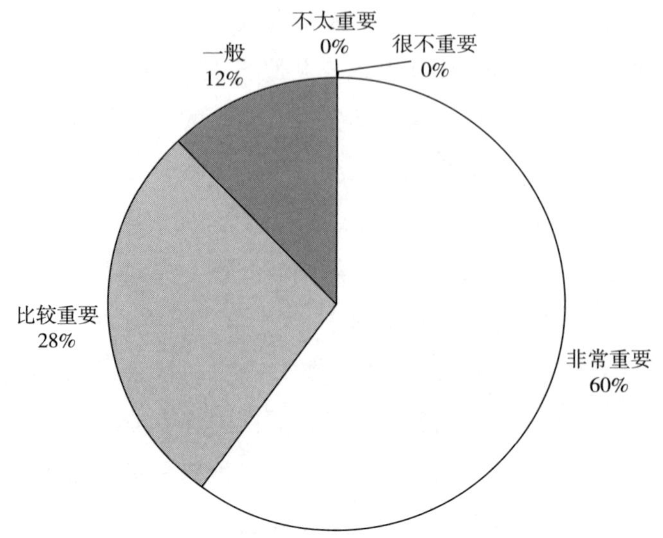

图 2　社会组织品牌建设的重要性

说过，有 53% 的调查对象表示没有听说过。这反映了两方面的问题，一方面是接近一半的调查对象听说过政府购买社会组织服务项目，这说明政府购买社会组织服务经过多年的大力宣传和推广，在社区居民心目中已经具有了一定的知名度。

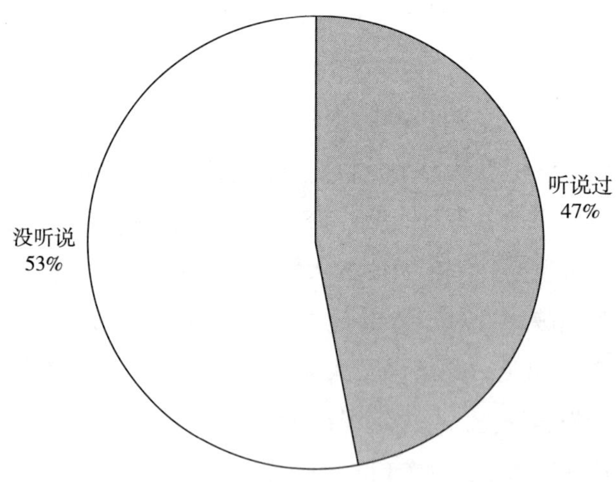

图 3　民众对政府购买社会组织服务项目的知晓度

（七）政府监管问题

1. 监管不足

社会组织现行监管机制主要由准入监管、资金使用监管和业务监察监管等三方面构成。社会组织的准入监管采用审核登记制度，即在申请成立社会组织时，首先确定业务主管部门，经其审核同意后，才能向政府相关部门申请登记注册。社会组织只有登记注册，才能成为合法组织。在资金使用监管方面，因社会组织的运营资金主要来自政府购买，其资金来源的非商业性和弱交换性，决定了其资金使用必须充分考虑资金提供者的愿望，因此，为避免资金的私自分配及占用、挪用，确保资金的合理使用，政府相关部门有必要对其资金使用情况进行监督和检查。在业务监察监管方面，相关法律规定了业务主管部门对社会组织的重大决议、业务经营范围、经费支出和人事安排、业务成果方面进行监督和检查。

大兴区在对社会组织的资金监管、项目监管和过程监管方面，存在监管不足的问题。以政府购买社会组织服务为例。所谓监管不足，目前全区对社会组织的监管，主要委托第三方监管，第三方监管又主要委托聘请的专家进行监管。但是每个项目组的专家要监管几十个项目，这些专家本身又并非全职监管，基本是兼职工作，因此就可能存在监管不足的问题。在监管过程中，更多注重对资料完善性和规范性的要求，而缺乏对过程的全面监管，以致出现个别社会组织在开展项目和服务的过程中，偷工减料，无论是在活动还是服务的数量和质量上，都无法达到实施方案的承诺。

2. 监管过度

经过近些年的发展，全区社会组织的自身素质和所处环境发生了巨大变化。现行的监管体制，在突出社会组织发展的计划性、规范性的同时，也制约了社会组织的发展壮大。在资金的使用方面，为了保证资金的合理使用，社工委对政府购买资金的使用有严格的规定，但是现行规定并未充分考虑社会组织在资金使用过程中合理的支出，比如社会组织工作人员正常稳定的工作收入，比如正常的开展活动过程中的物料支出等费用，以致于社会组织为了符合资金管理的规定，不得不采用一些虚报瞒报的方法，平衡支出。

三　对策与建议

（一）加强社会组织自身建设

1. 加强社会组织公益理念培养

受历史和环境因素的影响，社会组织对政府的依赖性较强，自身独立性不足，同时部分社会组织也欠缺公益理念和公益人格。社会组织要想获得长足发展，除了要获得政府和公众支持以外，还需要加强自身独立性建设。要转变自身的依赖理念，尽快从对政府的依赖中摆脱出来，改变自身“官民二重性”身份。

另外，社会组织要转变发展思路，加强对自身角色定位，通过为广大公众提供高质量服务来满足公众的需求，获得公众的认可，扩大自身的发展空间。

2. 加强社会组织“三化”建设

社会组织需要尽力加强自身的能力建设，拓宽筹资渠道，调整人员结构，增强核心竞争力，努力成为政府机构的合作者而不是附属者。

（1）规范化：完善法人治理结构，提升社会组织治理能力。规范化主要指明确社会组织的治理结构与运行机制。一个健全的社会组织内部治理结构应该包含权力机构、决策机构、执行机构与监督机构，四个机构应当具有明确的权责分配，建立有效制衡的治理结构与科学规范的运作机制。大兴区需要进一步鼓励和督促全区的社会组织，尤其是具有一定品牌效应的社会组织建立健全的内部治理结构和规范的组织运行机制。

（2）透明化：重视信息公开与诚信自律透明化主要是指社会组织日常管理与运作的信息公开与自我约束，要明确不同类型社会组织信息公开的周期、内容、时间、方式、程序以及违规惩罚方法，同时建立诚信承诺制度与社会责任标准体系，接受社会监督，打造一批有口碑、有形象的品牌社会组织。

（3）专业化：加强人才队伍建设专业化是指社会组织队伍建设与服务能力的专业化水平。要积极开展人才引进工作，打造一支高素质的专业人才队伍。要在工资待遇、福利、保险等方面给予社会组织领军人才和专业人才一定的财力保障，吸引更多高水平高素质的人才进入并愿意留在这一领域。要贯彻落实《北京市“十三五”时期社会治理规划》（京办发〔2016〕43号）和《北京市2016～2020年基层党建工作基础保障规划》（京办发〔2017〕4号）等文件精神，进一步规范和提高社会组织工作人员的待遇水平。

（二）完善全方位监管机制

1. 创新监管理念

在社会组织监管改革创新的背景下，树立重视监管、全员参与的监管理念。应建立社会组织监管的公共信息平台，实现信息共享，充分调动社会公众的监管积极性和主动性，形成整个社会树立重视监管、积极参与的良好氛围。十八大明确提出要加快建立现代社会组织体制，因此针对社会组织中普遍存在的管理机制不完善、管理能力低下等问题，要以自身建设为抓手，尽快完善管理体制，提高管理能力。在绩效考核方面，针对社会组织的特点可以采取行为考核、目标管理等多种绩效考核方法，并将考核机制和激励机制结合起来，以调动社会组织工作人员的工作积极性，促进组织目标的实现。

2. 创新监管工具

处在信息日新月异的互联网时代，社会组织的监管方式也应该与时俱进，要善于运用互联网技术和信息技术创新监管手段。第一，建设动态的社会组织信息共享平台，政府管理部门应联合社会组织对其日常运营和工作信息进行统一的管理和协调，建立统一的信息共享平台，使监管主体可以共享动态的监管信息，及时发现问题并进行跟踪和解决。第二，建立社会组织的数据监测系统，从社会组织项目批复那天起，其信息就应被记录在监测系统中，并在其发展运行过程中不断更新数据，形成一个完善的、系统的、同台的社会组织数据跟踪和监管系统。第三，更新监管参与方式，充分利用互联网资源，推进对社会组织监管的公众化和公开化，强化社会监管，及时接受服务对象的评价和反馈。

（三）建立多元培育机制

1. 进一步完善政府培育机制

进一步完善区街两级政府培育机制，加大政府购买社会组织的资金支持力度，制定并定期更新政府向社会组织购买服务的指导目录，明确政府购买的服务种类、服务性质和服务内容，完善政府购买的规范和监管办法。进一步加大对社会组织的能力培养力度，尤其注重扶持初创的中小社会组织发展，在更广泛的范围内为其提供注册协助、服务场所、办公设备、队伍建设、能力建设、政策辅导、资金筹集等全方位的支持。能力提升要更加注重高水平、专业化培训，而不是停留在低层次、低水平、重复性的培训上，探索引入专业的培训队伍，开展对社会组织工作人员的系统化培训，全面提升其专业素养和服务能力。

2. 探索引入市场化培育机制

试点探索运用市场技术甚至市场手段培育和运作社会组织。这种把经营方式与社会目标结合起来的社会组织，就是社会企业。社会企业是社会组织在组织理念与战略、运作模式、组织形式上的制度与组织创新，强调竞争与效率的市场理念，注重项目化运作、绩效评估与团队建设等市场化策略与商业技能，能够提升社会组织的服务能力与专业化水平。总之，要鼓励部分和扶持社会组织向社会企业转型，解决社会组织的资源不足问题，摆脱社会组织的业余性，增强社会组织的自我造血能力。

3. 建立社会培育机制

继续大力扶植支持性社会组织，使其成为中小型社会组织的公益孵化器。社会组织孵化器是一种为中小型初创公益组织提供支持环境的新型社会组织，也是社会组织培育的新机制——社会培育机制。这种社会培育机制是一种典型的“以社管社、社社合作”的管理模式。社会组织孵化器是以初创期中小型公益组织培育扶持为核心，提供包括专业服务、资源平台、项目管理、资源链接以及能力培训等一系列服务的多功能服务系统，具有“理念塑造作用、核心载体作用、能力提升作用以及引导协调作用”。

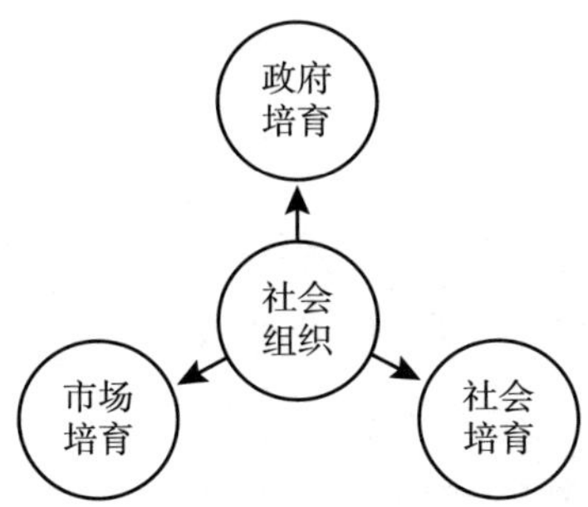

图4　社会组织三元培育机制

B.19
石景山区关于志愿服务工作的探索和研究

张琳娜　高 炜*

摘　要： 石景山区整合志愿服务资源、完善志愿服务培训体系，志愿服务工作富有特色。也存在资源利用不充分，志愿者服务积极性不高、服务机制需要进一步创新、服务形式有待多样化的问题。志愿服务的动员方式、支持方式、组织方式、宣传方式需要与时俱进，不断创新。

关键词： 志愿服务　志愿服务资源　志愿服务方式

近年来，石景山区在志愿者服务工作方面进行如社区志愿服务、“大型活动”志愿服务、“公益慈善”志愿服务和“援内支外”志愿服务等探索，在志愿服务活动建设上进行了突破。本研究深入开展了关于积极探索志愿服务工作的专题调研，在此基础上，形成了本研究报告。

一　石景山区开展志愿服务工作的基本情况

（一）充实志愿队伍，开展志愿服务特色活动

2017 年，石景山区广泛动员更多的社会力量参与社会治理，拓展“北

* 张琳娜，石景山区委社会工委、区社会办副主任；高炜，石景山区委社会工委、区社会办社工科。

京社会志愿服务行”活动内容，在继续开展“五大志愿行动”基础上，“社会志愿服务行”向医院和学校扩展延伸。全年，共开展26个活动项目，举办活动74场次，参与志愿者1810人，服务对象35501人。社会领域志愿服务项目对接项目57个，参与项目的组织38个，服务群众55447人，并举办了一批比较有特色的活动。

1. 举办“四季环保行”主题活动

全区社区根据不同季节的环境特点和环保需求在社区开展贴近居民生活、切实可行的环保宣教活动，全民践行环保——第一季度：环保酵素，第二季度：绿色菜篮子，第三季度：节水、节电，第四季度：垃圾分类。

2. 举办“超越户外公益行——把白色垃圾带出大山”主题活动

超越户外俱乐部目前注册会员190多名。通过进社区、进学校等各种公益活动，带领会员和社区居民捡拾北京周边山区的白色垃圾，同时让环境健康理念深入人心。

3. 八角北路特钢社区开展金色亲情服务活动

每月15日，石景山区八角北路特钢社区广场开展便民服务，包括理发、修理家用电器、修理手表、修理自行车、清洗手机等；临终关怀服务，心理慰藉、后事料理等；微服务，为弱势群体提供代购代提代送米、面、油、蔬菜等日常生活品；呼叫小扁担应急服务，针对社区没有电梯，120急救不能及时转移救治病人情况，及时快速地把病人抬下楼。

4. “同建绿色家园 · 共享青山蓝天”——3 · 5学雷锋主题活动暨2017年石景山区志愿服务公益行

在纪念毛泽东同志题词“向雷锋同志学习”发表54周年之际，石景山区举办“同建绿色家园 · 共享青山蓝天”——3 · 5学雷锋主题活动暨2017年石景山区志愿服务公益行。摩拜科技、超越户外俱乐部、八角自助绿化服务队等20余家志愿组织和驻地院校展示绿色生态理念，开展了变废为宝、交换绿植、绿色出行等现场互动，同时志愿者为地区居民提供了义诊、家电维修、食品药品安全、应急救援等丰富多样的服务。

5. 成功举办老街坊“擦亮城市，庆祝国庆，喜迎十九大”公益服务主题活动

为庆祝国庆、迎接十九大的胜利召开，2017年9月29日上午，在石景山区151个社区内，开展老街坊“擦亮城市，庆祝国庆，喜迎十九大”公益服务主题活动。来自社区“老街坊”志愿者、政府机关、驻区部队、驻区企事业单位、院校学生等218家社区单位、200余支志愿服务队、2万余人参加了此次活动，在石景山区内掀起了一场全民“大清洁”运动。活动中擦拭各类公共设施5391个，清理社区路面、绿地达16.6万平方米，垃圾337吨，楼门小广告4670处，粉刷墙面278处。进一步弘扬了“奉献、有爱、互助、进步”的志愿服务精神，形成了大众参与、人人公益的良好氛围，倡导维护身边公共设施和公共秩序，以饱满的热情和良好的精神面貌庆祝伟大祖国的生日，迎接十九大的胜利召开。

（二）整合社会资源，丰富志愿服务活动平台

通过社区志愿服务网，整合服务资源，实现信息共享，促进供需对接。志愿服务网包括项目展示、信息资讯、能力建设、志愿之星等板块，设置了志愿者排行榜，例如经验度排行、星级值排行、好评率排行等。

专业社工机构中的社会工作者以专业化、本土化的视角，突出服务特色，巩固传统项目，拓展创新项目，引导和带领志愿服务队伍协助实施服务项目，以社区、社会组织、商务楼宇等为重点服务地点，以社区老年人、未成年人、残疾人、失独家庭和低收入家庭等弱势群体为重点服务对象，以慈善公益、就业援助、优抚助残、敬老爱老、矛盾调解等方面为重点服务项目，通过重点帮扶、结对帮扶等方式，提供有针对性的志愿服务。结合本区工作实际，打造特色的服务品牌，实现了“一所一品牌项目”。例如：绿叶社会工作事务所“你我携手，共普文明新社区”项目；八角北路特钢社区的“金色亲情志愿服务”项目；星缘社会工作事务所的“康乐敬老院志愿服务”项目及中正社会服务工作事务所的“四季花卉之科普系列活动”项目等。在重大活动、突发事件中，充分发挥商务楼宇志愿服务组织作用，整

合志愿服务力量，积极参与社会治理、维稳防恐等工作。广泛动员企业员工积极参与各类志愿公益服务。坚持“走出去”与“引进来”相结合，动员全区社会单位等力量，大力开展面向商务楼宇入驻企业和员工志愿服务活动。

（三）完善培训体系，提升志愿服务人员素质

加强志愿者培训工作，继续规范和完善志愿者工作制度，建立完善社区志愿者持证上岗、行为规范、学习培训表彰奖励等制度，大力开展注册志愿者培训活动，不断提高志愿者的服务技能和水平。在培训对象与内容上要分门别类，进行有针对性的、灵活多样的培训，促进志愿队伍向正规化、专业化方向发展。对新加入的志愿者进行有关志愿者基本概念、发展情况、服务宗旨、发展目标、信念、志愿服务的有关规定、管理制度、相关道德法规等知识进行全方位、多层次的培训，不断完善服务体系。志愿者培训教师以资深志愿者担任，同时邀请相关专业人士和专家、学者、领导担任志愿者培训教师。培训方式灵活多样，包括举办培训班、介绍经验、案例分析、观摩考察等。

二　开展志愿服务工作面临的主要问题

1. 社会资源没有得到充分挖掘

驻区部队、驻区企事业单位、院校学生等部分志愿者由于工作忙，参与活动次数有限，许多人都有参与志愿服务工作的热情、能力和时间，但是因为现有的参与服务途径十分有限，可以说是服务无路，奉献无门，大量服务资源闲置。另外，在社区和群众中存在巨大的各种实际需求，其中只有一小部分，可以通过志愿服务获得满足，但是，由于信息沟通不畅、服务项目缺乏、服务站点较少等种种原因，这种需求往往难以实现。

2. 志愿者服务积极性仍需提高

缺乏宣传力度，活动阵地有限，对志愿服务认识不足，志愿者没有牢固

树立正确的人生观和价值观，更为突出的是在整个市场经济形势下，社会信任度不够，居民对志愿服务存在或多或少的疑虑和担心，资源服务措施不够完善，岗位吸引力需要增强，改变从单一渠道获取信息。

3. 志愿者服务机制仍需完善

志愿者队伍人员少，结构单一，服务意识淡薄，社区广大居民对于志愿者和志愿活动的了解不深刻。另外，志愿服务没有形成有效的激励机制，不能达到良好的效果，更不能有序快速地推进整体工作，而现状表现为单一化的榜样激励，缺乏针对性，虽得到荣誉，但对个人影响不大，难以学习，就会失去信心。

4. 志愿者工作形式仍需创新

创新宣传方式，宣传是开展志愿者活动的一个重要环节，志愿服务工作中宣传不力，阻碍了活动的正常开展，不利于广大居民了解活动的内容与意义，最终使得活动达不到预期的目标。所以，做好与志愿者服务活动相关的宣传工作是十分必要的。活动形式过于单一，流于形式，活动覆盖面太窄。活动主题并不新颖，没有结合企业或者居民的需求，据调查了解，在提及志愿者活动主要存在什么问题时，普通志愿者有 75.56%、志愿者服务队队员有 35.2% 认为志愿者活动流于形式，无实质性的内容。

三　改进思路和对策

1. 整合社会资源

一方面积极推动从全区性到委办局、街道到基层一线的纵向资源整合，另一方面积极推动从党政机关到企事业单位到驻区单位的横向资源整合。科学发挥政府支持和指导作用，同时注重培育社会组织、引导社会力量参与志愿服务事业。加强对民间公益组织的引导和扶持，激发社会活动，推动各类全区性的志愿服务行动，组织动员央企、非公企业及社会组织积极参与。推动各类志愿服务组织自主开发志愿服务项目或主动承接政府委托的社会管理项目。拓宽志愿者的来源渠道，向社区寻求人才资源，在实际工作中可以吸纳中老年、妇女、儿童等参加志愿者组织，壮大志愿者队伍，可以根据实际，采取设置志愿者报名点，开通报名热线电话、运用网络建立志愿者微信群等形式方便招募志愿者，同时可以通过开展募捐活动，争取社会各界的自助，增强志愿服务活动的后劲，实现可持续发展。

2. 提高志愿者服务工作的积极性

石景山区进一步建立和完善志愿者的社会性考评与承认机制，为广大志愿者参与志愿服务提供切实的保障，吸引他们参与志愿服务工作，提高他们参与志愿服务工作的积极性。不断探索志愿服务机制建设，坚持“一手抓活动，一手抓机制”的工作方针，把握志愿服务工作的特点和规律，不断建立健全志愿服务的长效机制，进一步理顺了志愿者组织、志愿者、志愿服务对象之间的关系，规范了志愿服务行为，提高了志愿服务的吸引力、动员力和凝聚力。要把重点放在宣传、发动、协调、监督、激励等方面，通过宣传突破单向服务社区观念，强调社区与志愿者之间的互帮互助，强调志愿服务自助和互助的精神，感召更多的人力加入志愿服务活动，推进公众利益，通过运用现代通信、网络技术，建立志愿服务信息网，实现志愿资源的优化配置。定期要对志愿服务工作情况进行必要的监督、考核，防止志愿服务变色，要组织开展评优活动，根据志愿服务时间和成效予以表彰，调动志愿组织和志愿者的积极性。

3. 完善志愿服务工作体系

志愿服务的内容丰富多彩、形式多样，有文化的、卫生的、安全的、医疗的、心理的等，都是结合居民生活的需要来开展的。志愿服务围绕推进社区建设、服务群众需求来开展。在活动内容上，要把握有所为、有所不为的原则，不求样样争先，唯求特色突出；在活动的实质上，要克服志愿服务的形式化，防止志愿服务变味，构建并不断完善志愿服务的参与体系，使其制度化、规范化，要坚持用办事业的方式实施服务项目。一是建立协调机构。成立志愿服务活动协调小组，负责系统志愿服务活动的统筹安排，指导协调志愿者网上注册、队伍管理以及组织志愿者活动。二是健全工作制度。印发《关于深入开展志愿服务活动的实施意见》等规范性文件，加强督导问效，推动志愿服务工作制度化。三是强化队伍建设。依托志愿者注册和管理信息系统，形成志愿者服务管理网络。及时补充奉献精神浓、文明意识高、服务能力强的工作人员参加志愿服务组织，增强志愿服务组织服务实效。

4. 不断开拓志愿服务工作创新

一是创新宣传方式。创新宣传手段与形式。除此之外另一种宣传手段也值得我们学习——联盟。二是活动形式多样化。举办各项活动，扩大覆盖面，而不是仅局限在一个小范围内；在思想上，我们可以选择一个更为新颖的主题，吸引人民群众的注意力；在形式上，可以通过多种渠道进行活动创新，如，通过采访、调查及留心观察社会热点，并围绕热点问题展开活动等方式。三是开展实质性工作。我们应该结合实际，使活动具有实质性是当务之急的事。让志愿者之间也应该有所互动，增进彼此的友谊。结合自身实际，创造地借鉴。四是加强交流。首先要在服务队内部多开展活动，加强成员之间的相互了解与沟通。保持经常性的联系，交流信息，携手打造服务联盟，扩大服务范围。

总之，志愿服务的动员方式、支持方式、组织方式、宣传方式等都要与时俱进，开拓创新。要因地制宜，探索新的工作方法和服务模式，不断丰富志愿服务的理论和实践经验，把志愿服务在社会治理中的作用发挥好。

B.20

推进社会组织精准微服务工作分析报告

——来自北京市平谷区的经验

岳淑媛*

摘　要：　在过去几年中，随着社会组织发展及其服务能力的提升，平谷区针对特定群体的特定需求，提供点对点的服务，推进专业服务精准化对接，有效解决了孤寡、空巢、高龄老人、重度残疾人、外来务工人员子女、失独家庭人员等社会弱势群体的生活问题，提升其幸福感。目前，精准微服务工作已在发展思路上逐步明确，相关规范逐渐制度化，未来发展空间巨大。

关键词：　社会组织　弱势群体　精准服务

依据《北京市“十三五”时期社会治理规划》和北京市社会建设工作领导小组办公室《关于推进“一刻钟社区服务圈”建设工作的意见》文件要求，平谷区出台《关于推进“一刻钟社区服务圈”建设的实施意见（试行)》，搭建职能部门平台，整合社会资源，实施“精准微服务”，解决“一刻钟服务圈”、社区基本公共服务圈覆盖等工作与社区居民生活需求之间“最后一公里”的问题。“精准微服务”，即以社区居民实际需求为导向，将政府相关部门职能、社会组织及企业等社会各界力量延伸到社区，为居民提

* 岳淑媛，平谷区委社会工委、区社会办综合科科长。

供细小、周到、及时的上门服务，使居民足不出户即可享受安全、高效、便捷、经济的社区服务，能够解决“最后一公里”的问题。

一　开展精准微服务工作的经验总结

开展精准微服务工作的重点是充分发挥社会组织作用，提供准确、及时、周到的个性化服务，不断满足特定群众不断增长的物质文化需求。目前平谷区已经具备以下一些经验。

（一）平谷区社会组织的发展已经初具规模

根据平谷区民政局 2016 年 12 月底统计，目前全区共有各类社会组织 532 个。其中，在民政局注册的社会组织 376 个（民办非企业单位 213 个，社会团体 163 个）；在街道备案的社区社会组织（“草根”组织）共有 159 家，志愿者队伍数量达 1 万余人，志愿服务队伍组织共有 100 家。

这些社会组织覆盖为老服务、社区服务、法律服务、医疗卫生、文体娱乐、民办教育、科技研究、公益慈善、工商经济、农业经济、生态环境、志愿服务、专业社工等各个行业和领域，初步形成了门类齐全、层次不同、覆盖广泛的社会组织体系。其在参与社会管理、提供公共服务、反映公众诉求、化解社会矛盾、激发社会活力等方面发挥着不可替代的重要作用。作为实施运作精准微服务的承接载体，各类社会组织在平谷区的蓬勃发展为开展精准微服务工作奠定了坚实的基础。

（二）平谷区积累了精准微服务工作经验

1. 开展政府购买社会组织服务项目工作取得成效

平谷区不断扩大政府购买社会组织服务规模和社会影响，各组织服务百姓民生的能力逐步提升。2010～2016 年，平谷区共争取到市社会建设专项资金 1212. 3 万元，购买 86 个社会组织服务项目。项目服务范围涉及与民生密切相关的十几个领域，包括扶老助残、支教助学、扶贫助困、环境保护、专业社工培养、就业创业帮扶、社会志愿公益服务、法律咨询与援助、人文关怀与社会心理服务、公共安全教育训练推广等。2010～2016年，86个服务项目共举办各类活动19710场次，发放宣传品28.39万份，服务社区（村）227个，参与志愿者25万余人次，服务约97.1万余小时，受益群众达120.7万余人次。平谷区社会办全程参与了社会组织开展服务的调研论证、项目申报、前期审核、中期考核、结项评估、资金决算等各个环节，为专项资金的规范使用、高效运营、科学监管积累了一定工作经验。

2. 开展精准微服务形成了若干典型案例

日月为老服务中心和新青年培训学校，为孤寡、空巢、高龄老人、重度残疾人、外来务工人员子女等群体开展微关怀、微学校服务。

从2012年开始，平谷区日月为老服务中心在有关部门的支持下，以城区为中心，将扶老助残公益项目各项服务以辐射状向全区发展。65岁以上孤寡、空巢老人，80岁以上高龄老人、重度残疾人等弱势群体，不出家门就能享受到便捷周到的服务。此项公益服务以居家养老为基础，为老年人、残疾人等弱势群体提供“5＋x”上门服务。其中，“5”指“广泛告知、经常问候、热线咨询、安全检查、应急救助”；“x”是指特定服务群体的各种生活需求，包括测血糖、理发、保洁、代缴费用、开门锁、通下水管道、换灯泡、换水龙头、换灯管、换煤气、修理暖气、修马桶等。通过安全、规范、细致、周到的服务，达到将“七化”（社区调查深入化、生活照料常态化、心理抚慰耐心化、健康保健家庭化、应急救助及时化、法律援助具体化、文化活动定期化）微服务送到老年人、残疾人家中的目的，满足特定人群生活需求，直接受益群众已达3万余人次。

新青年培训学校自2010年以来，针对城区小学生放学后无人辅导学习和照料的难题，组织大学生和退休老教师50余人作为志愿者，开展“社区便民小课堂”公益服务项目，简称“新青年课后四点半”课堂。2010～2016年，新青年培训学校服务1400余名农村小学生，解决了2900多名家长的负担和困难，受到了学生、家长和教师的一致好评，在政府专项资金和组织自筹资金的共同努力下，已经成为一种常态化的服务活动，四年来已累计服务8600余人次，成为平谷区的公益服务品牌项目。2016年至今，“课后四点半课堂微服务”通过充分整合社会资源，创新“大学生志愿者服务＋专业教师辅导＋专家指导”模式，面向农民工、单亲家庭子女开辟素质课堂项目。在进行文化课辅导的同时开设兴趣培养等课程，挖掘孩子潜能，提高学生动手能力、创新能力，解决120名单亲家庭、农民工家长的后顾之忧。开展家长讲座5场，亲子活动两场，心理沙盘体验活动每周1至两次，利用新青年英语教学优势免费给学生培训音标及外教口语培训，受到区教委的高度重视。

二　开展精准微服务工作的重要意义

（一）有利于特殊群体生活幸福感的提升

精准微服务是针对特定群体的特定需求，提供点对点的服务。主要面向孤寡、空巢、高龄老人、重度残疾人、外来务工人员子女、失独家庭人员等。解决这些特殊人群的生活维系问题，能有效提升其生活幸福感。

1. 孤寡、空巢、高龄老人、重度残疾人等弱势群体生活服务需求强烈

平谷区有两个街道、16个乡镇、30个城市社区和200余个乡村。截至2016年底，全区共有60岁以上的老年人口8.5万人，65～79岁孤寡、空巢老人5000多人；80岁以上的高龄老人11396人；五保供养户700余户，残疾人31178人，重度残疾人7402人。通过调查了解，这部分人根据不同情况，或多或少得到政府给予的补贴以及生活关照，有一小部分人住进养老院，但大多数人选择的是居家养老，他们在日常生活中经常会遇到诸如修水管、换灯泡、通下水道、修吊床（水床）、拆洗被褥、量血压、理发等临时性、突发性的诸多不便，无法依靠政府职能部门去解决。

2. “失独”家庭生活需得到关照

出于各种原因不幸逝去独生子女的家庭，被称为“失独”家庭。截至2016年底，平谷区共有“失独”家庭143个，这些家庭的父母年龄最小已

满 50 岁，60 岁以上老年人已达 84 人，最大年龄 84 岁。此问题的出现与实施计划生育政策带来的负面社会问题因素相关。这些“失独”父母心理伤痛的减轻、家庭的经济困难和养老、医疗等基本生活保障都存在问题，如何更好更快地融入社会，需要从精神慰藉、生活保障、老年安置等各方面给予照顾。

3. 特定学生群体教育问题需要关注加以解决

此类人群包括学习困难的农民工、外来务工人员子女；家长无时间或无能力辅导、学习出现极度困难的学生；父母不在身边，老年人隔代看护又无学习辅导能力的家庭子女等。依据抽样调查分析，此类人群需要关照的原因有三点。

一是目前我区 6～16 岁义务教育阶段在校生人数达到 23489 个。大量农村学生、外来务工人员子女涌入城区学校，导致学校生源复杂，知识掌握水平参差不齐，这增加了学校统一教育的难度。

二是 75% 以上农民工家长忙于工作，不能准点接孩子。同时 42% 的父母外出务工难以照顾孩子，导致部分孩子放学后独自回家，路上存在安全隐患。一些孩子放学后索性游荡在附近的网吧等处，沉迷其中。还有 86% 的农民工家长因自身知识水平有限，难以对孩子课程进行有效辅导。

三是 65% 的家庭呈现老人隔代照顾孩子局面。老人无力辅导孩子功课，孩子作业完成情况不及时，直接影响了学习成绩的提高。

（二）有利于弥补现有行政体制下的工作空白

长久以来，政府直接承办公共事业，即便已经投入大量的人力、物力、财力，仍存在政府职能越位与缺位的问题。一方面，政府在一些应当发挥作用的领域存在“缺位”问题，如应由政府提供的水利设施、生态环境保护和其他必要基础设施的建设仍然力度不够；医疗、养老、失业、救济以及其他社会保障服务的公共供给仍然不足；市场经济秩序不健全，竞争规则不完备，信用体系尚不健全；基本公共服务缺乏质量标准，数量有待增加，等等。另一方面，政府又在一些领域存在“越位”问题。政府干了不该干的事情和管了不该管的事情，承担了过多的社会职能，如代替市场去配置与私人产品相关的资源，行政审批的不合理和过多过滥；通过主管、指导等方式直接介入各种协会、社团的内部管理与事务运作，使它们直接或间接处于政府组织的附属地位，导致政府责任过大，风险过于集中。总之，服务不到位，工作出现空白，公共资源得不到充分利用。开展精准微服务工作，有利于打破政府、事业单位和国有企业对大多数公共服务的垄断局面，降低社会组织从事公共服务的门槛，意味着将竞争性强、反应灵活的社会组织引入相对封闭的公共部门之中，从而促进竞争、提高服务质量并降低成本。同时强化政府对公共服务的监管，将精力集中在自己的核心功能上，提高管理能力，降低管理成本。最终有利于现有行政体制下公共服务水平提高，质量改善，更好地满足公众的各种需求。

（三）有利于提高公共服务的专业化和职业化水平

与细分市场上的各类专业公司相比，政府不是万能的专家。转变政府职能，要打造服务型政府，努力实现“小政府，大社会”的发展格局。开展精准微服务工作就是将原来由政府直接承办的、为社会发展和人民日常生活提供服务的事项交给有资质的社会组织来完成，并根据社会组织提供服务的数量和质量，按照一定的标准进行评估后支付费用。这是一种“政府承担、定项委托、合同管理、评估兑现”的政府提供公共服务的新型方式。

三　开展精准微服务工作的发展思路

（一）准确界定精准微服务工作领域

精准微服务工作领域是指政府职责范围之内，由于政府人力、精力有限暂时顾及不到或者不方便出面管理，且现有财政预算保障之外的公共服务项目。具体内容上，主要参考《北京市社区基本公共服务指导目录（试行）》，重点针对社区社会保障服务、社区社会救助服务、社区卫生服务、社区环境美化服务、社区安全服务等领域，确定四个具体精准微服务项目，包括微关怀、微学校、微环保、微医疗。

（二）充分做好精准微服务项目前期准备

平谷区社会办对全区社会组织开展精准微服务项目需求进行了摸底调查。发现全区具备开展服务条件的社会组织达到50余家，其中70%具备开展服务的实践经验；特定群众对于这四类服务内容的预期欢迎程度较高，认为非常需要的群众达90%以上。

为了突出服务效果，通过抓好两个“重点”做好前期的准备工作：一是抓好居民急需的、与平谷区中心工作联系紧密、影响力比较大的重点项目，通过试点摸索经验，逐步完善购买公共服务工作机制；二是抓好重点社会组织的培育和引导，努力将那些公益性强、运作规范、能力突出的社会组织，打造成为平谷区的“金牌”社会组织。

（三）专业测定精准微服务项目支持标准

聘请平谷区社会工作事务所、社会组织评估与服务中心等第三方专业机构，科学测算和评估项目支持标准，按照项目规模的大小，服务人群的多少，项目的难易程度，产生的社会效益，以及当年区委、区政府重点支持项目、次重点支持项目、一般支持项目，确定项目的支持标准。

（四）科学规范精准微服务工作的组织实施

为了保证微服务工作的有效推动和顺利开展，由平谷区社会办拟定关于开展“精准微服务”工作的推进方案，从基本原则、服务内容、实施主体、操作流程、措施保障、实施步骤等各个工作环节，提出明确的工作要求。随着微服务工作的深入推进，区社会办将就各个重点环节出台相关细则，将工作程序进一步规范化、科学化。

1. 服务方式多样化

从群众最迫切需要解决的生活问题入手，依据不同对象的特定需求，明确精准微服务的具体内容、方式和步骤，量化服务指标，提供多种形式的点对点服务。

2. 审核决策集体化

充分发挥社会建设领导小组办公室的统筹协调作用，由社会办组织相关部门及相关领域专家评审对各项精准微服务工作方案拿出初步意见后，由区主管领导召集社会建设领导小组办公室成员讨论通过，坚持多方参与、集体决策。

3. 操作流程规范化

开展精准微服务的整个工作流程包括需求信息反馈→需求收集分析→实施定向服务三个环节，分别由街道、社区、政府职能部门、各社会组织等责任主体各负其责、分工协作。各环节任务清晰，目标明确，成立专门机构责成专人负责，进行规范管理。

4. 保障措施完善化

制定较完善的保障措施，包括组织保障、制度保障、人员保障、经费保障、监督保障，力争保障工作无死角，为微服务工作的全面落实提供准确到位的服务。

5. 考核评估标准化

对服务项目的考核评估，既包括过程指标，也包括结果指标；既包括客观指标，也包括主观指标。具体从服务专业性、服务量及服务成效、服务质量、服务项目管理、资金使用等几个方面建立量化考核标准。由区社会办牵头，成立包括服务对象、业务主管部门、相关领域专家等组成的考评小组进行评估打分，并以此为依据建立有奖有惩的激励机制。

B.21
北京市各区社会建设评估

鲍叶静*

摘　要： 基于现有社会建设水平的科学测度与分析，本文构建了一个包括公共服务、社会保障、社会安全、社区建设和社会参与五个一级指标在内的社会建设评价指标体系。并采用 TOPSIS 分析方法对2016 年北京市 16 个区的社会建设水平进行评价分析。研究结果表明：北京市社会建设发展不平衡，各区县之间差异较大，且同一区域内不同领域之间社会建设水平也不平衡。

关键词： 社会建设　评价指标　实证分析

近些年，北京市通过贯彻新发展理念，创新基层治理，在社会建设实践中发展公共服务、保障公共安全等方面取得显著成效。然而，面对当前我国社会转型期各类社会矛盾叠加、社会风险隐患增多的严峻挑战，以及特大型城市发展中诸多社会问题与大城市病，北京市社会建设与治理任务仍异常艰巨。为此，对北京市各区的社会建设状况进行评估研究，总结已经取得的社会建设成果与经验，发现社会建设的差距和问题，对今后进一步完善社会建设，提高服务水平具有非常重要的现实意义。

一　社会建设评价指标体系

本文基于社会建设发展理论，参照社会建设相关文献研究，并结合北京市社

* 鲍叶静，博士，北京工业大学社会学系讲师。

会建设实践，构建了北京社会建设评价指标体系。为保证指标选取的科学性和合理性，在指标选择时充分考虑指标体系的系统性、指标的代表性，同时兼顾指标数据的可获得性及可比性原则。评价体系共包含公共服务、社会保障、公共安全、社区建设和社会参与等 5 个二级指标，28 个三级指标，并通过咨询专家意见确定指标权重。社会建设评价指标体系各级指标及其对应权重详见表 1。

表 1 社会建设评价指标体系各级指标及权重

一级指标	二级指标	权重	三级指标	权重	指标性质
社会建设 A	公共服务 B1	0.25	人均教育事业费(元)C1	0.2083	正指标
			每一专职教师负担学生人数(人)C2	0.1250	适度指标
			失业率(%)C3	0.2083	逆指标
			从业人员人均劳动报酬(万元)C4	0.1250	正指标
			人均医疗卫生支出(元)C5	0.1250	正指标
			每千人拥有医院床位数(张)C6	0.1042	正指标
			每千常住人口卫生技术人员数 C7	0.1042	正指标
	社会保障 B2	0.25	人均地方财政社会保障和就业支出(元)C8	0.3940	正指标
			基本养老保险参保率(%)C9	0.1515	正指标
			基本医疗保险参保率(%)C10	0.1515	正指标
			社会救济覆盖率(%)C11	0.1515	正指标
			每百位老人拥有养老服务机构床位数(张)C12	0.1515	正指标
	公共安全 B3	0.25	万人刑事案件立案数(件)C13	0.0833	逆指标
			当年刑事案件破案率(%)C14	0.1667	正指标
			每万人火灾事故(起)C15	0.0833	逆指标
			人均火灾事故经济损失(元)C16	0.1667	逆指标
			每万人交通事故(起)C17	0.0833	逆指标
			人均交通事故经济损失(元)C18	0.1667	逆指标
			生产安全事故数(件)C19	0.0833	逆指标
			生产安全死亡人数(人)C20	0.1667	逆指标
	社区建设 B4	0.125	人均社区事务费(元)C21	0.3750	正指标
			万人常住人口社区服务人员(人)C22	0.2083	正指标
			万人常住人口社区服务设施数(个)C23	0.4167	正指标

续表

一级指标	二级指标	权重	三级指标	权重	指标性质
社会建设A	社会参与B5	0.125	每万人社会组织数(个)C24	0.1148	正指标
			每万人社会组织职工数(人)C25	0.2072	正指标
			人均社会组织增加值(元)C26	0.1070	正指标
			每万人自治组织数(个)C27	0.1930	正指标
			每万人自治组织管理人员数(人)C28	0.3780	正指标

二　数据处理及评估方法

（一）数据来源及处理

文中数据主要来源于《2017年北京区域统计年鉴》《2017年北京市民政统计年鉴》及各区2016年国民经济与社会发展统计公报。本文采用均值化法对指标原始数据进行无量纲化处理。该方法在消除量纲和数量级影响的同时，保留原始数据中各指标的变异程度和相互影响程度的信息，确保指标数据具有较强的一致性和评价结果的科学性和稳定性。

$$\text{正向指标：}a_{ij} = \frac{x_{ij}}{\bar{x}_{ij}} \tag{1}$$

$$\text{逆向指标：}a_{ij} = \frac{\bar{x}_{ij}}{x_{ij}} \tag{2}$$

式中，x_{ij}为指标值，a_{ij}为处理后的指标值，$i=1,2,\cdots,16$，表示各区序号；$j=1,2,\cdots,n$，表示评价指标序号。

（二）评价分析方法

逼近理想解排序法（TOPSIS）是多目标决策分析中的常用方法，它能够对多个评价对象进行排序比较。本文采用TOPSIS法对北京市各区社会建设进行评价分析，计算北京市 16 个区各二级指标的评价得分以及各区社会建设综合得分。评价结果（评价得分经过了百分制处理）与排名情况如表 2 所示。

表 2　北京市 16 个区县社会建设评价得分及排序

区域		综合评价	公共服务	社会保障	公共安全	社区建设	社会参与
东城区	指标值	86. 84	90. 79	88. 19	93. 62	78. 00	87. 09
	排序	1	2	1	1	5	2
西城区	指标值	86. 18	93. 68	87. 85	87. 23	81. 72	75. 80
	排序	2	1	2	2	3	5
朝阳区	指标值	72. 04	89. 68	76. 7	72. 71	62. 17	61. 03
	排序	11	3	7	14	15	16
丰台区	指标值	67. 70	71. 16	70. 24	75. 78	62. 18	64. 92
	排序	14	7	13	9	14	12
石景山区	指标值	73. 97	68. 85	73. 81	79. 11	69. 54	83. 37
	排序	9	14	8	3	11	3
海淀区	指标值	72. 45	86. 98	72. 20	78. 94	68. 53	63. 98
	排序	10	4	12	6	12	15
房山区	指标值	70. 31	66. 34	67. 98	75. 68	72. 25	66. 27
	排序	13	16	14	10	10	10
通州区	指标值	71. 60	67. 37	73. 32	73. 32	76. 46	64. 54
	排序	12	15	9	13	6	13
顺义区	指标值	74. 53	82. 10	72. 83	75. 32	72. 70	73. 43
	排序	8	5	10	11	9	7
昌平区	指标值	64. 98	70. 53	64. 30	69. 27	60. 32	64. 49
	排序	16	10	15	16	16	14
大兴区	指标值	66. 14	69. 46	62. 84	71. 85	65. 60	65. 25
	排序	15	13	16	15	13	11
门头沟区	指标值	77. 09	69. 85	77. 61	75. 10	82. 52	67. 78
	排序	5	12	4	12	2	9
怀柔区	指标值	80. 48	70. 93	72. 26	79. 11	85. 68	95. 48
	排序	3	9	11	5	1	1

续表

区域		综合评价	公共服务	社会保障	公共安全	社区建设	社会参与
平谷区	指标值	75.66	71.96	77.24	77.22	73.98	71.83
	排序	7	6	6	7	8	8
密云区	指标值	76.43	71.09	77.61	79.69	75.35	74.98
	排序	6	8	5	4	7	6
延庆区	指标值	78.42	70.25	79.51	76.47	79.59	80.16
	排序	4	11	3	8	4	4

三　评估结果分析

（一）公共服务评价分析

图1展示了北京16个区公共服务评价结果与经济发展情况。可以看出，北京市公共服务发展水平出现了两极分化，公共服务水平差异较大。西城区、东城区、朝阳区、海淀区和顺义区公共服务水平较高（80分以上），其

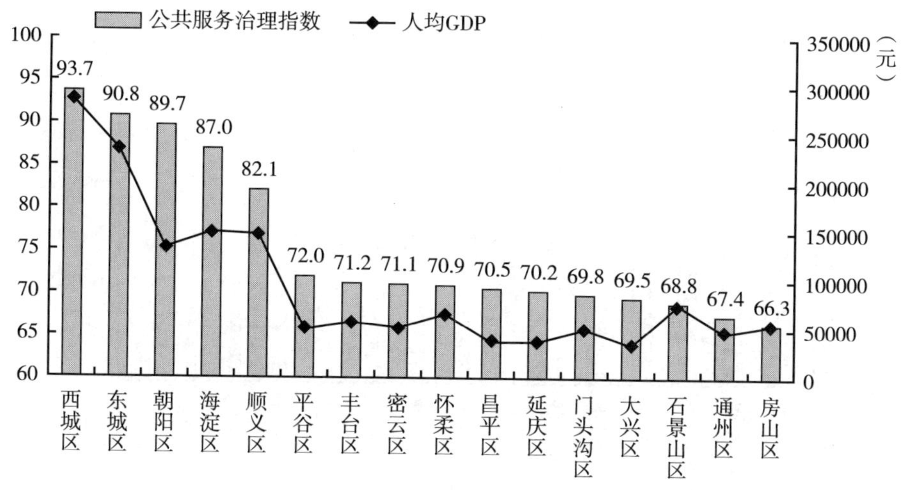

图1　公共服务与区域经济

中，西城区公共服务发展水平最高，评价得分为 93.7 分，其次是东城区（90.8 分）、朝阳区（89.7 分）、海淀区（87.0 分）、顺义区（82.1 分）。而其他各区公共服务得分普遍偏低（最高 72 分），其中排在后三位的有石景山区（68.8 分）、通州区（67.4 分）和房山区（66.3 分），与西城区、朝阳区、东城区、海淀区相差甚远。但通州区随着城市副中心建设，公共服务水平将会有很大提升。

此外，通过相关分析，公共服务水平与区域经济发展高度相关，相关系数高达 0.9025。表明区域经济发展水平的高低决定了政府提供公共服务能力的大小，进而很大程度上决定了区域公共服务水平。

（二）社会保障评价分析

社会保障评价指数综合反映了社会保险、社会救助和社会福利等几个方面的服务水平。北京 16 个区社会保障评价结果如图 2 所示。

从图 2 中可以看出，根据社会保障指数大小，北京 16 个区社会保障水平可以划分为三个等级。其中东城区和西城区为等级Ⅰ，社会保障评价得分分别是 88.2 分和 87.8 分。排在后三位的房山区、昌平区、大兴区，社会保

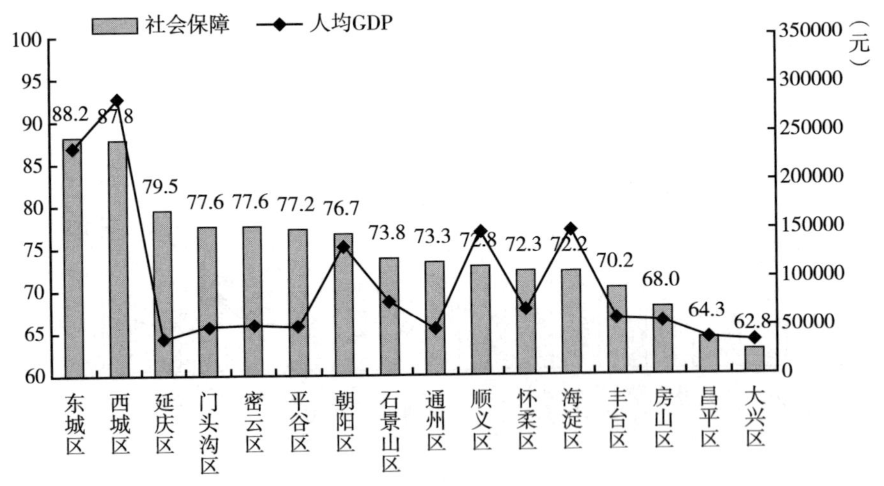

图 2　社会保障与区域经济

障水平为等级Ⅲ，评价得分分别为 68.0 分、64.3 分和 62.8 分。这些区社会保障财政支出较少，社会保险、社会救助覆盖率低，社会保障发展水平相对偏低。其余 11 区社会保障评价得分均在 70 ~ 80 分，社会保障评价等级为等级Ⅱ。

此外，由图 2 中可以看出，社会保障水平与区域经济发展相关性不大，计算相关系数为 0.67。除东城区和西城区两个区经济发展水平较高，社会保障水平亦高外，经济发展较弱的延庆、门头沟、密云和平谷四个郊区县区社会保障水平反而较高，表明区域经济发展水平并不是社会保障治理的决定性因素。

（三）公共安全评价分析

公共安全评价指数用于衡量社会公共安全状况，反映了社会安全治理水平，主要综合了社会治安、交通安全、消防安全和生产安全四个方面的指标。

图 3 展示了 2016 年北京市公共安全评价结果，从公共安全评价指数与人均 GDP 相关分析看，两者相关系数为 0.74，为中度相关。与经济发展水

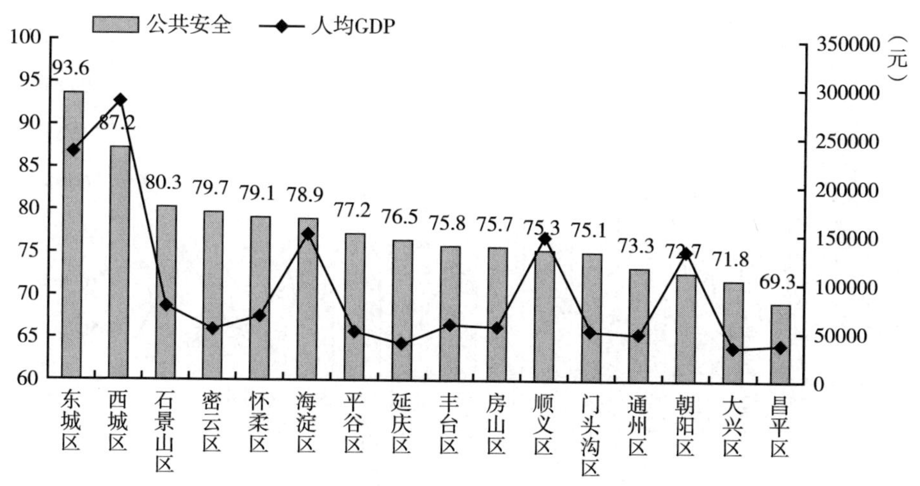

图 3　公共安全与区域经济

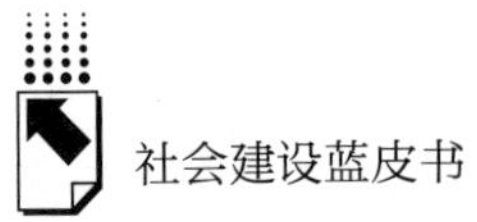

平相比，其中海淀区、顺义区和昌平区公共安全评价水平与经济发展水平非常不平衡。

从16个区的公共安全评价指数排序看，东城区（93.6分）社会安全指数最高，其次是西城区（87.2分）。西城区和东城区作为首都功能核心区，社会安全状况较好，特别是消防安全和交通安全治理比较好。而大兴区（71.8分）和昌平区（69.3分）公共安全评价指数很低，说明这两个区的公共安全状况堪忧。从统计数据看，这两个区的公共治安相对较差，刑事案件的立案数和增长率都比较高。其余各区公共安全指数在70～80分，社会安全状况一般。

（四）社区建设评价

社区建设评价指数主要是考察社区建设的服务能力。受数据获取限制，社区建设指数主要从社区服务事业费、服务人员和服务设施投入等几个方面来衡量，评价指标包括人均社区事务费、万人常住人口社区服务人员、万人常住人口社区服务设施数。2016年北京市各区社区建设评价得分及排序如图4所示。

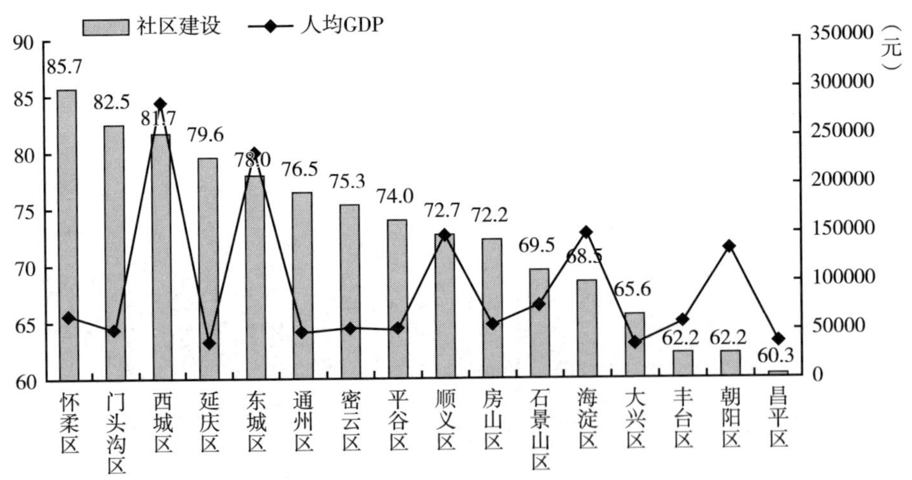

图4　社区建设与区域经济

从图 4 中可以看出，各区社区建设服务能力差异仍较大，社区建设排在前三位的是怀柔区、门头沟区和西城区，评价得分分别为 85.7 分，82.5 分和 81.7 分。排在后三位的分别是丰台区、朝阳区和昌平区，评价得分分别为 62.2 分、62.2 分和 60.3 分。

根据社区建设指数与人均 GDP 相关性分析可知，两者相关系数仅为 0.214，说明社区建设服务水平与区域经济发展不相关。由此可见，经济发展水平与社区建设服务水平没有直接关系，如经济发展水平相对较低的怀柔区、门头沟区和延庆区，社区治理排名均比较靠前，分别是第 1、第 2 和第 4。而经济发展水平较高的海淀区、朝阳区社区建设排名比较落后，分别排在第 12、第 15。海淀区和朝阳区常住人口基数偏大，给社区建设带来压力，怀柔区、门头沟区和延庆区三个区均位于郊区，虽然社区服务设施和经费投入总量不高，但常住人口较少，人均社区建设服务能力相对较高，社区服务水平排名比较靠前。

（五）社会参与评价分析

社会参与评价指数主要是考察社会建设中的公民参与程度，从社会组织和自治组织两个方面衡量，指标包括每万人社会组织数、每万人社会组织职工数、人均社会组织增加值、每万人自治组织数、每万人自治组织管理人员数。2016 年北京市各区社会参与评价得分及排序如图 5 所示。

根据社会参与评价指数与人均 GDP 相关性分析可知，相关系数仅为 0.22，说明社会参与水平与区域经济发展不相关。从图 5 中可以看出，各区之间差异比较明显，排名前三的是怀柔区（95.5 分）、东城区（87.1 分）和石景山区（83.4 分）。其中怀柔区位于郊区，流动人口较少，多为当地居民，社会参与程度相对较高。该区每万人常住人口社会组织数 11.42 个，万人常住人口参与社会组织人员数约 150 人，人均社会组织增加值为 446.34 元，均居 16 区之首。社会参与评价排在后三位的是朝阳区（61.0 分）、海淀区（64.0 分）和昌平区（64.5 分），所以这些区今后应重点发展社会组织、提高社会参与水平。

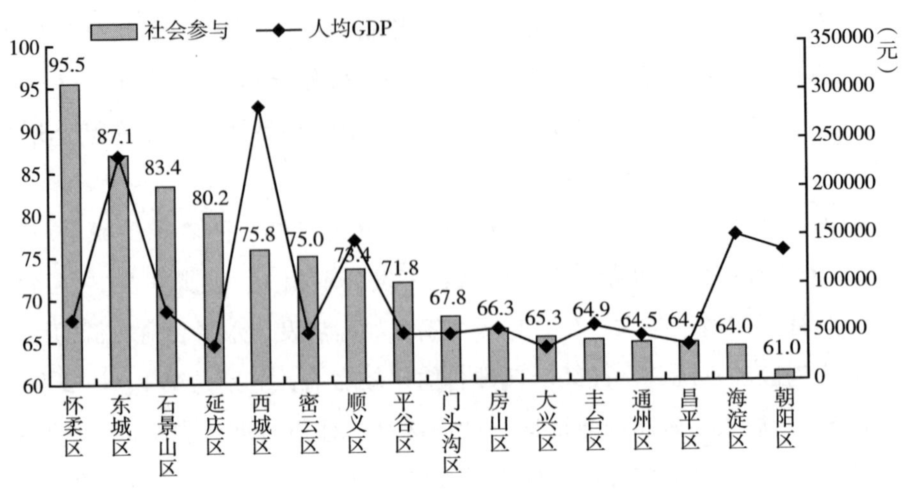

图5　社会参与与区域经济

（六）社会建设综合评价

图6为2016年北京市16个区社会建设综合评价结果。综合排名前三位的是东城区（86.8分）、西城区（86.2分）和怀柔区（80.5分），综合排名后三位的分别是昌平区（65.0分）、大兴区（66.1分）和丰台区（67.7分）。

从空间分布上看，首都城市功能区的东城区和西城区，在社会建设各二级指标均表现比较突出，社会建设综合排名分别占据第1、第2位。城市功能拓展区中石景山区（74.0分）、海淀区（72.5分）、朝阳区（72.0分）及丰台区（67.7分）社会建设综合评价得分普遍偏低，排名均在中等偏下，其中丰台区排在第14位。城市发展新区（顺义区、通州区、房山区、大兴区、昌平区）在公共服务、社会保障、社会安全、社区建设和社会参与各方面均比较落后，社会建设综合评价亦相对落后，除顺义区综合排名第8外，其余四区（通州区、房山区、大兴区、昌平区）分别位于第12、13、15、16位。相比较，生态涵养区社会建设整体水平较高，其中怀柔区排名第3，延庆区排名第4、门头沟区排名第5、密云区排名第6、平谷区排名第

7。这与该区流动人口少，社会建设服务覆盖率高，特别是在社会参与和社区建设方面的突出变现不无关系。因此，综合来看，北京市的社会建设的重点和难点在城市功能拓展区及城市发展新区，这些区域的社会建设任务更加艰巨。

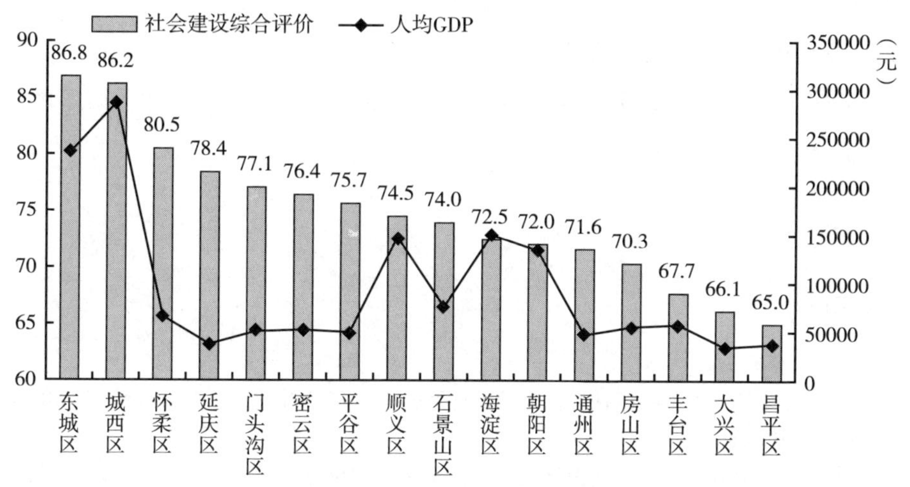

图6　社会建设综合评价

四　主要结论及建议

通过北京市2016年社会建设评价实证分析，主要得出以下结论：①北京市各区经济社会发展不平衡。相对经济发展水平，社会建设发展比较落后，其中海淀区、朝阳区、顺义区尤为突出；②社会建设区域发展不平衡。无论是从社会建设综合评价，还是从公共服务、社会保障、社会安全、社区建设、社会参与各个方面看，16个区之间存在明显差异；③社会建设领域发展不平衡。各区在社会建设中公共服务、社会保障、公共安全、社区建设和社会参与五个领域发展不平衡。16个区各有自己的发展短板，如朝阳区和海淀区的公共服务治理水平较高，而社会参与水平较低。怀柔区、门头沟区社区治理、社会参与水平较高，而公共服务和社会保障水平相对较低。

提升北京市社会建设水平的对策建议：首先，社会建设是一个系统工程，需统筹兼顾实现协调发展。各区应结合社会建设实际情况，各自的优势和劣势，明确今后社会建设的重点领域，应特别强调社会参与水平的提升，积极培育社会组织，引导社会参与，充分发挥多元主体在社会建设中的作用，提高社会建设水平，促进社会建设协调发展。其次，各区在全市的统一规划部署下，应建立务实有效的绩效考核制度，加大社会建设相关政策的落实，提高社会建设水平。

参考文献

李彦明：《刍论我国县域社会治理绩效体系构建的科学化途径》，《云南行政学院学报》2014 年第 5 期。

王丽珂：《地方政府社会建设绩效定量研究——以河南省为例》，《商业时代》2014 年第 31 期。

叶宗裕：《关于多指标综合评价中指标正向化和无量纲化方法的选择》，《浙江统计》2003 年第 4 期。

南锐、王新民、李会欣：《区域基本公共服务均等化水平的评价》，《财经科学》2010 年第 12 期。

Abstract

This book is the research result of Beijing society-building analysis group 2017 –2018. It is divided into six parts, including general report, special report, public service reports, social governance reports and social structure reports, local society-building reports. The reports makes full use of the statistical data and information released by the Beijing Municipal Government and relevant departments, as well as the survey and observation of the members of the research group themselves, and analyzes the major achievements of Beijing's society-building in 2017 and the challenges it faces in society-building.

The year 2017 is an important year for Beijing to further decrease its non-capital functions and speed up the construction of its sub-center, and it is also 10 years since the establishment of the Beijing Municipal Committee of Social work. The system and mechanism of Beijing's society-building have been further improved, and Beijing's society-building model has taken shape. Beijing has made great achievements in public service, social governance and social structure optimization, the people's living standards have been further improved, the momentum of population growth has been fundamentally reversed, education is inclusive and equity has been further improved, and Beijing has made great achievements in the areas of public services, social governance and social structure optimization. The medical reform is advancing smoothly, the primary medical service is developing rapidly; the level of old-age security is improving constantly, and the service system is being further improved; the reform and innovation of social governance, the perfection of urban fine governance, the promotion of community governance, and better service to grass-roots residents; Regional coordinated development continues to advance, and shared development continues to be beneficial. There are still many challenges in Beijing's society-building society-building still needs to be advanced from the following aspects:

first, to further increase financial input and raise the level of public service; second, to improve the social governance system and enhance the effectiveness of social governance; and third, adjust income distribution and optimize social structure.

Keywords: Social Construction; Social Governance; Public Service; Social Structure

Contents

Ⅰ General Report

Abstract: Beijing's society-building has gone through 10 years, Beijing's people's livelihood and public services have been steadily improved, the reform of social governance has been advanced in depth, and society-building has made new achievements. Economy and society sustainable developed, people's living standards was continuous improved, non-capital functions was decentralized, the momentum of population growth was fundamental reversed, inclusive and equal education was improved, health care reform was smoothly advanced, grass-roots medical services develop rapidly; the level of old-age security continues to improve, the public service system is further improved; social governance was reformed and innovated, urban governance was improved, community governance was promoted. Regional coordinated development continues to advance, and shared development continues to be beneficial. Beijing also needs to improve social policies, improve social governance, strengthen society-building, continue to work for people's well-being and social stability, and push Beijing's society-building to a new level in the future.

Keywords: Society-Building; Social Governance; Public Service

Ⅱ Special Report

B. 2 The Decade of Continuous Endeavour: the Achievements and New Progress of Society-building in Beijing

Abstract: Beijing has made steady progress in society-building over the past ten years, and the remarkable achievements and experience is worth to summarize. At the same time, we should soberly realize that there are still many gaps in the social construction work in the whole city compared with the requirements of the CPC Central Committee and the municipal party committee and the municipal government, and compared with the new expectations of the broad masses of the people. Facing to the new situation and new demands, we should conscientiously carry out the spirit of the Nineteenth National Congress of the Party, take Xi Jinping's thought of socialism with Chinese characteristics in the new era as the guide, further strengthen our understanding of the role of society-building, and further explore the law of society-building. To improve the level of security and improvement of the people's livelihood, to strengthen and innovate social governance as the basic point, to lead the party building, to reform and innovate, to strengthen the grass-roots level as the focus, to improve socialization, rule of law, intelligentialization, specialization of society-building, and Push Beijing's social construction to a new level.

Keywords: Social Construction; Social Governance; Beijing

Ⅲ Public Service Reports

Abstract: Through the social investigation of the awareness and status of providing for the aged in rural areas of Beijing. This paper makes a statistical analysis of the consciousness and concept of the elderly, as well as their social support for the aged, the support of the family and the support of the community for the aged. On this basis, this paper provides suggestions to improve the rural social support policy for the aged, and to improve the social security for the elderly in rural areas.

Keywords: Consciousness of Providing for the Aged; Support for the Aged; the Way of Providing for the Rural People

Abstract: Based on the analysis of the data of the dynamic monitoring data of the national mobile population in Beijing, Tianjin and Hebei in 2016, this paper analyzes the individual characteristics, economic characteristics and employment characteristics of the three floating population in Beijing, Tianjin and Hebei Province, and analyzes the participation status of the "five risks one gold" of the floating population in Beijing, Tianjin and Hebei, and carries out different types of the society. The difference of insurance participation in three regions is analyzed. The results show that there is a clear gap between the social security participation rate and the insured place of the three floating population in Beijing,

Tianjin and Hebei Province. The social security level of the floating population in Beijing is the highest, the lowest in Hebei Province, and the proportion of Beijing in the local social insurance is higher than that of the other two regions. The floating population and the floating population structure among Beijing Hebei and Tianjin are different, and the opportunity for Beijing to enter the regular labor market is much higher than that the other two, which is an important reason for the difference in the participation of social security.

Keywords: Social Security; Floating Population; Beijing – Tianjin – Hebei

B. 5 The Building of Practical Talents in the Countryside of the Suburb of Beijing under the background of Society-building

—Based on Survey of Chaoyang District

Abstract: Taking Chaoyang District of Beijing as an example, this paper investigates the building of rural practical talents in the suburbs of Beijing. It is found that in the process of urbanization, the needs of practical talents in the suburbs of Beijing are mainly concentrated in the field of social governance. According to the investigation, it is suggested that under the background of society-building, the building of social management talents should be taken as the starting point to vigorously promote the building of practical talents in the rural areas of the suburbs of Beijing, and the relevant policy suggestions should be put forward.

Keywords: Society-Building; Urbanization; Rural Areas; Social Governance; Talent Team

Abstract: Based on the dynamic monitoring data of floating population of National Health and Family Planning Commission in 2016 and taking the floating population of Beijing, Tianjin and Hebei as the sample, this paper focuses on the health education, health security and health self-assessment of the floating population in Beijing – Tianjin – Hebei area. The results are as follows: (1) In the aspect of health education, the health education of floating population in Beijing – Tianjin – Hebei area is generally popular, but the content of education is not comprehensive enough and the contents of mental disorder prevention, occupational disease prevention and so on are less. Different age groups of floating population choose different ways to acquire health knowledge. The health knowledge acquisition of floating population is positively related to education level and occupational status. (2) In the aspect of health security, the local coverage rate of floating population in Beijing – Tianjin – Hebei area is relatively low and there is a big difference among the three places, the highest in Beijing area and the lowest in Hebei. The floating population mainly participated in the new rural cooperative medical insurance and urban workers' medical insurance. The floating population participating in different types of insurance had different demographic characteristics. (3) In the aspect of health self-assessment, the health self-assessment of the floating population in Beijing, Tianjin and Hebei is generally good and the education level, occupation status and floating time will affect the health self-assessment of the floating population. On the whole, in the Beijing – Tianjin – Hebei area, the floating population groups with a higher degree of socioeconomic integration may have more health knowledge and more health protection, thus maintaining good health status. In this respect, Beijing area has more obvious advantages.

Keywords: Beijing – Tianjin – Hebei Area; Floating Population; Health Education; Health Security; Health Self-assessment

B. 7 The Analysis on the Renting of Floating Population and its Influencing Factors in Beijing

Li Xiaozhuang / 121

Abstract: By constructing the analysis framework of influencing factors of floating population renting, the paper analyzes the influencing factors of renting choice of floating population in Beijing. The major findings are as follows. Firstly, in terms of personal factors, with the increase of age and education, the proportion of the choice of renting is gradually reduced. Especially, there is a clear distinction between college education or above and higher school/secondary school education or below. Secondly, in terms of economic factors, the proportion of choosing renting of people whose income and consumption are at the lowest and the highest level is relatively low. It doesn't happen that he lower the income is, the higher the proportion of the choice of renting. Thirdly, it terms of institutional factors, the floating population with non-agricultural accounts in comparison with agricultural accounts is less inclined to choose renting houses. Fourthly, in terms of social factors, on the whole, the higher the social class status, the less inclined to choose renting houses, except for the business class and the service personnel. Fifthly, With the growth of mobile age and the willingness to stay in Beijing for more than 5 years, floating population's proportion of renting houses has declined.

Keywords: Floating Population; Renting; Influencing Factors; Analysis Framework

B. 8 Analysis Report on the Early Education Status of Children of Migrating Population in Beijing

Wang Min, *Zhao Qiuting* / 133

Abstract: Based on the 2016 National Health and Family Planning Commission's dynamic population monitoring data, this paper demonstrates the early education status of migrant children in Beijing from the perspective of family care and childcare of nursery school and kindergarten; From the perspectives of the migrating population family economic capital, human capital and social capital, this paper briefly analyzes the problems and influencing factors of the early education of the children of Beijing migrant population. The study concluded that the family's economic capital, human capital and social capital have a significant impact on early childhood education. The weak state of the socio-economic status of migrant families reduce the chances foe their children to get access to educational resources. Different occupations, incomes, places of residence, education level, working time status, and social network connection status have formed different ways for families to care for their children. Besides, form the data of supply side, there are gaps and shortcomings in the early education for the children of the migrating population in Beijing, which needs further improvement. The paper proposed that the government should further clarify the responsibility for early childhood education; develop relevant policies and measures to improve the social and economic status of migrant families in Beijing from the perspective of raising "three capitals"; and further emphasize the functional orientation of families in early childhood education, and form collaboration between government, society, families and individuals.

Keywords: Beijing; Migrant Population; Early Childhood Education

Ⅳ Social Governance Reports

Abstract: In recent years, Internet technology has promoted the awareness of the public's rights and responsibilities. The public welfare organizations have used the Internet's convenient and efficient features to conduct community links and resource mobilization, and to achieve the innovative development and transformation of public welfare organizations. This paper takes Beijing Yiweiqingnian Welfare Organization as an example to explore the factors influencing the transformation of the public welfare organizations in Beijing from traditional fundraising to fundraising based mainly on the Internet. Discussed the reasons for the rise of the "Internet +" charity, development status, and the existentissues of the development process, and made specific suggestions to provide a reference for the construction of the capital in society.

Keywords: Internet; Public Welfare; Organizations Fundraising Model

B. 10 Experience on Youth Volunteer Service in Beijing

Cao Shitao / 169

Abstract: Taking advantage of Beijing location, youth volunteer service in Beijing is in a rapidly growth. Today the development of volunteerism in Beijing has been at the forefront of that in China. There are many subjects left to us for reference and discussion. By combing the development of Beijing youth volunteer service, this thesis extracts the feature of Beijing youth volunteering, summarizes its experience, and puts forward reflections on its future development. By doing so, this thesis is expected to provide lessons to other Chinese regions in the development of youth volunteer service, and to promote a robust development of Chinese volunteerism.

Keywords: Youth; Volunteer Service; Beijing Experience

B. 11 The "Public Interest Claim" Model from Z Community is a New Negotiated Governance Practice

Han Xiuji, *Du Peng* / 180

Abstract: After seven years of precipitation and development, the Z community has formed a model that can widely mobilize the active and orderly participation of community diversified entities in community governance-the "public interest claim" model. This model mobilized the endogenous forces of the Z community and improved Z community's multi-subjects'service awareness and autonomy have integrated community resources, achieved the goal of "reduce and increase efficiency" and created a community atmosphere of co-construction, sharing, and co-governance.

Keywords: Community Governance; Negotiated Governance; Public Interest Claim

Abstract: The construction of Beijing Urban Sub-center is National strategy for Millennial plan. It is one of the two wings of Sustainable development in Beijing. Tongzhou District faces numerous challenges in grassroots social governance。 It must be given higher demands on the Grassroots Social Governance. it is related to the success or failure of the construction of Beijing Urban Sub-center。 It must be Put it in consideration of the success or failure that Social Organizations Participate in the Grassroots Social Governance in Beijing Urban Sub-center Tongzhou District have to implement multiple measures to promote social organizations to participate in Grassroots Social Governance at the same time and build Beijing sub center into a good city

Keywords: Sub-center of the Capital; Social Organization; Grassroots Social Governance

Abstract: It is a systematic project to construct the big party construction pattern in the city. There are many deep-seated problems and unknown areas that need to be explored and solved, including institutional problems, internal dynamic problems and the joint development of coordinated development. This paper summarizes the problems existing in the work of party building in Beijing's urban grassroots, summarizes the experience of grassroots party building work, and puts forward suggestions for the grassroots party building work in Beijing, in order to realize the new pattern of party building work of openness, overall planning, regionalization, diversification and integration.

Keywords: Grassroots Party Building; New Pattern; Beijing Experience

Abstract: As an emerging form of education, community education represents the direction of education reform and development in China. It is a way and means to promote the integration of education and society, education and community. Also, it is the entry point and effective way to develop life-long education and build a learning society. This paper takes the rural-converted community as an example to explore the characteristics of the community's educational services and existing problems, and proposes countermeasures such as changing concepts, expanding service subjects, enriching the content and form of activities, and strengthening community education specialization and information construction.

Keywords: Community Education; Youth Education; Information Technology; Maker Community

B. 15 Analysis Report of Internet Public Opinion of Beijing 2017

Ju Chunyan, Cheng Wanhao and Jue Xinyi / 241

Abstract: In 2017, China entered the first year of the rule of law in cyberspace. On the basis of the review of the Internet public opinion in Beijing in 2017, this paper points out that the Internet public opinion in Beijing maintains a stable and controllable situation in the increasingly legalized Internet field. The new rules of the network are frequent, prompting the formation of new norms of the Internet public opinion field and injecting new vitality into it. But the task of network governance is still grim. Beijing needs to promote the Internet Governance in the integration process of Beijing, Tianjin and Hebei.

Keywords: Internet Public Opinion; Internet Governance; Integration of Beijing Tianjin and Hebei

V Social Structure Reports

B. 16 An Analysis of the Development of the Middle Class in Beijing

Zhao Weihua, Tang Puhong / 253

Abstract: Beijing's economic structure has changed into the post-industrial structure. The employee and the GDP in the service sector have reached more than 80%. The scale of the middle class is expanding. This paper is to estimate the scale of the middle class in Beijing and analysis their live condition. The data used is the Sixth Census data and 1% sampling survey data by National Statistics in Beijing in 2010 and 2015. It is found that the scale of middle class is about 56% in Beijing. The commercial and service employees become the new source of the middle class. The middle class has higher consumption in housing, cars, and has better social security than manual class. But many middle class number don't identify with middle class because of high life presses. They worry about housing, the children's and etc. . The middle class society need higher quality public service and better social governance than ever.

Keywords: Middle Class; Living Condition; Olive Shape Social Structure

Abstract: Based on the survey of floating population of 100 key villages (communities) in Beijing's the rural-urban fringe zones, this paper describes the present situation and changes of the population structure in the areas where the floating population is concentrated. And analyzes the causes and types of settlement, finds out and explains in detail the "barrier lake" effect and its internal mechanism under the background of dissolving the function of non-capital city, and under the action of continuous remediation to the rural-urban fringe zones. Finally, following the concept of "good governance", the paper puts forward the rethinking of the governance of the rural-urban fringe zones.

Keywords: Enclave of Floating Population; "Barrier Lake" Effect; Good Governance

Ⅵ Local Society-Building Reports

Abstract: After several years of development, Daxing District has initially formed a variety of social organization groups that are compatible with the level of regional economic and social development. Social organizations have played an important role in participating in community governance, promoting community harmony and maintaining social stability. It has become an indispensable and important force in the grass-roots social governance of the whole region. But in the process of practice, social organizations still face problems such as capital, capability, personnel and supervision. Therefore, in the future, it is necessary to promote the development and improvement of social organizations through strengthening the construction of social organizations, perfecting the omnibearing regulatory mechanism and establishing multiple cultivation mechanisms.

Keywords: Social Organization; Community Governance; Daxing District

Abstract: Shijingshan integrates volunteer service resources, improving voluntary service training system, and volunteer services are characteristic. There are also some problems, such as insufficient utilization of resources, low enthusiasm of volunteer service, further innovation of service mechanism and diversification of service forms. The ways of mobilization, support, organization and propaganda of voluntary service need to keep pace with the times, and constantly innovate voluntary service.

Keywords: Voluntary Service; Voluntary Service Resource; Voluntary Service Form

B. 20 The Report about Accurate Micro – Service Provided by Social Organization from Pinggu District of Beijing

Yue Shuyuan / 305

Abstract: The service ability of social organization become more and more stronger in Pinggu District of Beijing in the past year. A new work practice focusing on accurate micro-service is implemented to improve the vulnerable groups, such as old man, handicapped people, flowing population, incomplete family. Now, the institution of the accurate micro-service provided by social organization is established.

Keywords: Social Organization; Vulnerable Groups; Accurate Service

B. 21 Evaluation and Analysis on Beijing Districts and Counties Society-Building

Bao Yejing / 313

Abstract: Based on the scientific measurement and analysis of the society-building level, this paper constructs an evaluation index system of society-building, including five secondary indicators: public service, social security, public safety, community building and social participation. The TOPSIS analysis method was used to evaluate the levels of Beijing districts and counties society-building in 2016 year. The results show that the development of Beijing society-building is unbalanced. There are great differences among Beijing districts and counties, and the levels in different society-building fields are unbalanced.

Keywords: Society-Building; Evaluation Index; Empirical Analysis

皮书起源

“皮书”起源于十七、十八世纪的英国，主要指官方或社会组织正式发表的重要文件或报告，多以“白皮书”命名。在中国，“皮书”这一概念被社会广泛接受，并被成功运作、发展成为一种全新的出版形态，则源于中国社会科学院社会科学文献出版社。

皮书定义

皮书是对中国与世界发展状况和热点问题进行年度监测，以专业的角度、专家的视野和实证研究方法，针对某一领域或区域现状与发展态势展开分析和预测，具备原创性、实证性、专业性、连续性、前沿性、时效性等特点的公开出版物，由一系列权威研究报告组成。

皮书作者

皮书系列的作者以中国社会科学院、著名高校、地方社会科学院的研究人员为主，多为国内一流研究机构的权威专家学者，他们的看法和观点代表了学界对中国与世界的现实和未来最高水平的解读与分析。

皮书荣誉

皮书系列已成为社会科学文献出版社的著名图书品牌和中国社会科学院的知名学术品牌。2016 年，皮书系列正式列入“十三五”国家重点出版规划项目；2013~2018 年，重点皮书列入中国社会科学院承担的国家哲学社会科学创新工程项目；2018 年，59 种院外皮书使用“中国社会科学院创新工程学术出版项目”标识。

中国皮书网

（网址：www.pishu.cn）

发布皮书研创资讯，传播皮书精彩内容
引领皮书出版潮流，打造皮书服务平台

栏目设置

关于皮书：何谓皮书、皮书分类、皮书大事记、皮书荣誉、
皮书出版第一人、皮书编辑部

最新资讯：通知公告、新闻动态、媒体聚焦、网站专题、视频直播、下载专区

皮书研创：皮书规范、皮书选题、皮书出版、皮书研究、研创团队

皮书评奖评价：指标体系、皮书评价、皮书评奖

互动专区：皮书说、社科数托邦、皮书微博、留言板

所获荣誉

2008 年、2011 年，中国皮书网均在全国新闻出版业网站荣誉评选中获得“最具商业价值网站”称号；

2012 年，获得“出版业网站百强”称号。

网库合一

2014 年，中国皮书网与皮书数据库端口合一，实现资源共享。

基本子库 SUB DATABASE

中国社会发展数据库（下设 12 个子库）

全面整合国内外中国社会发展研究成果，汇聚独家统计数据、深度分析报告，涉及社会、人口、政治、教育、法律等 12 个领域，为了解中国社会发展动态、跟踪社会核心热点、分析社会发展趋势提供一站式资源搜索和数据分析与挖掘服务。

中国经济发展数据库（下设 12 个子库）

基于"皮书系列"中涉及中国经济发展的研究资料构建，内容涵盖宏观经济、农业经济、工业经济、产业经济等 12 个重点经济领域，为实时掌控经济运行态势、把握经济发展规律、洞察经济形势、进行经济决策提供参考和依据。

中国行业发展数据库（下设 17 个子库）

以中国国民经济行业分类为依据，覆盖金融业、旅游、医疗卫生、交通运输、能源矿产等 100 多个行业，跟踪分析国民经济相关行业市场运行状况和政策导向，汇集行业发展前沿资讯，为投资、从业及各种经济决策提供理论基础和实践指导。

中国区域发展数据库（下设 6 个子库）

对中国特定区域内的经济、社会、文化等领域现状与发展情况进行深度分析和预测，研究层级至县及县以下行政区，涉及地区、区域经济体、城市、农村等不同维度。为地方经济社会宏观态势研究、发展经验研究、案例分析提供数据服务。

中国文化传媒数据库（下设 18 个子库）

汇聚文化传媒领域专家观点、热点资讯，梳理国内外中国文化发展相关学术研究成果、一手统计数据，涵盖文化产业、新闻传播、电影娱乐、文学艺术、群众文化等 18 个重点研究领域。为文化传媒研究提供相关数据、研究报告和综合分析服务。

世界经济与国际关系数据库（下设 6 个子库）

立足"皮书系列"世界经济、国际关系相关学术资源，整合世界经济、国际政治、世界文化与科技、全球性问题、国际组织与国际法、区域研究 6 大领域研究成果，为世界经济与国际关系研究提供全方位数据分析，为决策和形势研判提供参考。

法律声明